BIBLIOTHÈQUE HISTORIQUE ET POLITIQUE

LE PEUPLE

ET

LA BOURGEOISIE

PAR

ÉMILE DESCHANEL

PROFESSEUR AU COLLÈGE DE FRANCE

PARIS

LIBRAIRIE GERMER BAILLIÈRE ET Cie

108, BOULEVARD SAINT-GERMAIN, 108

1881

LE PEUPLE

ET

LA BOURGEOISIE

OUVRAGES DU MÊME AUTEUR :

ESSAI DE CRITIQUE NATURELLE, ou *Observations physiologiques sur les Écrivains et les Artistes.*

CHRISTOPHE COLOMB ET VASCO DE GAMA, — *la Légende et la Réalité.*

LA VIE DES COMÉDIENS, *Romans, comédies, satires;* — *Biographies, mémoires, anecdotes.*

ÉTUDES SUR ARISTOPHANE.

LES COURTISANES GRECQUES, ÉTUDES SUR SAPPHO ET LES HÉTAÏRES; les *Dialogues de Courtisanes,* de Lucien; les *Lettres de Courtisanes,* d'Alciphron.

A PIED ET EN WAGON, *Récits de voyages.*

CAUSERIES DE QUINZAINE, au *Journal des Débats.*

A BATONS ROMPUS, *Variétés morales et littéraires.*

LE MAL ET LE BIEN QU'ON A DIT DES FEMMES.

LE MAL ET LE BIEN QU'ON A DIT DE L'AMOUR.

LE MAL ET LE BIEN QU'ON A DIT DES ENFANTS.

HISTOIRE DE LA CONVERSATION.

LES CONFÉRENCES EN BELGIQUE ET EN FRANCE.

Pour paraître prochainement :

POÉSIES,

ANNÉES DE JEUNESSE ET D'EXIL.

COULOMMIERS. — TYP. PAUL BRODARD.

LE PEUPLE

ET

LA BOURGEOISIE

PAR

M. ÉMILE DESCHANEL

Ancien Député de la Seine,
Professeur au Collège de France.

PARIS

LIBRAIRIE GERMER BAILLIÈRE ET Cie

108, BOULEVARD SAINT-GERMAIN, 108

Au coin de la rue Hautefeuille

1881

LE PEUPLE

ET

LA BOURGEOISIE

CHAPITRE PREMIER

L'ESCLAVAGE

La démocratie véritable est l'ascension continuelle du peuple par l'intelligence et par le travail.

Le travail est le grand émancipateur — des individus et des nations. Par le travail, l'homme se fait lui-même et refait son milieu, modifiant la société et la nature. Rousseau, au début de l'*Emile*, méconnaît que c'est cela même qui constitue sa grandeur.

Le travail est le père du droit. Toute peine, en effet, méritant salaire, et un salaire proportionné, l'homme, à la suite d'une tâche accomplie, d'une œuvre réalisée par son activité, conçoit sous cette forme l'idée du droit, corrélative à celle du devoir, et, pour dire les deux choses d'un mot, l'idée de la justice, dont le devoir et le droit sont les deux faces.

Toutefois cette lueur morale ne perce que tardivement

les ténèbres de la barbarie. Le progrès ne s'accomplit, dans les commencements surtout, qu'avec une lenteur extrême, à travers des milliers de siècles. D'ailleurs il n'est pas continu, il est intermittent : il y a, dans la marche de l'humanité et de la civilisation, des moments de recul. Mais le progrès se fait enfin.

1° La vie chasseresse,

2° La vie pastorale,

3° La vie agricole,

telles sont les trois premières formes successives de la vie humaine; or la seconde est un progrès sur la première, par la domestication des animaux; la troisième, un progrès sur la seconde, par l'enrayement de la vie nomade et le commencement de la fixité ; conséquemment, de l'idée de patrie. Ensuite viennent : le commerce, qui crée l'industrie; puis la navigation; par lesquels la vie se développe, s'étend et se ramifie sur la planète.

A travers tout cela, « le combat pour la vie, » la guerre, apporte aussi son progrès relatif, tuant les faibles au profit des forts : c'est pourquoi elle est considérée par d'éminents esprits comme la grande éducatrice du genre humain [1]. A leurs yeux, le principe le plus fécond de sélection des peuples, la cause la plus générale de presque tous les progrès du corps et de l'esprit, c'est la guerre. La

1. Joseph de Maistre, P.-J. Proudhon, Darwin, Herbert Spencer, W. Bagehot.

sélection sexuelle, la lutte pour la possession des femmes, a sans doute contribué à développer la force mâle, la beauté virile, l'intelligence et la valeur de l'homme ; mais c'est la lutte pour l'existence, la concurrence vitale entre les divers peuples, qui ont surtout amélioré les races capables de résister.

Lorsque la guerre et l'anthropophagie étaient encore l'état naturel du genre humain, le travail pacifique, la culture de la terre, le soin du bétail et le reste, tout cela était regardé comme chose vile et servile : les esclaves, en effet, c'est-à-dire les vaincus, quand on ne les mangeait pas, en étaient seuls chargés. C'est de là même que vient, dit-on, le mot *servus* : lorsque les vaincus étaient trop nombreux, les vainqueurs, ne pouvant les manger tous, ne tuaient que le nécessaire et gardaient le reste comme provisions. Aujourd'hui encore, dans l'Amérique du Sud, lorsque les Cobéus des bords de l'Uaupès ont plus de viande humaine qu'il ne leur en faut, ils la font dessécher, la fument et la gardent en guise de conserve [1]. Or ceux que l'on gardait, non pas fumés, mais vivants, s'appelaient pour cette raison *servi*; même chose que *servati*, conservés, réservés et préservés : ils avaient la vie sauve, provisoirement du moins.

Même en dehors de l'anthropophagie, le vainqueur, d'après la coutume barbare, aurait pu tuer le vaincu, pour

1. Voyez Alfred Maury, *La terre et l'homme*.

couper court aux représailles; il préféra quelquefois le
garder, pour l'employer à son service. Le vaincu, ayant
la vie sauve, s'estimait trop heureux. Ainsi donc, l'esclavage, à présent si horrible aux yeux de la plupart des
gens civilisés, fut au commencement un bienfait relatif
et, si l'on osait ainsi dire, l'aurore de la civilisation. Du
moins fut-il, pour nous en tenir à l'expression du fait lui-
même, l'enrayement de l'anthropophagie : l'égoïsme des
vainqueurs eut pour les vaincus le même effet que la
pitié. C'est là, à proprement parler, que l'observateur attentif peut saisir la transition du cannibalisme à l'humanité.

Puisque le travail était le lot des *servi*, l'idée de travail ne faisait qu'un avec celle de l'esclavage, *servitium*,
et les deux choses se confondaient dans ce seul mot. *Service* et *servitude*, c'était tout un. Les femmes étaient
réservées au lit des vainqueurs et aux besognes domestiques; les hommes, aux gros ouvrages du dehors, faisant
fonction de bêtes de somme, — et de machines, que
l'on ne connaissait pas encore.

A l'exception d'un croisement de races par les femmes,
l'esclave demeurait étranger à la race conquérante. « Un
esclave, dit M. W. Bagehot, est un atome non assimilé,
non digéré, quelque chose qui se trouve dans le corps
politique, mais qui en fait à peine partie [1]. »

Tel était l'esclavage, dans l'Inde, dans la Grèce, dans

---

1. *Lois scientifiques du développement des Nations, dans leurs rapports
avec les principes de la sélection naturelle et de l'hérédité.*

l'ancienne Rome; tel il était dans l'esprit, dans les mœurs, dans les institutions civiles et religieuses de ces sociétés. L'esclavage, en effet, se rattache non seulement aux antiques férocités, mais aussi aux vieilles idées théocratiques, selon lesquelles le travail est un châtiment, et aux fictions propagées par les castes religieuses qui, au sortir des siècles de barbarie où régnait la force brutale, surent s'emparer du pouvoir et confirmer les hommes dans ce préjugé que les uns étaient nés pour commander et les autres pour obéir. Par une sorte de pacte tacite entre les prêtres et les guerriers, tout le reste fut asservi.

C'était la doctrine des castes brahmaniques. En Grèce, Platon semble l'avoir connue par tradition et adoptée dans sa *République*. Aristote, lui aussi, soutient comme légitimes la conquête et l'esclavage : « Ceux qui servent doivent servir, car leur nature est inférieure; il est permis de les assujettir, et même d'en faire la chasse *comme d'un gibier*. Il n'y a pas de droit envers l'esclave; l'autorité du maître à son égard est despotique; mais cela doit être, et cela est bien. » Platon encore, dans son traité des *Lois*, moins éloigné de la réalité que sa *République*, signale l'avantage qu'il y a à ne posséder que des esclaves parlant diverses langues, parce que, pouvant moins facilement s'entendre, il leur est moins aisé de faire des complots.

Afin qu'il n'y eût pas moyen de confondre les esclaves avec les autres hommes, ni les esclaves de tel maître avec ceux de tel autre, on les marquait, comme les troupeaux. Les Juifs leur perçaient l'oreille [1] ; les Grecs et les Romains les marquaient au front [2].

A Rome, la classe des esclaves était composée :

1° De prisonniers de guerre ;

2° De ceux qu'on achetait ;

3° De criminels condamnés à l'esclavage ;

4° D'enfants nés de parents esclaves (*servi aut nascebantur aut fiebant*).

L'esclave était regardé par le vainqueur, ou par le maître, comme un animal domestique ; moins encore : comme un outil. Ce n'était pas un homme, mais une chose : il

1. Voyez *Exode*, xxi, 6.
2. Voyez Xénophon, *Des Revenus de l'Attique*. — Même en pays chrétien, en Angleterre, l'usage inhumain d'imprimer, non seulement aux serfs, mais aux délinquants de pauvre condition, un stigmate ineffaçable, s'est conservé jusqu'à une époque peu éloignée de la grande révolution accomplie dans ce pays ; en voici un exemple frappant, qui montre, en même temps, que l'idée de l'esclavage répugnait si peu à la doctrine chrétienne que les protestants anglais la recommandaient en quelque sorte, parce qu'ils la trouvaient dans la Bible. Au commencement du règne d'Édouard VI (1547-1548), le Parlement, qui opérait, par voie de *bills* successifs, la réforme de l'Église anglicane, voulant remédier à l'extension qu'avait prise la mendicité depuis la suppression des couvents où un grand nombre de pauvres étaient nourris, vota le statut suivant : Quiconque vivait oisif et sans occupation pendant l'espace de trois jours devait être réputé vagabond et marqué comme tel sur la poitrine avec un fer rouge ; il était livré comme esclave à celui qui avait dénoncé sa fainéantise, et il devait le servir durant deux années, sans autre nourriture que du pain et de l'eau. Le maître était autorisé à lui mettre des anneaux de fer au cou et aux bras, à l'enchaîner et à l'employer aux travaux les plus durs et les plus abjects. Si le malheureux parvenait à se soustraire pendant quinze jours à cet horrible esclavage, il était marqué de nouveau comme fugitif et adjugé à son maître comme esclave à perpétuité (Voyez Lingard, *Histoire d'Angleterre*, au règne d'Edouard VI). Cette horrible législation fut, au reste, promptement abolie. — Aujourd'hui encore, dans quelques pays, on fait aux esclaves des incisions sur le front et sur les joues.

passait d'un maître à un autre comme un effet mobilier quelconque. Ce ne fut qu'assez tard, sous les empereurs, qu'il commença à être, juridiquement, une sorte de personne, d'une espèce particulière. Mais, pendant toute la durée de la République, il n'était vraiment qu'une chose. Un des personnages les plus considérés et les plus honnêtes de l'ancienne Rome, Caton, disait et écrivait en propres termes : « Les instruments de travail sont de deux sortes : les uns muets, la charrue, le hoyau; les autres ayant une voix, le bœuf, le cheval, l'esclave. » — « Il faut, écrivait-il encore, que le bon père de famille aime à vendre, non à acheter. *Oportet bonum patrem familias vendacem esse, non emacem;* — qu'il vende les vieux bœufs, la vieille ferraille, les vieux esclaves, les esclaves malades [1]. »

Pour le remarquer en passant, le mot *familia*, famille, et le mot *famulus*, serviteur, étant de la même racine, il s'ensuit que le mot *pater familias*, qu'on traduit par *père de famille*, signifiait en même temps et principalement *propriétaire d'esclaves;* ce qui, chez nous, n'éveille pas précisément la même idée [2].

---

1. *De Re rustica.*

2. C'est en second lieu seulement que le mot *familia* signifie *famille* au sens où nous l'entendons; en premier lieu, il signifie les domestiques, les serviteurs, les esclaves. Ainsi l'emploient Tite-Live, Cicéron, Phèdre, Tacite. Il suffira de citer un exemple de ce dernier; c'est au moment où le questeur Curtius Lupus disperse la dixième révolte d'esclaves qui eût éclaté en Italie, — l'an 24 de notre ère : — « Rome tremblait, dit Tacite, à l'idée du nombre toujours croissant d'esclaves et toujours décroissant d'hommes libres qu'elle renfermait. » Urbem... jam trepidam, ob multitudinem familiarum, quæ gliscebat immensum, minore in dies plebe ingenua. (*Annal.*, IV, 27.)

Les esclaves étaient donc, pour les vieux Romains, déjà civilisés et lettrés cependant, soit des espèces d'outils ou de machines, soit une sorte de bétail humain, — comme aujourd'hui encore dans l'Amérique du Sud : qu'un régiment vienne à passer, le planteur lui livre avec joie toutes ses négresses ; c'est son haras : autant de petits négrillons nouveaux pour l'année prochaine ; le nombre de ses têtes de bétail est doublé. — Le propriétaire romain cherchait, naturellement, à tirer de ses esclaves le plus gros profit possible. Le *pater familias* se transformait en chef d'industrie, et la maison en manufacture. « Il voulait, dit l'historien de l'*Esclavage dans l'antiquité* [1], tirer de ses esclaves non seulement le prix d'achat, mais encore, dans un temps donné, l'amortissement du capital. » Outre les artisans qui peuplaient les ateliers du maître, d'autres, établis en boutiques, boulangers, bouchers, taverniers, barbiers, exerçaient aussi leur métier à son profit. Pour connaître la fortune d'un homme, on demandait combien il avait d'esclaves ouvriers, c'est-à-dire exerçant une profession et dont le salaire constituait des rentes au maître. A peu près de même, en Russie, avant l'émancipation des serfs, la fortune de chaque seigneur se comptait par têtes de paysans. Crassus avait des quantités d'esclaves de divers métiers, lecteurs, écrivains, orfèvres, argentiers, receveurs, maîtres d'hôtel, écuyers tranchants ; il les louait à la journée et en tirait de gros bénéfices. A

1. M. Wallon.

Athènes déjà, cette sorte d'industrie avait existé : Xénophon cite, entre autres, un certain Nicias, propriétaire
d'un millier d'esclaves qu'il louait à un entrepreneur de
travaux des mines, moyennant une obole par tête et par
jour [1].

Les professions même que nous nommons aujourd'hui
libérales, c'est-à-dire d'hommes libres, — par exemple,
celle de médecin, — enrichissaient souvent non ceux qui
s'y adonnaient, mais le maître à qui ils appartenaient et
qui réalisait par eux d'importants bénéfices.

Les riches maisons romaines, si vastes qu'elles fussent,
se trouvaient trop étroites pour ces multitudes d'esclaves :
il y avait ceux de la ville et ceux des champs, la *familia
urbana* et la *familia rustica*, et on les divisait, pour s'y
reconnaître, en décuries, ou compagnies de dix têtes,
répondant chacune à un corps de métier. Les Nobles
possédant presque toutes les terres, la plus grande partie
restait en friche ou était convertie en pâturages, que par-
couraient d'innombrables troupeaux gardés par ces esclaves. Le peuple, cependant, mourait de faim, manquant
de blé pour faire du pain, tandis que tant de terres demeuraient stériles. Le tribun Philippe déclarait qu'à
Rome il n'y avait pas 2 000 citoyens qui fussent propriétaires, et César rapporte que, sur 450 000 citoyens que
renfermait Rome, 320 000 vivaient aux dépens du trésor
public.

1. *Des Revenus de l'Attique*, ch. IV.

Tout travail étant servile, le travail libre avait à peine lieu d'exister, par conséquent n'était point en honneur. Cependant, peu à peu, par le travail lui-même, le sort des esclaves s'améliora. On leur accordait de faibles salaires, par l'épargne desquels on leur permit d'amasser un petit pécule [1], et quelques-uns, intelligents, dociles, ayant su gagner la faveur du maître, obtinrent de lui la liberté et furent affranchis, soit de son vivant, soit après sa mort [2].

L'existence se révélait difficile, dans une société ainsi organisée, pour des individus qui, ayant cessé d'être esclaves, n'étaient pas pour cela devenus riches, et qui à peine commençaient à passer du nombre des choses au rang des personnes. Les uns vivaient malaisément de leur métier, avec la concurrence des corporations serviles, concurrence analogue à celle que font aujourd'hui aux ouvriers et ouvrières libres soit les prisons, soit les couvents ; les autres demeuraient dans la clientèle de leurs

1. Le travail, en s'émancipant, mit fin non-seulement à l'état servile de l'esclave, mais à cette sorte d'état servile dans lequel était placé à Rome le fils de famille, lequel n'avait pas le droit de posséder, n'était pas, comme on disait en droit romain, *sui juris*, mais appartenait en quelque sorte au *pater familias*, au chef de famille et propriétaire. Peu à peu ce fils de famille, qui était la chose du père, fut admis à posséder un pécule, d'abord comme soldat, *peculium castrense*, le pécule du camp ; puis, d'autres titres : *peculium quasi castrense*. Par ce dernier pécule, le fils en puissance de père peut posséder le fruit de son travail et en disposer par testament. Les constitutions impériales introduisirent cette sorte de pécule, que consacra le droit de Justinien. (Voir, à cet égard, les *Institutes* de Justinien, livre II, chap. xi, 6, dans la traduction de Ducaurroy ou autres, et le *Digeste* ou *Pandectes*, liv. XLIX, titre XVII, dans le *Corpus juris civilis*, ou dans l'édition de Mommsen.)
2. L'affranchissement testamentaire s'était multiplié au temps des Césars à tel point que les partisans jaloux des anciennes institutions demandaient que la loi y mît obstacle. (Ernest Havet, *Le Christianisme et ses origines*, t. II, ch. xiv.)

anciens maîtres, et avaient part à la sportule quotidienne ;
le plus grand nombre tombait à la charge de l'État. La
plèbe romaine, à l'époque des Césars, « était composée,
dit Montesquieu, d'affranchis et de gens sans industrie,
qui vivaient aux dépens du trésor public. »

Il y avait, toutefois, les corps de métiers, nommés
collegia opificum, affranchis des particuliers, mais dé-
pendants de l'État, qu'ils servaient en qualité d'entrepreneurs, de pourvoyeurs et de fermiers d'impôts. C'étaient
eux qui faisaient les grands travaux publics, et aussi
des travaux pour les particuliers ; eux qui assuraient le
service des subsistances, blés, viandes, transports ; eux
qui faisaient rentrer les revenus, — du moins lorsque
ceux-ci étaient payables en nature : car les impôts payables en argent, *vectigalia*, rentraient par les soins des
publicani, fermiers publics, qui pour la plupart étaient
des chevaliers romains. — Ces *collegia opificum*, confréries d'artisans, étaient, si l'on peut déjà employer ce
nom, des espèces de jurandes fermées, dont plusieurs
devinrent considérables : en tête, celle des bateliers et
celle des boulangers ; il y eut des boulangers qui furent
faits sénateurs [1], des bateliers qui devinrent sénateurs et
chevaliers [2].

---

1. Optio concessa est his qui e pistoribus facti sunt senatores (*Cod.
Theodos.*, lib. XIII, tit. X, leg. 14, 15 ; XIV, tit. III, leg. 4).
2. Entre la Noblesse, qui avait tout, et la plèbe, qui n'avait rien, ou
presque rien, étant sortie de l'esclavage, il n'y avait point à Rome de
bourgeoisie proprement dite ; seuls les *chevaliers* formaient un ordre
intermédiaire : choisis primitivement dans la Noblesse, plus tard parmi

Parmi les esclaves affranchis, les uns, continuant d'exercer le métier qu'ils avaient appris dans la *familia*, s'établissaient comme ils pouvaient avec ce qui leur restait du pécule après le rachat de leur liberté, mais demeuraient en dehors de ces corporations d'artisans, dont on ne forçait pas aisément l'entrée; les autres, en bien petit nombre, réussissaient à s'y faire admettre. D'autres exerçaient les professions de gouverneurs d'enfants, de grammairiens, de copistes; d'autres, qui, au temp de leur servitude, avaient été instruits par leur maître à l'aider dans ses travaux littéraires et qui avaient développé leurs connaissances, en usaient alors pour eux-mêmes, devenaient gens de lettres pour leur compte; d'autres étaient musiciens, d'autres médecins. — Déjà sous la République, on avait vu de simples esclaves s'élever bien haut : témoin cet Africain, qui par ses comédies illustra le nom reçu de son maître Térence; témoin encore ce Tiron, intendant, secrétaire et collaborateur de Cicéron qui était arrivé à ne plus pouvoir se passer de lui : « Ma littérature, ou plutôt la nôtre, lui écrivait Cicéron, languit de ton absence; reviens au plus vite ranimer nos muses. » Et ailleurs : « Tu m'as rendu des services innombrables, chez moi, au forum, à Rome, dans ma province, dans mes affaires publiques et privées, dans mes études et pour mes

les plébéiens ou les patriciens indistinctement, mais dès lors écartés par ceux-ci autant que possible des honneurs, des fonctions publiques, ils cherchèrent la fortune, devinrent en quelque sorte les hommes d'affaires de la conquête romaine, et gagnèrent par l'argent l'influence qu'on leur disputait.

lettres [1]. » Plus tard, très tard, Tiron fut affranchi, mais resta toujours le serviteur dévoué de son maître.

On voit que la condition de l'esclave s'était déjà fort adoucie à la fin de la République et au commencement de l'Empire, surtout dans la société polie des lettrés. Atticus, Sénèque, Pline-le-Jeune, ont pour les esclaves les mêmes sentiments, les mêmes procédés que Cicéron, et pratiquent comme lui cette vertu qui jusqu'alors n'avait pas eu de nom et pour laquelle il créa celui d'humanité.

Tandis que la philosophie tempérait ainsi l'esclavage, Rome cependant continuait son œuvre, la conquête; et la guerre, quoi qu'on ait pu dire de son influence éducatrice aux temps primitifs, ne servait alors qu'à entretenir la barbarie, au sein même de la civilisation [2] : les légions

1. *Epistol. ad familiares*, XVI, 3 et 4.
2. Herbert Spencer, un des apologistes de la guerre, convient lui-même que, si elle est utile dans les premiers temps, pendant les phases inférieures de la civilisation, elle devient funeste par la suite, à mesure que l'humanité s'élève aux phases supérieures. « Les avantages physiques et intellectuels qu'une race peut tirer de la discipline guerrière, dit-il, ne compensent plus, sitôt qu'on a franchi une certaine étape du progrès, les désavantages correspondants qui en résultent pour le corps et pour l'esprit, et surtout pour l'esprit. Quelque cruel, quelque sanglant que soit le procédé, le massacre des races inférieures est en somme un profit pour l'humanité aux époques où le développement moral est encore peu avancé, et où l'on ne court pas risque de dessécher des sentiments de vive sympathie en infligeant la douleur et la mort. Mais des sociétés plus élevées, dans lesquelles les caractères individuels doivent être capables de se plier à une coopération plus intime ne sauraient exercer au dehors une activité destructive, sans qu'il y ait une réaction fâcheuse sur la nature morale des individus qui les composent ; et cette réaction fâcheuse fait plus que compenser les avantages résultant de l'extirpation des races inférieures. Quand on est arrivé à cette phase, l'épuration, qui conserve son importance, se

romaines étaient les pourvoyeuses de l'institution servile;
à la suite de chaque conquête, on amenait à Rome et l'on
vendait à la criée, sur la place publique, d'énormes troupeaux d'esclaves. Déjà, après la défaite des Cimbres et des
Teutons par Marius, après les victoires de Lucullus dans
le Pont, la quantité de prisonniers à vendre en avait fait
baisser le prix à tel point, qu'on pouvait avoir un esclave
passable pour quelques drachmes, — un peu moins que
ne coûte aujourd'hui un poulet. — Après la prise de Jéru-
salem par Titus, d'immenses convois de captifs furent envoyés aux amphithéâtres : dans un seul jour, on en tua
deux mille aux arènes de Césarée. Trajan lui-même, célèbre pour son humanité, jetait dans le cirque, en une seule
fête, dix mille captifs.

Il y avait donc, dans le monde romain, deux grands
courants de faits et d'idées : l'un qui, continuant la guerre
et l'esclavage, ravivait la barbarie; l'autre qui développait
la douceur des mœurs et le sentiment de l'humanité. Les
esclaves qui avaient fini par obtenir l'affranchissement
devenaient citoyens à la troisième génération et faisaient
souche d'hommes libres,

Viscera magnarum domuum, dominique futuri.

poursuit par la guerre industrielle ; les sociétés sont en concurrence :
les mieux douées, physiquement, moralement et intellectuellement, se
propagent avec rapidité; et les autres disparaissent graduellement,
faute de laisser une postérité suffisamment nombreuse. » C'est toujours, on le voit, l'idée darwinienne : la sélection, le combat pour la
vie.

Sous le règne de quelques.Césars imbéciles, ce furent des affranchis qui gouvernèrent : le Sénat était à leurs pieds. L'orgueilleuse Agrippine, qui menait Claude, n'était parvenue à se faire épouser de lui, étant sa nièce, qu'avec l'utile concours et la protection des deux affranchis Narcisse et Pallas, favoris tout-puissants du vieil empereur. Grâce à eux, elle lui fit adopter son fils, Néron, qui régna ensuite à l'exclusion du propre fils de Claude, légitime héritier de l'Empire, le malheureux Britannicus.

En résumé, l'esclave romain, d'abord outil, machine, bête de somme, ensuite ouvrier, artisan, marchand, puis scribe, copiste, grammairien, enfin homme de lettres, d'art ou de science, avait fini par pénétrer dans l'Ordre des Chevaliers et jusque dans le Sénat. Ainsi, pendant que les descendants des familles nobles s'abaissaient par un asservissement volontaire devant l'empereur et ses affranchis, ceux-ci, les anciens esclaves, s'étant élevés du fond de la servitude par l'intelligence et par le travail, gouvernaient leurs maîtres d'hier, les conquérants de l'univers.

On a revendiqué pour le christianisme la gloire d'avoir amené l'adoucissement de la condition servile et l'abolition de l'esclavage. Il n'y a pas d'opinion plus inexacte. Les doctrines et les faits démontrent le contraire depuis l'antiquité jusqu'à nos jours. — Pour les doctrines, il suffit

de citer l'apôtre Paul, Thomas d'Aquin et Bossuet, suivant lesquels l'esclavage est d'institution divine. Au reste,
Paul, à vrai dire, au fond, n'est ni pour ni contre l'esclavage : il ne le combat pas, mais on ne peut pas dire précisément qu'il le soutienne, attendu que personne autour de
lui ne le combattait. Quant à Thomas d'Aquin et à Bossuet, c'est autre chose : ils le soutiennent résolument.
Contentons-nous de citer le dernier, qui répète l'argument
de l'autre. Bossuet donc établit que l'origine de la servitude vient des lois d'une juste guerre... Le vainqueur
ayant le droit d'exterminer le vaincu, s'il lui plaisait de le
conserver (*servatus, servus*), il était juste et naturel qu'il
en fît sa chose. De quoi pouvait se plaindre celui à qui on
permettait de vivre ? « L'un, qui est le maître, fait la
loi telle qu'il veut; et l'autre, qui est l'esclave, la reçoit
telle qu'on veut la lui donner... *De condamner cet état*,
ce serait non seulement condamner le droit des gens...,
mais *ce serait condamner le Saint-Esprit*, qui ordonne
aux esclaves, par la bouche de saint Paul, de demeurer
en leur état, et n'oblige point leurs maîtres à les affranchir [1]. » Ce sont les mêmes idées que celles d'Aristote;
mais, tandis que celui-ci ne pouvait concevoir la domesticité que sous la forme de l'esclavage, puisque l'une alors
se confondait avec l'autre, dans le monde moderne au
contraire où les deux choses sont bien distinctes, l'orateur non plus que le philosophe chrétiens ne sont certes pas

---

1. 5ᵉ *Avertissement aux Protestants*.

aussi excusables que le philosophe païen. — Que dire des Jésuites qui, à présent encore, développent dans leurs livres les mêmes idées [1] ?

Ce n'est donc point le christianisme, c'est la philosophie païenne qui la première eut la gloire de s'élever contre l'esclavage, au nom de l'égalité humaine. Ce fut Sénèque qui, dans ses lettres à Lucilius, fit entendre une éloquente protestation contre cette iniquité. Ce furent des empereurs païens qui les premiers apportèrent quelque adoucissement à la condition des esclaves : Domitien défendit qu'on les mutilât ; Adrien, qu'on les vendît à des maisons de débauche ; Septime Sévère, qu'on les contraignît à se prostituer. Mais quand est-ce que l'esclavage a été aboli par les chrétiens ? quand est-ce que cette institution effroyable a été seulement blâmée par eux aussi explicitement que par Sénèque ? Au contraire, ce furent des guerriers chrétiens, les descendants des croisés, les chevaliers de Rhodes, qui réduisirent en esclavage leurs prisonniers musulmans ; ce furent des peuples chrétiens, et d'abord les Portugais, qui achetèrent des nègres en Afrique pour exploiter l'Amérique ; ce fut avec l'autorisation de Ferdinand le Catholique que les hommes de couleur furent importés par milliers aux Indes Occidentales ; ce fut Louis XIV, le roi très chrétien, qui revêtit du sceau royal le Code Noir ; ce furent, enfin, les

---

1. Voyez le livre de Huber de Munich, *Les Jésuites*, etc., traduit par Alfred Marchand.

DESCHANEL.   2

missionnaires catholiques, Franciscains, Dominicains, Jésuites, qui fondèrent, au moyen du travail des noirs, les plus belles plantations de nos colonies; et, si par hasard quelque prêtre éclairé et charitable témoignait de la sympathie aux esclaves, il était bientôt obligé de quitter la contrée [1]. Enfin, c'est dans les pays chrétiens du Nouveau Monde que l'esclavage, avec toutes ses horreurs, se maintient encore aujourd'hui. Une femme, mistress Harriet Beecher Stowe, n'a eu qu'à le peindre, tel qu'elle l'avait vu de ses yeux, pour ébranler avec un petit livre tout un grand peuple en sa vie morale et soulever la pitié et l'indignation de tous ceux qui lisent. Cependant cette institution barbare n'est pas déracinée encore, et plusieurs peuples soi-disant civilisés et chrétiens ne dédaignent pas d'en tirer profit, avec plus ou moins d'hypocrisie [2].

---

1. Victor Schœlcher cite l'abbé Bonnet qui, de nos jours, dut quitter la Guadeloupe pour ce motif. — L'abbé Leguay, supérieur du séminaire du Saint-Esprit, a reconnu qu'on enseignait dans cet établissement, comme corps de doctrine, que « la servitude n'offense ni la loi divine, ni la loi naturelle, ni la loi civile. » C'est également la thèse soutenue par l'abbé Rigord, curé de Fort-Royal, à la Martinique, dans ses *Observations sur quelques opinions relatives à l'esclavage*, imprimées à Fort-Royal, chez l'imprimeur même du gouvernement. « Quand on réfléchit, dit-il, à l'état de dégradation dans lequel gémissent les hordes d'Afrique, on est porté à considérer la traite comme un fait providentiel, » etc. — Vous voyez comme, d'un bout à l'autre du monde chrétien, soit dans le temps, soit dans l'espace, ces doctrines se tiennent et se rejoignent.

2. Un touriste français, M. Charles d'Ursel, dans la relation de son voyage au Brésil en 1879, raconte qu'étant à Rio il lut, dans le journal le plus important de la ville, les annonces suivantes :

A vendre, dans une maison particulière, deux femmes de chambre nées dans le pays, l'une de dix-neuf ans, l'autre de vingt-deux, de bonne mine, sages et soumises, sachant blanchir, repasser et coudre parfaitement. Elles sont bonnes à tout faire. — S'adresser, etc.

A vendre une excellente esclave, âgée de vingt et un ans, ayant un

M. Ernest Havet, après avoir pressé dans son admirable livre tout le suc de la morale antique, et fait voir,
sans réplique possible, que la morale dite chrétienne n'a
fait que s'emparer de toute cette pulpe sans y rien ajouter,
conclut sur le sujet de l'esclavage en ces termes : « Il y a
une étrange illusion dans l'esprit de ceux qui, persuadés
que la raison humaine ne peut rien pour le bien, et que la
Foi peut tout, vont jusqu'à faire honneur à celle-ci de l'abolition de l'esclavage ; tandis qu'ils voient que l'esclavage
subsiste encore, sous leurs yeux, dans deux pays catholiques, après quinze cents ans du règne du Christ, et ne
manace ruine que depuis cent ans, c'est-à-dire depuis les
combats et les victoires de la libre pensée [1]. »

fils de ses premières couches. Elle est experte en tout et serait un charmant cadeau à faire. — Rue, etc.

A vendre une vieille négresse, sachant bien faire la cuisine et bien
laver. — Rue *do General Camara*, 269.

A vendre un excellent cuisinier, de bonne figure, très doux et sans
vices ni défauts. Le dernier prix à offrir est 2 *contos* (5,000 francs).

[1]. *Le Christianisme et ses origines*, t. II, chap. 15.

CHAPITRE II

LE SERVAGE

I. Le SERVAGE, adoucissement de l'esclavage. — Éveil du sentiment d'égalité. — II. L'ÉMANCIPATION, née du travail servile. — Les affranchissements des individus, des groupes, du sol. — Communautés agricoles.

Lorsque, sur les débris de la société antique, s'éleva au moyen-âge une société nouvelle, l'esclavage se transforma et devint le servage : c'est là, dans l'histoire du travail émancipateur, un progrès nouveau. L'esclave antique, en général, n'avait été, nous venons de le voir, qu'un instrument de travail ou une bête de somme; puis, à partir d'un certain moment de l'Empire, une quasi-personne humaine; — le *serf*, quoique nommé du même nom, le serf du moyen-âge, devient une demi-personne.

À la vérité, cette demi-personne est attachée à la terre qu'elle travaille : c'est ce qu'on nomme le *serf de la glèbe;* il est transmis, vendu avec cette glèbe, avec ce morceau de terre; il fait partie de la propriété du seigneur; il se confond avec ce champ qu'il laboure [1] ; mais enfin on lui permet de se marier : en devenant père, il devient homme ; il a une famille, une patrie. Il est, si l'on peut ainsi parler, demi-homme, demi-terre. Cela se rattache à la confusion de la propriété et de la souveraineté, confusion sur laquelle repose tout le régime politique et social du moyen-âge. — L'esclave antique ne pouvait se marier ; et, s'il devenait père par hasard, il risquait, quand on le vendait, d'être arraché à ses enfants et à leur mère, aux lieux où il avait toujours vécu, à ses habitudes, à son métier ; il pouvait voir son existence entièrement rompue, et mourir à tout son passé plusieurs fois avant de mourir réelle-

1. En certains pays, le lien qui attachait pour ainsi dire le serf à la terre n'était qu'annuel. Ainsi en Russie, au jour de la Saint-Georges. *Yourieff-Deñe*, 18 septembre, tous les paysans avaient le droit de changer de pays et de maître. C'était un puissant correctif à la servitude : il obligeait le seigneur à bien traiter ses serfs, s'il ne voulait s'exposer à les perdre ; il rendait les injustices et les violences, sinon impossibles, au moins peu durables ; il laissait une sorte de libre arbitre dans l'esclavage ; et le seigneur, par intérêt et calcul, se voyait amené à offrir à ses paysans protection, sécurité, bien-être. — En abolissant le privilège de l'*Yourieff-Deñe* par un ukase du 24 novembre 1601, Boris Goudounoff attacha définitivement les serfs à la glèbe, eux et leur postérité. (Louis Viardot, note au *Boris Goudounoff* d'Alexandre Pouchkine.)

En 1847, un riche seigneur russe, M. Ruminn, donna la liberté à tous ses paysans. En 1861, le czar Alexandre II, s'inspirant de ce noble exemple offert par un de ses sujets, abolit la servitude dans tout son empire. Un autre de ses sujets, Nicolas Alexèiévitch Milutine, fut l'âme et la cheville ouvrière de cette grande réforme : il en prépara longuement et en rédigea la charte. Aux yeux de Milutine, il n'y avait pas, pour le paysan, d'émancipation réelle sans dotation territoriale : il annonçait donc aux moujicks le moderne évangile russe de la propriété pour tous. Et cette bonne nouvelle s'est réalisée. La charte du 19 février 1861, qui affranchit les paysans, a modifié radicalement en Russie l'administration des campagnes. Cette loi agraire a assuré aux anciens serfs de la glèbe l'usufruit perpétuel, par conséquent la quasi propriété d'une partie du sol. Cet affranchissement de vingt millions de serfs a renouvelé toute l'organisation rurale de la Russie (Voir A. Leroy Beaulieu, *Revue des Deux-Mondes*, octobre 1880).

ment; — le *serf*, lui, est attaché à la terre : s'il ne peut
la quitter, en revanche il ne peut en être séparé; il n'a
presque rien à lui en fait de biens; mais il a une patrie,
une famille, — au moins en droit, et à part les accidents
de la violence; il faut toujours sous-entendre cela [1].

Les serfs du moyen-âge avaient une double origine :
les uns étaient issus des anciens *colons romains* et des
esclaves rustiques; les autres étaient les indigènes gaulois réduits en servitude par les Franks. Les colons romains, *coloni*, avaient été d'abord des cultivateurs libres,
que l'État romain, ou le *civis romanus*, le citoyen romain,
engageait pour un temps et attachait à l'exploitation d'un
bien-fonds, à la culture d'un *ager*. Leur condition, par
suite de diverses circonstances, s'empira peu à peu, et
ils furent, comme cela arrive de nos jours pour les *coo-
lies* chinois et hindous dans les colonies, réduits à une
sorte de condition servile, obligés de servir pendant des
temps fort prolongés, et accablés de corvées et de charges
fort lourdes [2]. Il s'ensuivit que, vers la fin de l'Empire
d'Occident, dans beaucoup de lieux, les colons se confondaient en fait avec les esclaves attachés aux travaux des
champs, et dont le nombre décroissait, parce que l'usage
n'était plus autant de réduire à la condition d'esclave le

1. Voyez Paul Lacombe, *Petite histoire du Peuple français*. Livre excellent et charmant en sa brièveté.
2. Voyez un article de M. Esmein, dans le *Journal des Savants* de
1880, sur une nouvelle inscription latine publiée par M. Mommsen.

prisonnier de guerre, et parce qu'on n'en usait ainsi qu'avec les peuples les plus barbares.

A côté du serf attaché à la glèbe, exista pendant long-temps, certainement jusqu'aux xᵉ et xiᵉ siècles, l'esclave domestique, qui était un véritable esclave, comme dans l'antiquité [1].

Vers le xiiiᵉ siècle, voici quelle était la double condi-tion des serfs : les uns, sauf leurs droits de famille, appar-tenaient au maître, corps et biens; les autres avaient, dans une certaine mesure, la disposition de leurs biens et de leur personne, n'étant tenus qu'à des redevances ou à des services envers le seigneur, mais ne pouvant ni trans-mettre leurs biens à leurs enfants, ni se marier hors de la seigneurie ou en dehors de leur condition [2].

Le maître qui laissait aux serfs le libre usage de leurs biens, la vie durant, ne leur en abandonnait que l'usufruit; son droit de propriété reparaissait à leur mort; c'est ce qu'on appelait la main-morte : « droit qui devint odieux, mais qui, à l'origine, selon la remarque de M. Wallon, avait été comme une transition de l'esclavage à la liberté. De même, en laissant aux serfs la faculté de se marier, les maîtres avaient prétendu retenir leurs enfants dans la condition où ils étaient eux-mêmes; or l'enfant apparte-nait à la mère et en suivait la condition : de là l'interdic-tion du mariage avec des femmes de condition franche,

1. En Russie, par exemple, lors de l'invasion des Mongols.
2. Voyez Beaumanoir, *passim*.

ou en dehors de la propriété du seigneur, ce qu'on appelait *formariage*. »

Les serfs formaient, au moyen-âge, les trois quarts de la population [1]. Mais, désarmés et ignorants, comment auraient-ils pu profiter de leur nombre pour rejeter le poids de l'oppression? De temps en temps seulement, quand ils étaient excédés de misère et de souffrance, ils se soulevaient. C'est ainsi qu'éclatent, de siècle en siècle, ces formidables révoltes des Bagaudes du midi et des bords de la Loire, des Serfs normands, des Pastoureaux, des Jacques; les uns, serfs; les autres, plus ou moins affranchis, mais toujours taillables et corvéables.

Ce furent, naturellement, les plus opprimés, les serfs des campagnes, qui donnèrent aux autres, aux travailleurs des villes, l'exemple de la résistance à main armée contre l'inique oppression. — Un trouvère, Wace, dans le *Roman de Rou*, prête à leurs révoltes une voix éloquente; ces malheureux, se comparant à leurs tyrans, s'écrient :

> Nous sommes hommes comme ils sont,
> Tels membres avons comme ils ont,
> Et tout aussi grands corps avons,
> Et tout autant souffrir pouvons :

1. « Le nombre des serfs augmenta tellement, qu'au commencement de la troisième race, tous les laboureurs se trouvèrent serfs. » Montesquieu, *Esprit des Lois*, liv. XXX, ch. II. — En Pologne, il n'y avait en réalité que des seigneurs et des paysans, serfs ou aux trois quarts serfs; la bourgeoisie n'était guère représentée que par les Juifs qui faisaient le commerce dans les villes.

Ne nous faut que cœur seulement.
Allions-nous par serrement :
Aidons-nous et nous-défendons
Et tous ensemble nous-tenons;
Et, s'ils nous veulent guerroyer,
Bien avons contre un chevalier
Trente ou quarante paysans
Dispos et forts et combattants [1].

Cette marseillaise rustique, œuvre du poète, répétée en réalité, sous forme plus menaçante, par des milliers de serfs et de manants, « est comme le tonnerre lointain qui annonce la révolte des Pastoureaux et la terrible explosion de la Jacquerie : le vieux monde semble travaillé d'un déchirement intérieur ; Noblesse et Clergé ont senti, pour la première fois, le sol trembler sous leurs pas [2]. »

En 997, les serfs de Normandie s'étaient révoltés ; en 1100, ils se levèrent de nouveau en masse contre leurs oppresseurs. La chevalerie bardée de fer n'eut pas de peine à écraser ces manants qui n'avaient pour armes

---

1. Voici le texte même, qu'on lira plus facilement, après notre transcription en orthographe et en langue plus modernes :

> Nus sumes homes cum ils sunt.
> Tex membres avum cum ils unt,
> Et altretant grans cors avum,
> Et altretant sofrir poüm :
> Ne nus fault fors cuer soulement.
> Allium nus par serement :
> Nus aïum, et nus defendum,
> Et tuit ensemble nus tenum;
> Et, s'ils nous voillent guerroier,
> Bien avum contre un chevallier
> Trente ou quarante païsanz
> Maniables et cumbatans !
> *Roman de Rou*, aux vers 5979 et suivants.

2. Lenient, *Littérature du Moyen âge.*

que des bâtons et des fourches : elle les renvoya, pieds
et poings coupés, incapables de travail, *truncatis pedibus
ac manibus inutiles*, destinés par conséquent à mourir
de faim. Tel fut le dénouement de ce prologue de la
formidable Jacquerie qui, aux siècles suivants, devait
répondre à ces atrocités par d'autres non moins horribles.

Des insurrections semblables éclatent tour à tour en
Flandre, en Angleterre, en Allemagne, en Bohême. Dans
ces pays comme en France, les excès de la féodalité en
provoquent d'autres, bientôt réprimés par d'affreux mas-
sacres. Puis la vengeance couve dans la race écrasée,
jusqu'à l'occasion d'éclater de nouveau. Toute injustice
appelle une réparation ; toute violation de l'égalité sème
un germe de révolte : tant que l'opprimé est trop faible
pour se revancher, il souffre en silence; le ressentiment
de l'injustice fermente en son cœur, jusqu'au jour où,
coûte que coûte, il fait encore explosion. Ce n'est pas un
révolutionnaire, c'est un ultra-conservateur [1] qui l'avoue,
« toute révolution n'est qu'un effort que fait la société
pour revenir à l'ordre. »

Le pauvre peuple du moyen-âge n'avait rien à lui : son
corps appartenait aux seigneurs; son âme aux prêtres,
dans la vie et dans la mort. Prêtres et seigneurs, alliés,
complices, l'exploitaient sans pitié.

Il est très vrai que le Clergé, au commencement, s'in-

---

1. M. de Bonald.

spirant de l'Évangile, avait fondé des établissements hos-
pitaliers, protégé le faible contre le fort, défriché le sol
inculte, et donné un peu d'instruction à ceux qu'il voulait
faire siens, — répandant quelques lumières, très fumeuses
sans doute, mais qui étaient celles du temps : car le
Clergé, au moyen-âge, croyait à la théologie plus ou moins
absurde ou chimérique qu'il enseignait ; la scolastique
était la science d'alors. — Mais ce qui est très vrai aussi,
c'est qu'il arriva pour le prêtre ce qui arriva pour le
Noble : s'affranchissant peu à peu des devoirs qui lui
incombaient, gardant les privilèges qui, à l'origine, avaient
été la rémunération de l'accomplissement de ces devoirs,
augmentant même ces privilèges à mesure qu'il s'acquittait moins des fonctions qu'il avait à remplir, il devint
exploiteur, — comme le Noble, qui chargé de rendre
la justice lui-même, la faisait rendre par des subalternes
à sa dévotion, et n'en conservait pas moins les droits
qu'on acquittait pour ce service. — Le Clergé, lui aussi,
exploita donc les faibles infiniment plus qu'il ne les pro-
tégea, s'appropriant la plus grande partie des biens qu'il
savait se faire donner, soit pour l'amour de Dieu, soit par
crainte de l'enfer, biens qui devaient profiter aux pauvres, mais qui profitaient surtout à lui. Il exerça, lui aussi,
la seigneurie ; il eut des serfs, lui aussi, et les conserva
le dernier de tous, jusqu'à la Révolution. — On doit toutefois reconnaître, pour laisser la balance marquer juste,
que la condition des serfs de l'Église était moins intolé-

rable que celle des serfs des seigneurs [1]. Au xie siècle, il
y eut même un pape, exception unique et très honorable,
qui prescrivit par une bulle l'affranchissement des serfs
ou esclaves [2]. Il est vrai que la bulle ne fut pas obéie. —
En 1102, le concile de Westminster condamna formellement l'usage de vendre des esclaves au marché, qui se
pratiquait alors en Angleterre [3]. — Toujours est-il qu'en
général le prêtre, aussi bien que le Noble, en Angleterre,
en France, en tout pays, exploitait les serfs et les pauvres. De temps à autre, ce menu peuple, exaspéré par
la misère, se révoltait : aussitôt les hommes de fer l'écra-
saient, le pendaient, le mutilaient. Le seul droit de ce
temps, c'était la force : la seigneurie née de la conquête
prétendait exister de droit divin ; le haut Clergé, seigneur
aussi, ne manquait pas de l'attester et de le démontrer. Il
partageait avec la Noblesse les privilèges de seigneurie,
et vivait comme elle des labeurs et des souffrances de
tant de menues gens. Cela dure pendant tout le moyen-
âge, et même encore après. Au moment de la Révolution,
le servage était aboli partout, le Clergé seul avait encore
des serfs : les serfs du Clergé ne furent affranchis qu'en
1789 et 90, par l'Assemblée Constituante, réalisant les
vœux de la philosophie. Michelet le rappelle dans une de
ses pages les plus éloquentes : « Tout le xviiie siècle avait

---

1. Voyez, à ce sujet, ce que dit Guizot dans son *Cours d'histoire de la
Civilisation en France.*
2. Voir l'*Histoire ecclésiastique* de Fleury.
3. Voyez John Wade, *History of the Middle and Working classes.*

passé, tous les libérateurs, et Rousseau et Voltaire, dont la dernière pensée fut l'affranchissement des serfs du Jura; le prêtre avait encore des serfs! La féodalité avait rougi d'elle-même; elle avait, à divers titres, abdiqué ses droits honteux; elle en avait repoussé, non sans honneur, les derniers restes, dans la grande nuit du 4 août; le prêtre avait toujours des serfs! Le 22 octobre, un d'eux, Jean Jacob, paysan main-mortable du Jura, vieillard vénérable, âgé de plus de cent vingt ans, fut amené par ses enfants et demanda la faveur de remercier l'Assemblée de ses décrets du 4 août. Grande fut l'émotion : l'Assemblée nationale se leva tout entière devant ce doyen du genre humain, le fit asseoir et couvrir : noble respect de la vieillesse, et réparation aussi pour le pauvre serf, pour une si longue injure aux droits de l'humanité! Celui-ci avait été serf un demi-siècle sous Louis XIV, et quatre-vingts ans depuis. Il l'était encore : les décrets du 4 août n'existaient qu'à l'état de déclaration générale; rien d'exécuté. Le servage ne fut expressément aboli qu'en mars 90; le vieillard mourut en décembre : ainsi ce dernier des serfs ne vit pas la liberté [1]! »

Et pourtant le Clergé lui-même avait passé par le servage; bien plus, en était né, — et aurait dû s'en souvenir. — De même que, dans l'ancienne Rome, c'étaient, avons-nous dit, des esclaves, ou des affranchis, ou leurs fils, qui les premiers s'étaient adonnés aux lettres et aux

1. *Révolution française*, t. II.

arts, ainsi au moyen-âge ce furent les clercs qui d'abord gardèrent le dépôt des lettres. Or l'affranchissement était surtout accordé aux serfs qui devaient entrer dans le Clergé. Mais, une fois affranchis, puis anoblis d'Église et devenus seigneurs à leur tour, ils oublièrent trop souvent leur origine populaire, comme ils font encore parfois aujourd'hui.

Les peuples cependant grondaient çà et là, poussés par la faim et le désespoir, et aussi par l'instinct puissant de la justice, — sans trop savoir, mais sentant bien, au fond, par un sentiment inné de l'égalité, que toute créature humaine avait dû sortir d'une même origine. On connaît le refrain de la chanson anglaise du XIVᵉ siècle :

> Quand Adam bêchait,
> Quand Ève filait,
> Où donc était le gentilhomme[1] ?

Le refrain de cette chanson fut pris, un jour, pour texte du sermon ou de la harangue que prononça un prédicateur, John Ball, devant la foule des paysans révoltés à Bluck-Heath, en juin 1381, au temps de cette fameuse Jac-

---

1.   When Adam delv'd, and Eve span,
                 Where was then the gentleman?

Ces vers de la vieille ballade anglo-saxonne, Mérimée les a mis en épigraphe à la première page de son livre : *la Jacquerie, scènes féodales*, — sorte d'essai à la Shakespeare, — imprimé en 1828 « à l'imprimerie d'Honoré Balzac, rue des Marais-Saint-Germain, n° 17, » dans la maison où étaient morts Racine et, au siècle suivant, Adrienne Lecouvreur. Cette rue se nomme aujourd'hui rue Visconti. On remarquera que Balzac, imprimeur, n'avait pas encore pris le *de*.

querie anglaise qui éclata sous Richard II et qui eut d'abord pour chef Wat Tyler. Le motif de cette insurrection populaire était la dure condition faite aux petits tenanciers et aux paysans, condition qui succéda de bonne heure au servage proprement dit : car il est à noter que le servage, en Angleterre, a disparu beaucoup plus tôt qu'en France et ne semble pas avoir été jamais très développé. Le dimanche donc, à l'heure où les petites gens sortaient du temple, le prédicateur John Ball les assemblait autour de lui dans les cimetières et leur disait : « Bonnes gens, les choses ne peuvent aller et n'iront jamais bien en Angleterre, jusqu'à ce que les champs soient mis en commun, et qu'il n'y ait plus ni vilains ni gentilshommes, et que nous soyons tous unis... Pourquoi donc ceux que nous nommons seigneurs doivent-ils être plus maîtres que nous? Si nous venons tous d'un même père et d'une même mère, Adam et Ève, en quoi sont-ils donc plus seigneurs que nous? Pourquoi nous tiennent-ils en servitude, fors (si ce n'est) parce qu'ils nous font gagner et labourer (produire par notre labeur) ce qu'ils mangent et ce qu'ils dépensent?... »

Ainsi, sur l'autre rivage de la Manche, les réclamations et les révoltes des opprimés étaient pareilles à celles de ce côté-ci; on allait même plus loin, puisqu'on parlait de la communauté des biens. Thomas More y revint, au XVIᵉ siècle, dans sa célèbre *Utopie*, renouvelée à la fois de la *République* de Platon et de l'Évangile.

En Bohême Jean Ziska, en Allemagne Franz de Sickingen, l'ami d'Ulrich de Hütten, dont il recevait les
inspirations, organisent des révoltes semblables contre la
tyrannie féodale et cléricale. De proche en proche, l'insurrection des opprimés gagne tout le nord de l'Europe.
— Il y avait en Allemagne deux noblesses, la grande et
la petite. La petite avait des intérêts distincts de ceux de
la grande. En beaucoup d'endroits, elle se mêla à l'insurrection populaire. Franz de Sickingen fut son chef ; il
périt au siège d'une place forte ; avec lui s'éteignit la
guerre des nobles contre les nobles, et l'espoir d'une
réforme sociale que plusieurs avaient entrevue derrière
la Réforme religieuse. Mais quelle cause fit échouer l'entreprise de Sickingen ? « Ce ne fut point la noblesse du
second ordre qui manqua à l'appel de la liberté ; ce fut la
bourgeoisie : la classe moyenne craignit d'être débordée
par le mouvement des campagnes, et, dans ses égoïstes
terreurs, elle sépara sa cause de celle des paysans. Ainsi
échoua l'unité politique de l'Allemagne, entrevue par
Hütten dans l'unité religieuse de la Réformation [1]. »

En apprenant la mort de Franz, Ulric tomba, renversé
par la douleur. « Avec Franz, dit-il, mon âme est partie ! »
Il traîna peu de temps sa vie proscrite, et succomba, à
trente-cinq ans.

Mais la conjuration de la petite noblesse, autant que la
Réforme religieuse, avait donné le branle à la révolte des

---

1. Alphonse Esquiros, *Les Paysans*.

paysans et amené la conjuration du *Bundschuh*, ou soulier fédératif. Ce fut la conjuration, tout à la fois réelle et
symbolique, des souliers contre les bottes. Il était défendu
aux paysans et aux hommes-liges de porter des bottes ou
des brodequins : ils devaient se contenter de souliers [1]. Ce
signe de servitude devint un signe de ralliement. Une des
sociétés secrètes qui embrassaient la Suisse, l'Alsace et
les contrées de la Forêt-Noire, prit ce nom de *Bundschuh;* son blason était un grand soulier, peint ou brodé
sur un fond rouge.

Luther avait raison lorsque, parlant de cette guerre
des paysans, il disait : « On ne saurait attribuer qu'à
vous, princes et seigneurs, à vous surtout prêtres et
moines aveugles et stupides, cette sédition et cette calamité. »

Nicolas Stork, en Thuringe, et Thomas Münzer, en
Alsace et en Franconie, essayèrent à leur tour d'entraîner
le menu peuple des campagnes à l'insurrection contre tout
pouvoir féodal et clérical. Luther lui-même alors trouva
qu'ils allaient trop loin et ne voulut pas les suivre jusqu'au
bout. Aussi ne s'emportaient-ils pas moins contre lui que

1. En Hollande, pays de liberté cependant, aujourd'hui encore, même
à Amsterdam, pas une servante n'oserait, fût-ce aux jours de fête, se
coiffer autrement qu'avec un certain petit bonnet, ni s'habiller qu'avec
une petite jaquette d'indienne et une jupe séparée : cette coiffure et
cet habillement sont les signes de sa condition sujette ; dernier reste
de la féodalité, qui s'est réfugié chez la bourgeoisie hollandaise, — et
que, d'ailleurs, la proclamation de l'égalité n'a pas encore effacé, même
dans plusieurs provinces de France. C'est justement pourquoi la République, en signe de réparation, a pris pour coiffure symbolique le bonnet de l'ancien esclave, anobli par l'égalité.

DESCHANEL,   3

contre le pape; ils l'accusaient de s'arrêter à mi-chemin : qu'était-ce que la réforme religieuse sans la réforme sociale? qu'était-ce que la liberté sans l'égalité? Or l'égalité pour ces opprimés, qui n'entendaient rien aux idées abstraites, non plus que leurs oppresseurs, c'était de raser les châteaux, et ils les rasaient; c'était de piller églises et couvents, et ils les pillaient. Dans la Forêt-Noire, trente mille hommes étaient sous les armes. La Thuringe, la Souabe, la Franconie se soulevaient. On cessait d'attendre la réparation dans un autre monde, on voulait avoir justice dès ce monde-ci; or la justice, dans ce temps-là, n'allait point sans la force, ni la force sans la violence. Les seigneurs eux-mêmes ne l'avaient-ils pas toujours entendu ainsi? n'avaient-ils pas donné l'exemple? Comment des paysans, excédés de souffrance, ne se fussent-ils pas laissé entraîner à des représailles effroyables? Les princes et les barons se défendaient, avec non moins d'emportement, et plus de ressources : Philippe, landgrave de Hesse, et Henri, duc de Brunswick, rassemblent des hommes d'armes, assiègent la ville de Fulda, massacrent un grand nombre de paysans, emmènent prisonniers les autres, et en font mourir trois cents de faim dans une caverne; le comte de Mansfeld en brûle par centaines dans les villages où ils s'étaient réfugiés, en tue six mille sur une montagne, qui se nomme encore aujourd'hui *Schlachtberg*, mont de la Bataille, puis fait mettre à mort Münzer et les autres chefs de la révolte.

Stork, l'agile *Cigogne*, échappa et, jusqu'à sa mort (qui arriva cinq ans après, en 1530, à Munich), continua d'agiter Zwickau, la Franconie, la Souabe, la Silésie, la Pologne. Enfin, les princes éteignirent la révolte dans le sang de plus de cent mille paysans : la tyrannie féodale et cléricale régna de nouveau en Allemagne comme dans toute l'Europe.

Cependant ces insurrections, de siècle en siècle, se renouvelaient, surtout en France : car la race française, plus qu'aucune autre, a dans le sang et dans les moelles, et dans l'esprit et dans le cœur, l'instinct que tous les hommes sont égaux.

Peu à peu, cet instinct, développé par la souffrance, passa dans les idées, puis dans le Droit. On avait dit d'abord, avec les théologiens, que la servitude était d'institution divine ; même dans les formules d'affranchissement, on maintenait cette distinction ; — voici une de ces formules, citée par Du Cange :

« Comme toute puissance vient de Dieu, et que celui qui résiste à la puissance résiste à l'ordre de Dieu, lequel par une suprême et admirable disposition des choses a institué sur terre les rois, les ducs et les autres seigneurs, de telle manière que la puissance moindre obéisse à la puissance supérieure ; ayant voulu que les uns fussent serfs, les autres maîtres, en sorte que les seigneurs vénèrent Dieu, et que les serfs vénèrent leurs seigneurs,

selon ce précepte de l'Apôtre : « Serfs, obéissez à vos
seigneurs charnels avec crainte et tremblement ; et vous,
seigneurs, faites à vos serfs ce qui est juste et raisonnable ; remettez-leur les fautes qu'ils commettent ;
car, vous aussi, vous avez un Seigneur dans le ciel ; » si
Lui, qui domine sur vous et sur eux, Lui qui est le Roi et
le Seigneur de tous, la forme et le miroir de tout bien, a
daigné subir pour nous le joug de la servitude, afin de
nous délivrer de la loi de malédiction et de la servitude
du diable, et de nous mettre en participation de sa propre liberté ineffable ; moi, pour la rédemption de mon
âme et en échange de l'éternelle béatitude, j'absous de
toute servitude... (*un tel*), serf de mon domaine, et tout
son bien, afin qu'à l'avenir il vive en liberté, maître de
lui-même, qu'il aille où il voudra, et qu'il ne doive plus
aucun hommage de servitude, si ce n'est à Dieu, pour
l'amour duquel je l'affranchis. »

Cependant, à la fin, grâces au progrès des idées, cette
prétendue légitimité du servage cesse d'être un dogme ; le
droit naturel s'éveille et réfute le droit divin. Les légistes,
bien qu'en conservant toujours la couleur religieuse du
temps, proclament l'égalité humaine et la liberté, comme
droit de nature. « Selon le droit naturel, dit Beaumanoir,
chacun est franc en France. » — « Au commencement,
tous furent francs d'une même franchise : car chacun
sait que nous descendons tous d'un même père et d'une
même mère... Et, par quelque manière que les serfs

soient venus, nous pouvons entendre que grande aumône fait le sire qui les ôte de servage et les affranchit : car c'est grand mal quand un chrétien est de serve condition. »

Le Droit romain, introduit en France, apporte ensuite à nos légistes une force de plus et de nouveaux éléments de raison. Dans les *Establissements* de saint Louis, on sent déjà le mélange des législations de deux sources différentes, qui essayent de se combiner, mais qui bientôt vont se combattre. La législation féodale continue de régir les Nobles, la loi romaine est appliquée aux roturiers : — pour les premiers, l'âge de la majorité est abaissé à vingt et un ans ; les pupilles sont mis, eux et leurs biens, sous la tutelle du seigneur ; le douaire de la femme ne s'étend qu'au tiers des biens de son mari, et les propriétés passent à l'aîné de la famille ; — pour les roturiers, la majorité est reculée jusqu'à vingt-cinq ans ; la tutelle est abandonnée au parent le plus proche ; la veuve exerce les droits de son douaire sur la moitié des biens du mari, et les propriétés se divisent par égales portions entre les enfants [1].

Enfin les nécessités de la politique viennent corroborer les principes du Droit, et réciproquement. Louis le Gros, favorisant l'établissement des communes contre le pouvoir des seigneurs, commence au xiie siècle l'œuvre d'affranchissement dans les villes ; Louis le Hutin, deux

1. E. Bonnemère, *Hist. des Paysans*, II, 8.

siècles après, la continue dans les campagnes, par l'émancipation des serfs. En 1315, il octroie la fameuse Charte proclamant le principe nouveau, que *la liberté est de droit naturel*. C'est le contre-pied du principe théologique. Le texte même de cet acte royal suffirait à réfuter l'opinion des historiens qui attribuent à l'Église l'abolition de l'esclavage : des divers motifs que Louis le Hutin invoque à l'appui de cette grande mesure, pas un seul n'est tiré de l'ordre religieux [1]. Mais, s'il proclame ce principe, ce n'est pas plus par amour des peuples que par amour de Dieu ; il y est poussé par d'autres motifs. Le premier, c'est que les communes des villes, favorisées d'abord par la Royauté contre les seigneurs et contre le Clergé pour les affaiblir, commencent elles-mêmes à devenir une puissance, et qu'il juge à propos de la contre-balancer en affranchissant les campagnes, afin de pouvoir tenir tête en même temps aux Nobles, aux ecclésiastiques et aux cités. En second lieu, l'état des finances étant mauvais, le roi veut se créer des ressources : l'émancipation des serfs, leur transformation en manants, puis en vilains, est pour lui un moyen de se procurer de l'argent; et la preuve, c'est que cette liberté ou *franchise*, qu'il déclare lui-même inhérente à la qualité d'homme ou de *Franc*, il la vend et la met à un prix excessif. Il y a donc lieu de conjecturer qu'il se sert de l'idée plus qu'il n'y croit : le droit égal de tous les hommes à la liberté est

1. A. Esquiros, *Les Paysans*.

pour lui un prétexte, un moyen politique, plutôt qu'une
conviction.

Au contraire, dans le peuple et dans la bourgeoisie, ce
droit est un instinct plus fort que tout, un ressort invincible. Et la raison, les faits justifient cet instinct. Qui est-
ce qui n'est pas peuple au commencement? qui est-ce
qui n'est pas prolétaire? Hugues Capet, le chef de la troisième race des rois de France, était, dit-on, fils d'un boucher de Paris. On connaît le mot de Plutarque : « Il n'y
a point de roi qui ne descende d'un esclave, point d'esclave qui ne descende d'un roi. » François Ier, désirant
élever un des plus savants hommes de son temps aux
premières dignités de l'Église, lui demande s'il est gentilhomme. « Sire, répond l'abbé, ils étaient trois frères
dans l'arche de Noé : je ne sais pas bien duquel des trois
je descends. » — « Je pense, dit Rabelais [1], que plusieurs
sont aujourd'hui empereurs, rois, ducs, princes et papes,
lesquels sont descendus de quelques porteurs de rogatons
et de cotrets; comme, au rebours, plusieurs sont gueux
de l'ostière, souffreteux et misérables, lesquels sont descendus de sang et ligne de grands rois et empereurs. »

Oui, qu'on prenne pour point de départ la légende ou
la science, la Genèse ou la théorie de Lamarck et de Darwin, tout vient, plus ou moins vite, plus ou moins lentement, d'une origine commune, par conséquent égale ;
tout est sorti de la même argile, du même limon, par des

1. Liv. I, chap. I.

transformations infinies, pendant des milliards de siècles.

C'était poussés par cet instinct d'égalité que, dans la plupart des pays, mais particulièrement en France, les travailleurs des campagnes d'abord, puis ceux des villes, se soulevaient de temps en temps pour essayer de s'affranchir.

II

D'une manière plus efficace et plus durable, ce fut par le travail que les uns et les autres préparèrent lentement leur émancipation et achetèrent leur liberté. Çà et là, peu à peu, la courroie du joug se desserre. Les serfs ou manants, *manentes*, contraints de *rester* sur les terres du seigneur, d'y demeurer, de s'y lever, de s'y coucher, se rachètent et se transforment en simples vilains, *villani*, qui peuvent se déplacer un peu plus librement. Ce rachat se fait, à peu près comme pour l'esclave antique, moyennant une redevance à payer au seigneur, soit en nature, blé, fourrage ou telle autre chose; soit en argent équivalent; soit en un certain nombre de journées de travail, ou *corvées :* d'où les serfs affranchis à ces conditions sont nommés *hommes de corps;* ou bien, s'ils se rachètent de ces travaux corporels moyennant un *cens* qu'ils payent *par tête* chaque année, on les appelle *hommes de tête,* ou *capitaux*. — Fardeau bien lourd encore, sans doute ! Mais va, ne te décourage pas, pauvre homme ! paye ou

travaille, ou paye et travaille à la fois : la route que tu
empierres pour ton seigneur est celle qui te mène, toi et
les tiens, de la servitude à la liberté !

Ainsi le travail servile, cette fois encore, devint, par une
juste antinomie, l'instrument de l'émancipation, en pro-
curant aux manants les moyens de se racheter. C'était,
pour le serf, un affranchissement à crédit, et, pour le seigneur, une manière de se constituer une rente, au lieu
de faire valoir ses biens par lui-même et par ses serfs, à
ses risques et périls, en restant chargé de la gérance et
de l'entretien. Cette redevance passait naturellement aux
héritiers du seigneur. Le serf devenu vilain se transmet
encore avec le domaine ; mais, ce que l'on transmet, ce
n'est plus l'homme attaché à la terre, la végétation humaine de la glèbe, ce sont les droits dus par l'homme en
raison de la terre. Cela peut donc se nommer un demi-
affranchissement de la personne. Ce demi-affranchisse-
ment, à la vérité, ne s'obtient que par une aggravation de
charges : l'homme n'est plus attaché à la glèbe et ne se
confond plus avec la terre ; mais il paye encore tous les
droits féodaux : il paye la taille pour la terre, il paye pour
le pâturage, il paye pour le troupeau, il paye pour avoir
le droit de le conduire au marché, il paye pour pouvoir
le vendre, il paye pour pouvoir le tuer ; il paye toujours [1].
Payer la taille pour la terre et le reste, ce n'était pas
là encore ce qui faisait principalement la dureté et le

1. E. Bonnemère, *Histoire des Paysans.*

caractère de la condition du vilain. La taille payée pour
la terre était nommée *réelle* et elle pouvait être acquittée
par un Noble pour les terres roturières qu'il possédait ;
cela se passait ainsi dans une partie de la France. Ce qui
particularisait la situation du vilain, et en général du
roturier, c'est qu'il payait la taille *personnelle*, sorte d'impôt de capitation dont le Noble était partout affranchi et
que le Clergé ne payait pas davantage. N'oublions pas que
le serf, même racheté, n'est toujours point propriétaire
du sol qu'il arrose de ses sueurs : il a l'usufruit et la possession des biens qu'il cultive, rien de plus ; possession
n'est pas propriété : lui mort, ou malade, cette possession
passe en d'autres mains. Il fallut un autre progrès pour
que le paysan, après s'être affranchi lui-même, obtînt
la faculté d'affranchir sa terre et l'achetât morceau par
morceau [1].

La servitude personnelle était une chose, et la servitude
de la terre en était une autre. Lorsque le serf était affranchi, c'était sa personne seule qui était émancipée ;
mais ses biens « mouvants de la servitude » restaient la
propriété du seigneur ; il fallait donc qu'après s'être
racheté lui-même il arrivât ensuite à racheter sa terre :
chose plus difficile encore que l'autre, surtout pour un

---

1. En réalité, le paysan, jusqu'à la Révolution française, ne put jamais devenir propriétaire complètement libre, affranchir absolument
la terre qu'il achetait avec ses économies : car cette terre demeurait
toujours frappée du *cens*, et ce *cens* était, de sa nature, perpétuel et
non rachetable. (Voyez Henriquez, *Code des Seigneurs*, ch. XVI, *du
Cens*.)

pauvre homme isolé. Aussi eut-il l'idée de se grouper
avec plusieurs de ses pareils et de demander d'abord à
cultiver la terre en commun, par agrégations de famille.
Les couvents encouragèrent ces communautés, faites un
peu à leur image ; les seigneurs n'y mirent point obstacle : c'est que les uns et les autres y trouvaient leur
avantage : « jamais de chômage dans le travail, jamais
de fuite, ou tout au moins les effets n'en étaient pas aussi
graves ; cette solidarité était une garantie de solvabilité ;
et, grâce en même temps à cette économie de force et de
ressorts, à cette puissance pour la création, dont les couvents offraient un exemple frappant, il y avait moyen
d'exiger de ces hommes réunis en groupes des revenus
plus élevés [1]. » De là, le rapide développement des communautés agricoles laïques, en dehors de celles des couvents. Cette émancipation par groupes est un fait nouveau, propre au moyen-âge. Dans l'antiquité, chez les
Romains par exemple, sauf quelques troupes d'esclaves
affranchis pour être enrôlés dans les guerres civiles ou
autres (ainsi, dans la campagne de Sicile contre Sextus
Pompée, Auguste affranchit vingt mille esclaves pour en
faire des matelots [2]), on n'avait guère connu que les
affranchissements personnels : on émancipait tel ou tel
esclave, soit qu'il achetât sa liberté au moyen du pécule,
soit que le maître lui en fît don. L'émancipation par

1. Eugène Bonnemère, *Histoire des Paysans*, l. VII, ch. XI.
2. Voyez Plutarque, *Vie de Marius*, ch. XXXV.

groupes, au moyen-âge, fut une nouveauté et un progrès, surtout parce qu'elle était un acheminement à la propriété : en effet, on confiait au groupe en voie d'affranchissement une portion de terre à cultiver, moyennant cens ou rente annuelle : plus le groupe le cultivait habilement et à la satisfaction du maître, plus cette sorte de bail se renouvelait et se prolongeait ; on arrivait à le concéder pour dix ans, pour vingt, pour trente; pour une génération, pour deux, quelquefois pour trois. Dans un laps aussi étendu, le groupe, fermier indéfini, était quasi propriétaire, sauf les redevances.

La *tenure*, dans ces conditions, devint héréditaire et permanente, non pour les individus, mais pour le groupe, « et tout fut changé dans la condition des terres comme dans celle des personnes. Cette possession perpétuelle équivalait de bien près à la propriété même ; et, du droit de détenir indéfiniment, à celui d'acquérir, il n'y avait pas bien loin. Ils le conquirent bientôt en effet, mais toujours sous cette condition expresse de la culture en commun : au milieu du xvie siècle encore, la Noblesse et le Clergé de Bourgogne interdisent, par un édit, aux cultivateurs de devenir propriétaires de terres, s'ils ne s'y établissent en communauté [1]. » C'est de ce nom *compa-*

---

1. Wallon, *Saint Louis et son temps*, II, 15. — Perreciot, *De la condition des personnes et des terres*, I, 5. — Dalloz, *Jurisprudence générale*, cite les conditions faites à des laboureurs en métayage perpétuel, par un titre de 1625... « Que les preneurs ne feraient qu'un même pot, feu et chanteau (pain), et vivraient en communauté perpétuelle. »

gani, associés du même groupe agricole, *pagus*, que vint
le mot *compagnons*, qui s'appliqua ensuite à tous les travailleurs, aussi bien à ceux des villes qu'à ceux des campagnes. Ce nom même de *campagnes* pourrait bien
n'avoir pas d'autre étymologie, quoiqu'on se soit habitué
à lui donner pour origine le mot *campus*. L'existence de
ces sociétés agricoles, loin d'être un cas exceptionnel,
fut le fait général au moyen-âge, et jusqu'au xviiie siècle même. Ces associations se formaient d'elles-mêmes,
tacitement, par la parenté ou le voisinage, moins par actes
écrits (on n'écrivait guère alors) que par le fait seul de la
demeure en commun pendant un an et un jour. Tout le
monde y trouvait profit : les individus, les groupes, l'État.
Les Intendants reconnaissaient et signalaient dans leurs
rapports les avantages nombreux de ces communautés.
En voici trois ou quatre exemples. « Mornac s'est fort
étendu sur les sociétés d'Auvergne et du voisinage, dit
Chabrol[1] ; il les considère comme très avantageuses pour
le progrès de l'agriculture et la contribution aux charges
publiques. » — L'intendant du Berry, dans son Mémoire
de 1698, signale l'existence de sociétés analogues : « Ces
peuples n'ont presque aucune propriété, ni fonds, ni
meubles ; ils vivent ensemble jusqu'à vingt ou trente familles, plus ou moins, dans une même métairie, dont
le fonds et les bestiaux appartiennent à un propriétaire.
Ces familles se choisissent un chef qui conduit le mé-

1. *Coutume d'Auvergne*, II, 499.

nage et distribue le travail à tous les autres; s'il se conduit mal, elles le destituent et en choisissent un autre ; mais les dettes contractées par le premier sont toujours à la charge de la communauté. » — Un autre, De la Lande, en 1774, donne des détails à peu près pareils : « Ç'a été autrefois une coutume générale en ce royaume, qu'il s'introduisît une société tacite entre plusieurs vivant et demeurant ensemble, par an et jour... Elle se pratique particulièrement entre gens de village, parmi lesquels il y a de grandes familles, lesquelles vivent en société et ont un chef qui commande et donne les ordres, et c'est pour l'ordinaire le plus âgé d'entre eux, comme il est aisé de remarquer dans le Berry, Nivernais, Bourbonnais, Saintonge et autres lieux [1]. » — « Ces sociétés, dit un autre, sont non seulement fréquentes, mais ordinaires, voire nécessaires, en tant que l'exercice du ménage rustique consiste non seulement au labourage, mais aussi à la nourriture du bétail, ce qui désire une multitude de personnes [2]. »

Ces nombreuses sociétés de vilains et d'agriculteurs couvrirent et fécondèrent le sol de la France. On les trouve partout, au midi et au nord, dans les provinces les plus opposées d'usages et de mœurs, dans les pays de droit écrit comme dans les pays de coutume, dans ceux où les habitudes imposent au mariage le régime dotal comme

1. *Coutume d'Orléans.*
2. Guy Coquille, *Nivernais*, 478.

dans ceux où domine le régime de la communauté con-
jugale.

Tandis que la *familia* antique, chez le riche propriétaire romain, n'était toujours qu'un grand troupeau
d'esclaves, comme aujourd'hui encore les nègres et les
négresses chez les planteurs de canne à sucre, les associations agricoles du moyen-âge nous font voir l'éclosion
graduelle de la liberté. « Le serf, en entrant dans la famille, premier élément de l'association, fait un premier
pas vers la liberté et la propriété ; l'association des familles
entre elles l'affranchit encore et lui donne en fait la propriété [1]. »

Seulement, comme les seigneurs eussent été lésés par
cette ingénieuse organisation, la propriété se trouvant de
fait immobilisée entre les mains de ces communautés de
vilains, alors, afin que le propriétaire titulaire du fief ou
du domaine ne perdît pas les divers droits qu'il devait
toucher à chaque mutation de possession, dans quelques communautés en France on obvia à cet inconvénient par le procédé suivant : la communauté choisis-
sait un de ses membres, robuste, bien portant et dans
la force de l'âge, soigné et choyé par tous, sur l'existence
duquel reposait l'échéance de ces droits, que l'on payait à
sa mort ; et, de même que les associés s'appelaient *manants et couchants* (manentes et cubantes), lui s'appela

---

1. Eugène Bonnemère, *Hist. des Paysans.*

homme vivant et mourant. Au reste ce procédé était loin d'exister partout en France, et dans un grand nombre d'autres pays il n'existait pas du tout.

Ces associations, toujours à l'imitation des communautés monastiques, étaient non seulement agricoles, mais industrielles, et se suffisaient à elles-mêmes en tout. Mais elles différaient, en un point important, du communisme clérical : celui-ci interdisait la propriété personnelle et la qualifiait même du nom de vice; au contraire, dans ces associations libres et laïques, la possession commune, ainsi qu'on vient de le voir, ébauchait la propriété individuelle, qui est, quoi qu'on puisse dire, le ressort le plus puissant de l'activité humaine. Si la terre, dans ces sociétés agricoles, restait en usufruit indivis, chacun des associés n'en avait pas moins le droit de recevoir, dans les partages de fin d'année, une part proportionnelle à son travail, à son mérite, aux services qu'il rendait à la communauté. Et c'est ici qu'on saisit bien la différence de l'égalité et de la justice : en effet, si l'égalité, au début de l'exploitation en commun, exige la jouissance uniforme et l'usage pour tous des biens indivis et des instruments de travail, peut-on raisonnablement contester que la justice, à l'époque du règlement de compte, exige non moins impérieusement les salaires inégaux en raison des biens produits et des services rendus? L'intérêt même de la communauté le réclame tout autant que la justice.

Ainsi, tandis que les communautés monastiques entre-
tenaient le servage, les associations laïques pour leur
part l'éliminaient, et chez elles la possession collective,
loin d'exclure la propriété individuelle, pour ainsi dire la
couvait.

« Ces sociétés, dit un publiciste, ne s'établirent d'abord
qu'entre quelques familles de laboureurs, *quorum olla
simul bulliebat* (dont le pot bouillait en commun), ensuite
entre des marchands, enfin entre tous les habitants d'un
même bourg, qui firent en commun leur commerce et se
donnèrent des habitations voisines les unes des autres [1]. »

Voilà comment, après les affranchissements personnels,
se firent les affranchissements par groupes et se formèrent dans notre pays les communautés agricoles, en
dehors de celles des couvents ; et ces communautés laïques amenèrent peu à peu un certain affranchissement
des terres, — toujours au moyen du travail, qui, loin
d'être le châtiment, comme le prétendent les théologiens,
est la rédemption véritable.

1. Houard, *Traité des Coutumes anglo-normandes.* I, p. 444, note.

CHAPITRE III

LES ORGANES SUCCESSIFS. — L'ÉGLISE, LA FÉODALITÉ,
LA ROYAUTÉ

Les découvertes de la science moderne sur la formation des êtres démontrent qu'ils ont eu des accroissements successifs de membres et de formes : ils avaient en eux le germe, la puissance initiale de ces développements futurs. Les organes du corps ne se développent, quelques-uns même ne se révèlent qu'au fur et à mesure des fonctions à remplir : la respiration, la dentition première et seconde, la puberté et la génération, la lactation et ses organes, tout vient à son heure. Il en est de même dans le développement de l'organisme social.

Nous avons montré comment l'esclavage, qui vint enrayer l'anthropophagie [1], fut en son temps un progrès

1. Remarquons, cependant, que l'esclavage n'enraya pas toujours entièrement ni partout l'anthropophagie, puisque nous voyons les Mexicains entretenir et acheter des esclaves, dans le dessein de les manger après les avoir sacrifiés aux dieux. Ce que l'esclavage a enrayé certainement, ainsi que nous l'avons marqué ci-dessus, c'est l'habitude d'égorger les prisonniers de guerre. Mais, dès que l'esclave devenait onéreux à nourrir, chez les peuples sauvages on le tuait, comme on tuait les vieux parents, que certains peuples allaient jusqu'à manger.

relatif, on peut même dire un nouvel organe pour la civilisation naissante. La Théocratie en fut un autre, qui se
faisant jour au milieu de la violence aveugle des siècles
barbares, soit aux époques primitives, soit au moyen-âge,
tempéra la férocité guerrière de cette « lutte pour la vie »,
dont parle Darwin. Elle aussi, comme l'esclavage, fut
relativement un progrès. Au moyen-âge particulièrement,
il faut reconnaître et nous avons reconnu que le Clergé,
tant régulier que séculier, rendit d'abord de grands services. On a écrit, chez nous, un livre remarquable sur
l'œuvre des *Moines d'Occident* [1]. Le grand historien anglais Macaulay, de son côté, a montré impartialement
comment l'Église catholique fut d'abord utile, et funeste
ensuite. « Depuis l'époque, dit-il, où les Barbares ren-
versèrent l'Empire d'Occident jusqu'à l'époque de la renaissance des lettres, l'influence de l'Église romaine fut
généralement favorable à la science, à la civilisation, et
à un bon gouvernement. Mais, pendant les trois derniers
siècles, arrêter le développement de l'esprit humain a été
son principal objet : tous les progrès, sans exception
aucune, qui se sont accomplis au sein de la chrétienté,
en lumières, en liberté, en richesse, et dans les arts de la
vie, se sont accomplis en dépit d'elle et ont été partout
en proportion inverse de son pouvoir. »

La Féodalité fut un autre organe, qui eut aussi, en son
temps, sa raison d'être. Les sociétés antiques avaient

---

1. M. de Montalembert.

connu déjà des formes d'oligarchie relativement utiles et temporairement dignes de respect. Sans prétendre, avec le comte de Boulainvilliers, que le système féodal fût le chef-d'œuvre de l'esprit humain, on est forcé d'admettre qu'il était à la fois l'expression et l'instrument des nécessités de cette époque troublée. Les faibles, les petits, ceux qui étaient *en bas* (*vassi*), cherchaient la protection des forts et aliénaient volontiers entre les mains d'un plus puissant, d'un homme plus considérable (*senior*), une partie de leur liberté. Ce patronage était d'origine germanique, comme la *trustis*, compagnonnage guerrier, et l'*antrustio*, compagnon volontaire des rois francs, — organes essentiels de l'ancienne société d'outre-Rhin, transportés en Gaule par les conquérants. Le chef distribuait à ses compagnons les terres conquises, qui leur constituaient des *bénéfices*, comme récompense de leur service ou de leurs charges. « La plupart des bénéficiers voulurent jouir de la protection qu'assurait le *vasselage*. Lorsque ces rapports de vasselage furent devenus plus fréquents, les bénéfices furent souvent concédés à charge de l'hommage de vassalité ; les anciennes terres franches, les *alleux*, se transformèrent en bénéfices lorsque leurs propriétaires, pour s'assurer un secours, un appui, pour ne pas rester isolés, se recommandèrent à quelque grand propriétaire, et, comme prix de sa protection, déclarèrent *tenir* de lui leur domaine [1]. » Quant à ceux qui étaient assez forts

---

1. A. Giry.

pour se défendre eux-mêmes, ils se firent bâtir des châteaux, que les rois s'efforcèrent en vain de détruire [1]. Du ixe au xiie siècle, dans toute l'Europe, les montagnes se hérissent de *burgs*, qui tantôt protègent les campagnes d'alentour et tantôt les rançonnent, parfois maintiennent la sécurité de la route, du gué, du passage qu'ils dominent, et plus souvent y favorisent à leur profit les pillages et les violences. La plupart des redevances et des péages féodaux n'ont pas d'autre origine. Le seigneur rend et exerce la justice basse et haute. Procurer la sécurité relative, pacifier le pays, n'est-ce pas à cette époque être justicier? Repousser les agressions du dehors, chasser les aventuriers, faire pendre les voleurs, tout cela se confond alors [2]. *Les Burgraves*, de Victor Hugo, nous donnent l'éclatante vision de ce monde de la Féodalité, où la violence était la forme naturelle de la Justice, où ce mot même de *justice* et le mot *gibet* étaient synonymes, où le nom qui voulait dire pouvoir, *potentia*, est devenu en français *potence* [3].

1. Capitulaire de Charles le Chauve à Pistes, en 864.
2. A. Giry.
3. Il n'a conservé son sens étymologique que dans le composé *omnipotence*. — M. Littré, faute d'avoir aperçu cette étymologie évidente, renverse l'ordre logique et naturel de la filiation des sens de ce mot *potence*, et lui donne pour premier sens : « Béquille, bâton d'appui qui a la forme d'un T. » Et pour quatrième sens seulement : « Gibet, instrument de supplice, ainsi dit à cause de la ressemblance de forme avec la béquille. » — L'ordre vrai, à mon avis, est le suivant : 1º Potence, *potentia*, comprenant les trois sens réunis, confondus alors, de : pouvoir seigneurial, *justice* seigneuriale, *gibet* seigneurial. 2º Béquille, bâton d'appui en forme de T, ainsi dit à cause de la ressemblance de forme avec la potence. 3º Les sens dérivés de ces deux-là.

Les bénéfices distribués après la conquête avaient été, dans le commencement, personnels et viagers ; ce n'était pas encore la Féodalité ; celle-ci se constitua par trois choses : 1° l'hérédité des charges et bénéfices ; 2° la confusion de la souveraineté et de la propriété ; 3° la subordination échelonnée et hiérarchique des souverainetés les unes relativement aux autres. Tels sont les trois caractères constitutifs de la Féodalité.

La Royauté, nouvel organe, se dégagea du précédent et finit par le remplacer, après se l'être subordonné. Elle eut pareillement, pendant des siècles, son utilité, sa grandeur. Un autre organe, la Représentation nationale, réduira progressivement l'importance de la Royauté, puis la remplacera à son tour.

Car, de même que tel ou tel organe du corps, après s'être révélé ou développé au moment où il devenait nécessaire aux fins de la nature, s'atrophie et s'éteint lorsqu'il cesse de l'être, de même, dans le corps social, telle institution qui s'était développée vigoureusement lorsqu'elle devait avoir son emploi, disparaît en tout ou en partie lorsqu'elle ne l'a plus. Il en a été ou en sera ainsi de l'esclavage, de la théocratie, de la féodalité, de la royauté, et la représentation nationale à son tour se modifiera, afin d'être plus complète et plus équitable. Telle chose, utile et excellente dans un temps, devient inutile dans un autre. Les haches et les flèches en silex furent, à leur date, un progrès notable dans l'outillage offensif et défensif de l'humanité; il n'en serait pas moins ridicule de prétendre les opposer de nos jours aux fusils à aiguille et aux canons d'acier. Bien plus : ce qui n'est plus utile devient nuisible; en effet ce qui a cessé d'être un moyen devient un obstacle; toute pièce qui n'aide pas à la machine la gêne. Des besoins nouveaux, se développant dans la société humaine, appellent de nouveaux organes, et les créent en éliminant les autres. L'homme, après avoir refait son milieu physique, refait son milieu moral, se refait lui-même, et découvre ou crée la justice : création incessante et indéfinie, au moyen de la liberté. Elle a ses périodes de travail secret, ou même de sommeil; puis ses saisons d'éclosion, ou ses crises d'explosion. Tout ne dure qu'à la condition de se renouveler sans cesse. Quand le renouvellement s'arrête, c'est la mort, — qui n'est encore après tout, qu'une refonte, qu'une rentrée dans la circulation universelle pour d'autres transformations. — Si le renouvellement a rencontré quelque obstacle qu'il surmonte violemment, il y a secousse, fièvre, maladie ou révolution. La nature aime que tout se fasse sans soubresaut, *Natura non facit saltus*. On passe sans le savoir d'un âge à l'autre, comme d'une saison à l'autre. Voyez la croissance des arbres, si douce qu'elle en est imperceptible : celle des nations est pareille lorsque rien ne vient faire obstacle à leur développement normal, à leur évolution naturelle. Mais, comme les nations se composent d'hommes, c'est-à-dire d'êtres libres en dépit des fatalités physiologiques et héréditaires qui pèsent sur eux, d'êtres volontaires, égoïstes, passionnés, animés d'instincts personnels en même temps que d'instincts sociaux, il résulte de là que chacun des organes dont nous parlons, même après qu'il a fait son temps, ne se laisse pas volontiers déposséder par l'organe successeur, surtout quand l'organe successeur se montre par trop impatient de percer à son tour, comme les secondes dents qui viennent quelquefois hâtivement sous les dents de lait et qui les poussent : de là, chez les enfants, des crises, et, chez les peuples, des révolutions.

Dix-huit ans avant que Montesquieu n'eût publié l'*Esprit des Lois*, Voltaire disait : « Il en a coûté pour établir la liberté en Angleterre ; c'est dans des mers de sang qu'on a noyé l'idole du pouvoir despotique. — Mais, ajoutait-il, les Anglais ne croient point avoir acheté trop cher leurs lois. » Plus tard, en 1765, il s'exprime plus hardiment encore, et voici l'image qu'il présente du gouvernement arbitraire, que les publicistes autoritaires nommaient paternel : « Une société d'hommes gouvernée arbitrairement ressemble parfaitement à un troupeau de bœufs mis au joug pour le service du maître. Il ne les nourrit qu'afin qu'ils soient en état de le servir ; il ne les panse dans leurs maladies qu'afin qu'ils lui soient utiles en santé ; il les engraisse pour se nourrir de leur substance, et il se sert de la peau des uns pour attacher les autres à la charrue. »

On peut ajouter qu'il ne les nourrit qu'au moyen du fruit de leur travail, sur lequel il prélève d'abord très largement sa nourriture à lui, et celle de sa famille, et celle de ses serviteurs, et celle de ses parasites, — et dè quoi satisfaire non seulement à leurs besoins, mais à leurs fantaisies, — jusqu'à ce que le peuple, excédé, secoue le joug et foule aux pieds ceux qui l'exploitent. Mais il s'écoule un temps bien long entre le moment où il a conquis violemment son indépendance et celui où il a appris à en faire un usage pacifique et durable. Pour mieux dire, il ne la conquiert que par degrés et par morceaux, et la conquête est à recommencer sans cesse. En France, par exemple, ce sont d'abord les privilèges de Communes, octroyés par des Chartes ; ensuite ce sont les États provinciaux, puis les États généraux, nouveaux organes dont le développement a demandé plusieurs siècles. On ne peut même pas dire qu'il soit achevé encore : car le suffrage universel, qui en est la forme présente, n'est pas vraiment universel, puisque les femmes n'y sont représentées en rien. C'est cet organe, le plus puissant de tous, la représentation nationale, qui élimine graduellement la monarchie.

Quant aux restes de la Théocratie, ils s'agitent en ce moment même par toute l'Europe, et se débattent dans une agonie violente, ne voulant pas mourir. Mais déjà une partie considérable de cet organe ancien, celle que nous nommerons d'un seul mot le *monachisme* [1], malgré son développement énorme, est frappée de mort et ne peut plus se comparer qu'à une tumeur malsaine. Pour ce qui est des autres parties, elles présentent, dans leurs superstitions grossières, dans leurs entreprises de miracles, et dans leur complet asservissement à la secte des Jésuites, tous les symptômes d'une décomposition plus ou moins rapide, analogue à celle du polythéisme sous les Césars. C'est ce que les esprits superficiels ou les politiques à courte vue, dupes ou complices des intéressés, prennent ou veulent nous donner pour une renaissance religieuse.

Au temps des Pères de l'Église, l'Église était l'avenir ; comme, maintenant, elle est le passé. Il était naturel que les intelligences d'élite, auxquelles répugnaient la corruption et la violence, se rangeassent de son côté, qui était relativement celui des lumières ; de même il est naturel, aujourd'hui, que ces mêmes intelligences s'en éloignent généralement, pour suivre le courant du siècle, celui de la science, qui est la lumière elle-même et la vraie révélation. L'horizon change et se déplace à mesure que se continue la marche de l'humanité. L'Église, qui se fait gloire d'être immuable, enchaînée d'ailleurs à ses textes saints, est depuis longtemps dépassée. Et non seulement l'Église romaine, mais la théocratie cléricale, sous quel-

---

1. Ou la *moinerie*, comme parle maître François Rabelais dans son admirable portrait de Frère Jehan des Entommeures, « vrai moine, si oncques en fut, depuis que le monde, moinant, moina de moinerie. »

que forme que ce soit. — « C'est l'opinion qui a fait jadis
la force de l'Église, et c'est l'opinion qui lui manque aujourd'hui. Le point d'appui lui fait défaut [1]. » Ce qui fut
l'aliment de telle génération devient le poison de telle
autre. Nombre de substances chimiques sont alternative-
ment poison et remède, selon le tempérament des gens,
selon la dose, selon l'heure. Si l'influence, d'abord heureuse, des institutions ecclésiastiques et monacales, pour
la civilisation, contre la barbarie, est un fait incontestable, un autre fait également hors de doute c'est que cette
influence, après avoir été utile, est devenue funeste. —
Il en a été de même de la Féodalité, et ensuite de la
Royauté.

La Féodalité avait été d'abord un progrès. Avant d'être
l'oppression du peuple par la Noblesse, elle avait été la
revendication par celle-ci de la liberté individuelle contre
le despotisme administratif et centralisateur issu de l'Empire romain. En dissolvant le pays conquis par César, en
le désagrégeant en fiefs, elle avait rompu, disloqué le joug
énorme. Il y a lieu toutefois d'observer, car rien n'est
absolu, qu'en bien des lieux la féodalité est plutôt sortie
de l'anarchie que d'une résistance à une administration oppressive et centralisée. En France, par exemple,
la féodalité se développa surtout au sein de l'anarchie
qui marque la fin des Carolingiens. Les officiers (c'est-à-
dire, les fonctionnaires royaux, soit militaires, soit civils,

1. Edmond Scherer, *Études critiques*.

les gens pourvus d'offices) et les Nobles s'emparent de
l'autorité dans leur domaine et se la transmettent héré-
ditairement. Le besoin de se prêter un mutuel secours
et de s'assurer un appui, au milieu des guerres qui éclatent incessamment entre les seigneurs, détermine peu à
peu entre ceux-ci une hiérarchie et une subordination
qui donne naissance aux vassaux et aux arrière-vassaux.
L'unité ne se reconstitua que longtemps après, au moyen
de la Royauté, qui, à son tour, on le voit, fut un progrès
d'abord, puisqu'elle recomposa la nation dissoute et forma
la patrie française. De même en Angleterre, c'est lorsque
l'administration des rois normands se centralise que la
féodalité disparaît.

Cet organe nouveau, la Royauté, ne se forma que lentement. « Il n'y a pas de France, on l'a très bien dit,
pas de royaume de France, pas de pays de France
même, avant le ix⁰ siècle. Charlemagne n'a pas plus le
droit d'être compté parmi nos souverains qu'Auguste ou
Trajan; et Mérovée ou Dagobert, pas plus que Dumnorix
ou Vercingétorix. La formation de la France date de
deux évènements : le traité de Verdun, en 843, qui,
séparant la Gaule de la Germanie et la constituant en
royaume sous Charles le Chauve, lui donna pour la première fois une existence indépendante; et l'avènement de
Hugues Capet, en 987, qui établit un domaine royal héréditaire [1]... » Mais Charles le Chauve n'est encore qu'un chef,

1. Edmond Scherer, *Vues sur l'histoire de France.*

ayant son domaine propre comme tout autre chef, et il ne
se distingue de ses pareils que par le rang et les fonctions
que lui a conférés l'élection. Ce n'est pas seulement parce
que la France manquait de limites, soit naturelles, soit
convenues; c'est qu'elle n'avait ni centre ni consistance.
Elle était composée d'une multitude de fiefs, dont chacun
avait sa capitale, et formait un État à part. La royauté
n'était qu'un nom; elle n'apportait aucun domaine; elle
était déférée à l'un des vassaux, que l'on jugeait le plus
actif, mais qui n'en devenait guère plus puissant pour
cela, et surtout guère plus riche. Les Capétiens, que
l'élection porta au trône, étaient *ducs de France et
comtes de Paris*. Leur duché, s'étendant de la Seine à
la Loire, embrassait dans sa mouvance les villes de Paris,
Orléans, Tours, Angers; la nature en avait fait le vrai
centre de la France nouvelle, de cette nationalité qui, encore inconsciente, se cherchait elle-même [1].

Le point saillant et décisif de la révolution qui s'opéra
alors, est surtout celui-ci : la monarchie jusque-là avait
été élective, Hugues Capet la rendit héréditaire; « de sorte
que les terres et gouvernements des comtes de Paris formèrent désormais le domaine de la Couronne. Dès lors
aussi l'apanage remplaça ce partage des biens patrimo-
niaux entre les enfants, qui sous les deux premières
races avait, à chaque règne, bouleversé la distribution du

---

1. Voir Ernest Mourin, *Les comtes de Paris, histoire de l'avènement de
la troisième race.*

territoire. Dès lors, enfin, la politique des nouveaux rois consista essentiellement à étendre leur domaine en y réunissant, par acquisition, confiscation ou conquête, les autres grands fiefs, et à augmenter ainsi leur autorité par des agrandissements territoriaux. Philippe-Auguste, à lui seul, réunit à la couronne l'Auvergne, l'Artois, la Normandie, le Maine, l'Anjou, la Touraine et le Poitou. C'est ainsi que s'est formée peu à peu notre France [1]. »

La monarchie des Capétiens, au moins jusqu'à Philippe le Bel, on pourrait presque dire jusqu'aux Valois, reste purement féodale. Les fiefs se trouvaient seulement juxtaposés, mais non pas fédérés, fondus en un corps. Lorsque Hugues Capet fut couronné dans la cathédrale de Noyon, il fut couronné « roi des Gaulois, des Bretons, des Normands, des Aquitains, des Goths, des Espagnols et des Gascons ». Cela n'exprime-t-il pas bien l'incohérence ou l'incohésion de cette monarchie, destinée à devenir plus tard si une et si centralisée? Avec les Capétiens, le duché de France, duché héréditaire dans cette maison, devint le noyau du domaine héréditaire de France. En attendant, la puissance dominante à cette époque est encore celle des grands feudataires. Philippe-Auguste, saint Louis, Philippe le Hardi, Philippe le Bel, l'entament successivement. Elle est diminuée aussi, peu à peu, par les nombreux affranchissements de communes qui signalent le XIIe siècle, affran-

1. Edmond Scherer, *Vues sur l'histoire de France.*

chissements faits aux dépens des seigneurs : privilèges que la Royauté reprendra, dès le siècle suivant, à son profit.

Cette Royauté, une fois constituée en France comme nous venons de le dire, devint assez rapidement populaire et forte, parce que, appuyée sur les communes qu'elle aidait à s'affranchir du joug des seigneurs, elle réduisit ceux-ci à lui rendre hommage et, brisant l'une après l'autre les tyrannies multiples de la féodalité, elle mit l'ordre dans le chaos, constitua la patrie française par l'unité du pouvoir, et en même temps assura l'indépendance nationale contre la domination ecclésiastique. Ainsi, d'abord, le roi et le peuple grandirent ensemble, se fortifiant l'un par l'autre. Les serfs, les manants, les vilains avaient dorénavant un protecteur ou un vengeur : il y avait quelqu'un au-dessus d'eux, et au-dessus des barons eux-mêmes, qui garantissait la sécurité des campagnes et des routes, qui empêchait qu'on ne brulât les villages ou les moissons ; et ce quelqu'un, c'était le seigneur roi.

Dans les commencements, où il n'était guère puissant encore, il prenait à cœur de se multiplier pour gagner des sujets en protégeant les faibles et en acquérant des titres à leur gratitude. Louis le Gros, par exemple, quatrième successeur de Hugues Capet, n'avait pas encore beaucoup de ressources : il manquait surtout de soldats ; il dut borner son action à l'étroite sphère de ses domaines directs, l'Ile-de-France et l'Orléanais ; mais, sur ce petit théâtre, il joua vaillamment son rôle : partout où l'appelait quelque vassal opprimé par un plus fort, quelque abbaye ou quelque église vexée par le seigneur voisin, « il allait, il courait, toujours en campagne, toujours le harnais sur le dos ; sa vie se passa dans des luttes obscures, mais utiles, avec les barons de l'Ile-de-France, avec les Bouchard, sires de Mont-Morency, avec les seigneurs de Mont-Lhéry, avec ceux du Puiset, de Coucy, qui étaient alors presque aussi puissants que le roi [1]. »

Après l'intervention armée, vint l'intervention juridique, aussi efficace, sinon davantage, et qui accrut extrêmement la force de la Royauté. Philippe-Auguste institue les *grands baillis* et les *grands sénéchaux*, chargés d'aller de tous côtés, au nom du Roi, rendre la justice, défendre les bourgeois des villes et le peuple des campagnes contre les violences des seigneurs. La machine par laquelle la Royauté devait miner ses ennemis était trouvée : les tribunaux du roi démolirent pièce à pièce l'édifice féodal.

L'étude du Droit romain contribua puissamment à ébranler à la fois la féodalité et la théocratie. Proscrite par le pape, elle est autorisée en France par saint Louis. Il fait traduire en français, œuvre énorme, le corps entier des lois romaines. Cette moelle de lion passe dans notre substance. La théologie en tressaille d'effroi. Songez

1. Paul Lacombe, *Petite histoire du Peuple français.*

donc : les légistes osent mettre en avant le droit naturel et égal de tout homme à la liberté ! Cela inquiète le Clergé : il sent là, d'instinct, une puissance nouvelle, qui va limiter la sienne, la combattre peut-être ; il prend les devants, il l'attaque. Alors les légistes, persécutés par le Clergé, lui rendent guerre pour guerre. L'esprit laïque se dresse contre l'esprit clérical. Dès lors commence et va toujours croissant, jusqu'à l'explosion suprême de la Révolution française, la grande lutte entre le droit et l'iniquité, entre l'égalité et le privilège, entre la Justice et la Grâce [1]. La théologie, c'est la somme des idées bizarres du passé, le péché originel, le travail-châtiment, la prédestination, et tout ce qui découle de ces étranges doctrines ; le Droit, c'est, avec la science, la double source des libertés du monde moderne et de la société civile. Saint Louis continue les affranchissements de communes, de bourgs et de villes, commencés par Louis le Gros. Il lutte pour le peuple et pour lui-même, à la fois contre la féodalité, contre le Clergé et le pape. Il appelle à son aide le théâtre naissant contre la très puissante Mère Église, et dans les farces populaires on ose représenter celle-ci sous les traits et le nom de *Mère Sotte*. Quant au pape, c'est *l'Homme obstiné*.

La Royauté est donc d'abord populaire, protectrice des faibles dont elle se sert. Mais à mesure qu'elle

---

1. Voir Michelet, préface de l'*Histoire de la Révolution française*.

devient puissante, elle est oppressive à son tour, écrasant le peuple de tailles et d'impôts, qui s'ajoutent alors à ceux des seigneurs. Pendant ce temps, Noblesse et Clergé restent exempts de toute contribution : l'une ne paye qu'avec son sang, l'autre qu'avec ses prières. Les fabliaux et contes populaires se gaussent de cette façon de payer, qu'ils nomment avec irrévérence « monnaie de singe. » Le bon sens du pauvre monde exploité, essayant de rire pour ne pas pleurer, produit une riche moisson de satire et de raillerie, et cette littérature née toute seule de l'imagination du peuple, avant la découverte de l'imprimerie, donne l'éveil à la pensée philosophique. Les farces, les *soties*, les *sirventes*, les apologues et les épopées drôlatiques du moyen-âge ont des traits de flamme qui éclairent l'avenir. Dans les poètes et peintres naïfs de Vulpin (le Renard), d'Ysengrin (le Loup) et d'autres personnages appartenant à la hiérarchie féodale et à l'Église, on sent poindre les aïeux des hommes qui feront la Réforme et la Révolution.

En résumé, les rois, profitant des leçons et des exemples du Clergé, jouent d'abord de bonne foi ce rôle de protecteurs, qui leur gagne les opprimés : ils se présentent comme les gardiens de l'ordre et de la sécurité, comme les redresseurs des torts, comme les défenseurs naturels du peuple contre la tyrannie des seigneurs ; le peuple reconnaissant leur prête à son tour sa force ou son aide ; si bien qu'il les met en état de se rendre maîtres peu à peu et des seigneurs et de lui-même. C'est la fable, ou plutôt l'histoire mille fois vraie, du *Cheval s'étant voulu venger du Cerf.*

La Royauté, cependant, continue à se poser en médiatrice entre les seigneurs et les serfs, et en protectrice des bourgeois, — trouvant à jouer ce rôle le double avantage d'enlever des tenanciers aux vassaux et de gagner des sujets [1]. Les seigneurs, de leur côté, par une politique analogue, vendent la franchise aux serfs qui peuvent en payer le prix; ils octroyent même à certaines terres que la guerre a rendues désertes le privilège d'affranchir les gens qui viendront s'y fixer.

Les rois, du reste, non plus que les seigneurs, ne donnèrent point la liberté aux serfs de leurs domaines, ils la leur vendirent. Profitant habilement de ce moyen d'affaiblir des vassaux toujours prêts à se révolter, ils acceptèrent l'argent qu'on leur offrait pour confirmer les chartes de commune ou communauté. Ainsi fit Louis le Gros, et c'est de cette manière qu'il favorisa l'établissement, puis l'affranchissement des communes. Les vilains devinrent, en payant, bourgeois du Roi. Les cités affranchies se fortifièrent : les murailles de chaque ville servaient de garantie à ses habitants. Aux jours de péril, elles offraient parfois un refuge aux gens des campagnes voisines et à leurs récoltes. Ainsi quelques agriculteurs venaient à ha-

1. Eugène Bonnemère, *Hist. des Paysans*, IV, 3.

biter passagèrement les villes, sans y avoir droit de bourgeoisie ; réciproquement, certains bourgeois possédaient
dans la banlieue des terres qu'ils cultivaient eux-mêmes.

Toute franchise, c'est-à dire toute protection, s'achetait, et n'était considérée toujours que comme un privilège. Aussi arrivait-il, dans les moments de crise, que
les opprimés de la veille ne songeaient plus qu'à se fortifier dans leurs bourgs et dans leurs franchises, aux
dépens de qui il appartiendrait, et à opprimer à leur tour
les gens du dehors, si la nécessité ou l'intérêt les y forçait.

Voici, à peu près, comment les choses se passaient : les
anciens serfs émancipés, de manants devenus vilains,
mais toujours « taillables et corvéables », — la taille prenait au vilain son argent, la corvée lui prenait son temps,
— chargés de défricher, de *rompre* les terres incultes, —
d'où vint le nom de *ruptura*, « roture », — finissaient
par se lasser de ces corvées ; c'est alors qu'ayant amassé
un nouveau pécule, ils achetaient le droit de se réfugier
dans l'enceinte des bourgs clos de murs, ou villes de
communes, où l'on avait promis de ne point lever de
tailles ; par cela même, ils rejettaient ce fardeau sur leurs
frères de la veille, moins heureux, moins adroits, moins
forts. De sorte que la loi révélée par Darwin, la sélection naturelle ou le combat pour la vie, s'accomplissait
dans la société avec la même logique impitoyable que
dans la nature : les plus forts vivaient aux dépens des plus
faibles. Et il en sera longtemps ainsi, jusqu'à ce qu'enfin

l'idée du droit, lentement éclose en quelques esprits, pénètre et se propage dans les plus durs cerveaux, et que les égoïsmes de l'individu et du groupe soient peu à peu neutralisés par le sentiment très tardif de la solidarité générale, qu'on peut appeler, si l'on veut, l'égoïsme social. Toujours le combat pour la vie, comme aux premiers temps : les formes seules varient avec les siècles. L'idée du juste, peu à peu, se dégage de celle de l'utile, et paraît elle-même utile ; les intérêts, se spiritualisant pour ainsi dire, se moralisent de plus en plus, jusqu'à prendre l'apparence du désintéressement. Mais combien de siècles encore s'écouleront avant que ce progrès ne s'accomplisse ! En attendant, le pauvre peuple, serf ou censé émancipé, continue d'être pressuré et épuisé à toute occasion, par les seigneurs, — laïques ou religieux, — par le Clergé et par le pape, par le Roi et ses francs bourgeois. Rongé de tous côtés, il ne peut plus payer. Alors les rois s'aviseront d'affermer les impôts aux maltôtiers, sangsues nouvelles. De là des famines effroyables, des pestes succédant aux famines. En 1348, « la grand mort ». Tous ces fléaux pâlissent et s'effacent devant celui des *grandes compagnies*, plaie de sauterelles énormes, qui sévit dès le xiie siècle et ne disparaît que bien tard, au commencement du xviie.

En un mot, pendant tous ces siècles, soit par la Noblesse, soit par le Clergé, soit par le Roi, le paysan, même affranchi, est compté pour bien peu de chose, lui le

nourricier de la Nation, et quelquefois son défenseur. La
tyrannie royale s'est ajoutée plutôt que substituée aux
autres. Du haut en bas, à tous les degrés du pouvoir,
c'est le régime de l'arbitraire et de la force, tempéré
seulement de temps en temps par les explosions du désespoir; puis, peu à peu, par les lentes conquêtes du
travail et du droit.

Tels furent les commencements et les accroissements
de la Royauté. Il faut voir les choses comme elles se sont
faites, et comme elles se font et défont sans cesse, dans
leur éternel devenir; il ne faut pas les voir en soi, si ce
n'est pour philosopher; mais on risque, en philosophant,
de se tenir trop loin de la réalité : car il s'en faut infiniment que la réalité, la vie, se comportent selon les lois de
la logique pure et de la raison absolue. La puissance des
rois, en soi, est, suivant Pascal, fondée bien plus sur la
folie et la faiblesse des peuples que sur la raison. Voltaire exprime, au sujet des prêtres, une pensée analogue :

> Nos prêtres ne sont pas ce qu'un vain peuple pense,
> Notre crédulité fait toute leur science.

« Si la Royauté, telle que nous l'avons vue en France,
n'avait jamais existé, — dit Benjamin Constant, — l'impossibilité en paraîtrait évidente. Quand on réfléchit à
l'idée de confier à la volonté d'un seul la destinée de tous,
on sent qu'il ne lui manque que d'être neuve pour paraître absurde. »

Oui, c'est ce que démontre aujourd'hui le bon sens, à la lumière de l'histoire. Mais les peuples encore jeunes ont besoin de tuteurs ; même lorsqu'ils ont pris croissance, n'ayant guère le temps de s'instruire et de développer leur esprit, longtemps encore ils sont peu aptes à saisir les idées abstraites, et il leur est nécessaire de matérialiser l'idée de l'ordre pour la comprendre : ils la confondent avec celle de la force. Encore après qu'au règne de la force a commencé de succéder par degrés presque imperceptibles celui de la raison, quelque chose de cette confusion subsiste et continue d'inspirer au plus grand nombre des hommes une sorte de crainte superstitieuse à l'égard du pouvoir. Herbert Spencer, dans son *Introduction à la Science sociale*, touche ce point avec finesse : « C'est surtout à ce sentiment de vénération, dit-il, que les sociétés, pendant tout le passé, ont dû de ne pas se dissoudre. Aujourd'hui encore, cette superstition est d'un secours indispensable pour entretenir la cohésion sociale et maintenir l'ordre. Il faudra long temps avant que le caractère de l'homme ait été assez profondément modifié par la discipline sociale pour que le respect de la loi, considérée comme ayant sa racine dans l'ordre moral des choses, remplace le respect du pouvoir qui impose l'exécution de la loi [1]. »

1. Chapitre VII.

CHAPITRE IV

A l'organisation tyrannique du travail, telle que l'avaient faite l'esclavage d'abord, le servage ensuite, succéda dans l'enceinte des *bourgs*, sous la protection de leurs murailles et grâce à leurs franchises, une organisation nouvelle, qui n'était pas encore l'organisation libre, qui gênait encore le travail par bien des entraves, et qui cependant était un progrès.

« La liberté n'est point le propre du moyen-âge : privilège et servitude, voilà les deux pôles sur lesquels le monde se meut alors; et cela se vérifie surtout dans le régime des Corporations [1]. »

Essayons de nous représenter ce monde du moyen-âge, tel qu'il était au moment où nous sommes parvenus.

Il y avait donc :

1° Les serfs, multitude innombrable, les trois quarts

---

1. H. Wallon, *Saint Louis et son temps*, t. II, p. 62.

de la population, — dont le travail nourrissait leurs maîtres, — Clergé, Noblesse, Royauté ;

2° Les vilains, *villani*, hommes de la campagne, —
affranchis, s'étant rachetés, — libres de leur personne
seulement, sur des terres non affranchies ;

3° Ceux qui, soit individuellement, soit par groupes et
sous forme de communautés agricoles, étaient parvenus
à racheter non seulement leur personne, mais leurs
terres, ou du moins à en être les fermiers indéfiniment,
en quelque sorte à perpétuité ;

4° Les Nobles ou anciens conquérants, seigneurs soit
laïques, soit ecclésiastiques, — pour la plupart, petits et
grands vassaux du principal seigneur, le Roi ;

5° Sous les seigneurs ecclésiastiques, le Clergé — séculier et régulier, — monastères, couvents, abbayes ;

Sixièmement, enfin, voici que, entre les vilains et les
nobles, s'est formée une classe intermédiaire, une classe
moyenne, les *bourgeois*.

L'ancien municipe romain fut, en beaucoup d'endroits,
la souche d'où sortit ce rejeton nouveau, la commune [1],
ou le tronc sur lequel on la greffa. Les serfs, soit des seigneurs, soit des monastères, soit des chapitres, qui avaient
été successivement affranchis, en formaient pour ainsi
dire le premier fonds : ils se constituaient en association

1. Voyez Raynouard, *Histoire du droit municipal en France.* — Cf.
Aulu-Gelle, *Nuits attiq.*, XVI, 13.

administrative et politique, dans les formes naïves et peu
précises que comportait l'inexpérience de cette époque.
Souvent l'insurrection en avait été le point de départ. Le
droit de commune, obtenu de gré ou de force, consistait
dans la faculté accordée aux habitants d'un bourg ou
d'une ville de se gouverner eux-mêmes, au lieu d'être
gouvernés par les officiers d'un seigneur, laïque ou ecclésiastique, baron ou abbé. La confirmation de la charte de
commune accordée par Hugues, comte de La Marche et
d'Angoulême, aux habitants d'Ahun (*Agedunum*), l'an
1268, exprime très exactement par trois mots en quoi consistait une commune : « *Approbamus consulatum, si-
gillum et communitatem,* » dit le texte. *Consulatum,*
c'est-à-dire le conseil municipal qui administrera ; *sigil-
lum,* le sceau, c'est-à-dire la justice ; *communitatem,*
c'est-à-dire la caisse commune. Les habitants d'une ville
qui obtenaient ou qui prenaient ces trois choses avaient,
à proprement parler, une commune. Seulement le droit
de justice de chaque commune était plus ou moins étendu :
telle ville avait uniquement la juridiction civile, telle autre
avait le droit de connaître à la fois des affaires civiles et
des affaires criminelles. Qu'il vînt d'un seigneur ou du
roi, qu'il fût un don ou un achat, qu'il eût été obtenu par
humbles remontrances ou par rébellion ouverte, le droit
de commune était le même ; le nom variait selon les
localités : *communia* [1], *communio, communitas, fran-*

1. Pluriel neutre devenu féminin singulier, comme beaucoup d'autres :

chisia, *libertas*, *libertates*, *consuetudines*, *burgesia* [1].
C'étaient des privilèges plus ou moins étendus, accordés
à diverses villes, ou conquis par elles.

Louis VII (1137-1180) fonda un certain nombre de
villes nouvelles; ce qui fit grand tort, dit un chroniqueur,
aux monastères et aux seigneurs des environs, dont les
serfs venaient s'y réfugier [2].

Les bourgs, enceintes plus ou moins fortifiées, furent
le berceau de l'industrie et du commerce : car le travail
sous toutes ses formes, mais l'industrie et le commerce
principalement, ont besoin de sécurité. Le XIe et le
XIIe siècle paraissent être l'époque où les artisans dans
les bourgs eurent l'idée de s'unir et formèrent leurs premières associations en corps de métiers. Il y a apparence
que la commune urbaine, en beaucoup d'endroits, eut
pour noyau l'association des différents corps de métiers.
Toutefois la corporation, que l'on nommait métier, ou
ghilde, et parfois confrérie ou charité, n'impliquait pas
nécessairement des droits politiques et pouvait exister
indépendamment de la commune; mais elle conférait des

---

legenda, légende; *offerenda*, offrande; *præbenda*, prébende; *fata*, fée;
sequentia sancti Evangelii, suite du saint Evangile; *spatia*, une espace,
en termes d'imprimerie; *officia*, une office; *metaphysica*, la métaphysique; *biblia sacra* (les livres sacrés), la sainte Bible, *præmia*, prime; *festa*,
fête; *debita*, dette; *reprimenda*, réprimande; *metalla*, médaille, etc.

1. In conservationem jurium *burgesiæ* hujus modi... (Charte de
bourgeoisie de la ville d'Aigues-Mortes. — La Thaumassière, *Coutum.*)

2. *Quasdam villas novas ædificavit, per quas plures ecclesias et milites
de propriis suis hominibus ad eas confugientibus exhæredasse non est
dubium.* (Voyez Dom Bouquet, *Rerum Gallicarum et Francicarum scrip-
tores*, t. XII, p. 286.)

droits civils et industriels très étendus [1]. Quoi qu'il en soit, presque toujours, à dater du xiiiᵉ siècle, bourgeois et gens de métiers ne sont qu'un. Le corps de métier con-sacre et sauvegarde les intérêts et les droits du travail : intérêts et droits particuliers, non généraux, qui tenaient non de la liberté et de l'égalité, mais du privilège et des égoïsmes entre-croisés. Le moyen-âge ne concevait pas le travail comme une faculté naturelle et personnelle, mais comme un privilège collectif. Le monopole de chaque cor-poration n'était tempéré que par le droit qu'avait ou pre-nait le Roi, à son avènement, de créer plusieurs maîtrises nouvelles. Mais, quelque élargi que pût être par là le mo-nopole des corporations, il n'en aurait pas moins élevé d'une manière factice le prix du travail et des produits industriels, si la concurrence étrangère n'était venue le ramener à un taux plus équitable. Les produits de l'in-dustrie étrangère n'étaient pas vendus seulement par les forains, mais aussi par les marchands parisiens, qui faisaient venir des lieux de fabrique ou qui allaient y acheter [2]. De toute façon la vente de ces marchandises ne pouvait avoir lieu qu'aux halles et qu'après avoir subi la visite des gardes-jurés.

1. *Ghilde,* en langue germanique, comme *agape,* chez les Grecs, signifie *repas d'amis, frairie, confrairie* (sic), qui est devenu *confrérie.* « Un loup donc étant de frairie, » de festin. (La Fontaine, *Fables,* III, 9.) Le mot *frairie,* lui-même, vient du grec *fratria,* fraternité; voir Du Cange et Littré.
2. Voyez Gustave Fagniez, dans la Bibliothèque de l'École des hautes études. — *Études sur l'industrie et la classe industrielle à Paris au* xiiiᵉ *et au* xivᵉ *siècle,* Conclusion.

Dans chaque corps de métier, on distinguait quatre membres : le maître, l'apprenti, le compagnon, la veuve. — Le maître, ayant reçu l'investiture, possédait le droit de travailler pour son compte et de faire travailler des ouvriers. Pour recevoir cette investiture, il fallait professer la religion catholique, être enfant légitime, sujet du roi de France, quelquefois même natif de la ville où l'on voulait s'établir. — L'apprentissage était le premier degré de la maîtrise. Les conditions en étaient rudes. Le maître avait, dans une certaine mesure, le droit de frapper l'apprenti. Un apprenti huchier est mis en prison au Châtelet : le prévôt de Paris, en lui rappelant les obligations de l'acte d'apprentissage, rappelle d'autre part au patron ses devoirs : il doit traiter son apprenti « en fils de prud'homme », lui fournir les choses stipulées au contrat ; il le battra lui-même, s'il le mérite, et ne le laissera pas battre par sa femme [1]. L'apprenti, au bout d'un certain nombre d'années, passait compagnon et avait à subir, dans ce deuxième degré, plusieurs épreuves, au bout desquelles il devait prouver son aptitude en exécutant ce qu'on nommait *le chef-d'œuvre*, c'est-à-dire l'œuvre capitale, le *summum* du métier, et cela sous les yeux des

---

1. « ... senz le faire batre par sa femme, mais le bate lui-mesme, s'il mesprend »... 3 septembre 1399. *Registre d'audience du Châtelet*, Y, 5·22, fol. 84. — Les statuts municipaux de Worcester reconnaissent au maître le droit de correction corporelle sur ses apprentis et domestiques. *English Gilds, Ordinances of Worcester*, art. XXXIV, p. 390, cités par Gustave Fagniez, *Études sur l'industrie et la classe industrielle*, etc., dans la *Bibliothèque de l'École des hautes études*.

gardes ou examinateurs. Ceux-ci, choisis parmi les maîtres et les anciens, multipliaient les obstacles, pour restreindre la concurrence : afin de limiter le plus possible
le nombre des membres de la corporation, ils portaient les
droits d'admission à des taux de plus en plus élevés. La
dépendance de l'apprenti était extrême et gardait quelque
chose des coutumes du servage, à tel point que, à Paris
par exemple, en 1384, dans certaines professions, en cas
de décès du maître, la veuve ou les héritiers pouvaient le
louer, l'engager et même le vendre à un autre maître. —
Les maîtres, eux aussi, étaient soumis à des règlements
très étroits et très minutieux : s'ils avaient le monopole
du travail, en revanche ils étaient exposés, dans des cas
nombreux, à payer de grosses amendes, ou même à perdre
leur métier. Oubliaient-ils quelque article de leurs statuts? ils avaient affaire avec les inspecteurs, les maïeurs
de la haute et même de la basse perche. Travaillaient-ils
les jours de repos? ils avaient affaire avec les gardes
des fêtes. Travaillaient-ils trop matin ou trop tard, ou
aux heures des repas? ils avaient affaire avec les gardes
des heures. Ils devaient être de bonnes vie et mœurs,'
sous peine de perdre leur maîtrise, de n'avoir droit à
aucun secours étant malades, ou, venant à mourir, de
n'être pas enterrés par la confrérie.

Faut-il s'étonner qu'un monopole et des privilèges si
péniblement conquis et conservés fussent défendus avec
un esprit de corps très jaloux, qui se confondait alors

avec la dignité? C'était aussi, en effet, pour n'avoir que des maîtres habiles et pour ne fournir que de bons produits, qu'on multipliait ainsi autour et au sein de chaque profession les obstacles, les difficultés, les entraves.

Si l'industrie du moyen-âge était loin d'égaler celle de notre temps en invention, en variété, en souplesse, elle lui était peut-être supérieure généralement par le sérieux, la sincérité, la perfection du travail : ne fabriquant guère que pour la consommation locale, n'étant pas par conséquent obligée et n'ayant pas d'ailleurs les moyens de faire vite, en gros et à bon marché, elle était exempte de charlatanisme et de la nécessité de sacrifier la réalité à l'apparence; elle n'employait guère que la main de l'homme et ses produits échappaient ainsi à l'uniformité banale que présentent trop souvent ceux de l'industrie moderne. Le luxe qui, dans les classes riches, était au moins aussi grand que de nos jours, ne s'était pas encore répandu chez ceux qui ne peuvent pas le payer : par conséquent l'industrie n'était pas obligée de le mettre à la portée des petites bourses en sacrifiant le soin de la perfection à l'effet [1].

L'épreuve capitale était donc le chef-d'œuvre ; c'est au XIIIᵉ siècle qu'il en est fait mention pour la première fois, à propos du métier des *chapuiseurs* (on appelait *chapuis* la charpente en bois des bâts ou des selles). L'usage du chef-d'œuvre s'étend et se développe pendant le XIVᵉ siècle ;

1. Voyez Gustave Fagniez, *Études sur l'industrie*, etc. Conclusion.

au xve, il est devenu la loi générale; tous les métiers l'inscrivent dans leurs statuts.

La nature du chef-d'œuvre variait, naturellement, selon les métiers, et quelquefois, dans le même métier, selon la spécialité à laquelle on se destinait. « A Angers, un potier d'étain voulait-il seulement se faire fabricant de marmites? il faisait pour chef-d'œuvre une marmite ; fabricant de gobelets? il faisait un gobelet. Voulait-il exercer le métier dans toute son étendue? il devait accepter le chef-d'œuvre, quel qu'il fût, qu'il plaisait aux jurés de lui imposer. Quelquefois l'aspirant avait le choix : à Amiens, les cordiers pouvaient opter entre une chaise de couvreur, une corde de chanvre à tirer les bateaux, ou un attelage de cheval [1]. » Dans la même ville, « les selliers faisaient une selle de haquenée, une selle de mule, ou un bât; les sculpteurs, une statuette de trois pieds et demi; les brodeurs, un tableau de même dimension, dont le dessin devait être d'abord approuvé par les gardes du métier. Chez les savetiers, les jurés tiraient au hasard, d'un sac de vieilles chaussures, trois paires de souliers, que l'aspirant devait rendre raccommodés. La grande corporation des fèvres, *fabri*, comprenait plusieurs branches distinctes, dont chacune avait son chef-d'œuvre particulier : les charrons avaient à fabriquer un fer de charrue, un coutre, ou quelque gros ouvrage de ce genre; les ferrons, un gril,

1. E. Levasseur, *Histoire des Classes ouvrières en France*, t. I, liv. IV, ch. iv.

une crémaillère ; les taillandiers, une cognée, ou quelque autre instrument tranchant ; les maréchaux, les quatre fers d'un cheval [1]. »

La plus importante corporation après ou peut-être avant celle des *fèvres* et, en tout cas, la plus ramifiée, était celle des *merciers*. Ce nom n'avait pas alors le sens restreint qu'il a de nos jours ; il désignait, comme l'étymologie l'indique, les marchands en gros et en détail (*merces*, marchandises), ceux qui faisaient, comme on dit aujourd'hui, la commission, l'importation et l'exportation. Les merciers formaient de vastes associations comprenant plusieurs provinces : chaque groupe était gouverné par un chef appelé le *roi des merciers*. Il y avait un roi des merciers dans le Nord, à Paris ; il y en avait un dans le Midi, en Languedoc ; un dans le centre de la France, pour les trois pays de Maine, d'Anjou et de Lorraine ; il y en avait dans le Berry, dans l'Auvergne et dans plusieurs autres provinces [2]. Ces soi-disant *rois*, selon la langue et les usages du temps, étaient plutôt, en fait, les quatre ou cinq consuls d'une sorte de république commerciale fédérative, dont la puissance, comme l'étendue, était très grande. En ce temps-là, on ne concevait l'idée d'un gouvernement, d'un pouvoir quelconque, que sous la forme et dans le moule de la royauté [3].

1. E. Levasseur, *Hist. des Classes ouvrières*.
2. E. Levasseur, *ibid*.
3. Personne ne prenait garde à cette métaphore toute naturelle. Seul le père Bouhours, sous Louis XIV, s'avisa de s'en scandaliser ; on dit

Les Croisades, ayant ouvert des routes nouvelles et créé de lointaines relations, donnèrent au commerce un grand développement, une vive impulsion, et lancèrent sur la Méditerranée les premiers navires marchands de la France. « Les habitants de Lyon, d'Avignon, de Marseille, envoyèrent dès lors régulièrement deux flottes par an à Alexandrie, pour rapporter les marchandises d'Orient, qu'ils distribuaient ensuite, par le Rhin, dans le Nord de la France et jusqu'en Hollande. Il y eut au Caire un marché particulier où l'on vendait les draps venus du pays des Francs. Il se forma, en Flandre et en Picardie, sous le titre de *Hanse de Londres*, une grande association de vingt-quatre villes qui s'unirent pour faire le commerce avec l'Angleterre. Le roi commença à avoir des consuls dans les pays voisins. Enfin les étrangers et surtout les Italiens vinrent en France et y apportèrent leurs richesses [1]. »

Le Midi et le Nord, en contribuant chacun pour sa part à cette activité, conservèrent une physionomie et un caractère distincts : le Midi, plus policé, plus ami du luxe et des plaisirs, encore plus commerçant qu'indus-

pourtant qu'il avait de l'esprit; mais il n'en eut point ce jour-là; rencontrant ces mots dans un livre : « Le roi des peintres , le roi des poètes », — « Pour moi, dit là-dessus le jésuite, si je parlais de la sorte, j'aurais peur de mal placer le Roi en le joignant avec les peintres et les poètes. » — Cette figure n'en est pas moins restée dans la langue courante de notre pays, même après que les rois en ont disparu. N'avons-nous pas encore aujourd'hui « la reine des blanchisseuses »? — reine élue, il est vrai, chaque année, à la mi-carême. — Et « le roi de la fève » ? — Et « le roi des potirons » ?

1. E. Levasseur, *Hist. des Classes ouvrières.*

trieux ; le Nord, plus austère, plus rude, plus âpre au gain et plus économe. Rouen était alors le type des villes commerçantes dans le Nord, comme Montpellier l'était dans le Midi.

Les foires de Beaucaire et de Lyon, de Champagne et de Brie, du Lendit, au nord de Paris, entre La Chapelle et Saint-Denis, devinrent célèbres. Cette dernière, dont le vrai nom était l'*indict*, ou l'indit, *forum indictum*, la foire assignée, l'avait été en 629 par Dagobert, pour attirer les trafiquants étrangers. Elle se tenait sur la route qui menait de Paris au monastère de Saint-Denis. Les marchands y étaient affranchis de quatorze espèces de droits. Les Saxons d'Angleterre y apportaient du plomb, du fer et de l'étain ; les Neustriens et les Armoricains, du miel, de la cire et de la garance ; les Burgundes et les Aquitains, des vins de leurs pays ; les Juifs, les Syriens, les marchands de Provence et d'Italie, y exposaient en vente de l'huile, des bijouteries, des parfums, des étoffes d'Égypte et d'Orient.

La bourgeoisie, en s'enrichissant, commença à aimer le luxe. La Noblesse ne vit pas sans jalousie des femmes de roturiers se parer de bijoux et de fourrures, donner de somptueux repas : le roi fut prié d'y mettre ordre. En 1294 il fut défendu à tout sujet du roi de donner, dans un dîner, plus d'un potage au lard et de deux mets, et à toute bourgeoise de porter, comme les dames nobles, or, pierres

précieuses, vair, gris ou hermine, et de se servir de char.
Ajoutons que la défense fut mal observée. — Bientôt il
arriva quelque chose de plus grave : des bourgeois, enrichis
par le travail, eurent la hardiesse d'acheter les fiefs de
quelques seigneurs ruinés par les dépenses des croisades.
Ainsi les uns montaient sur les ruines des autres. Et ces
exceptions, en se multipliant peu à peu, allaient modifier
profondément le régime ancien. C'était, dès cette époque,
l'avènement de ce qu'on a nommé de nos jours « les
nouvelles couches sociales. » Les roturiers, fils du travail,
commençaient à prendre la place des seigneurs.

En France, la forme ordinaire du corps de métier ou
association ouvrière, surtout à dater de la fin du XIVᵉ siècle, était la confrérie. Ce qu'on nommait proprement
ainsi était un métier mis sous l'invocation d'un saint
et qui, en diverses occasions, principalement à la fête de
ce saint, se réunissait dans une chapelle particulière
pour y entendre la messe, puis en un repas joyeux. La
confrérie des drapiers, peut-être la plus ancienne de
toutes [1], datait de 1188. — Cependant la confrérie pouvait
être distincte du corps de métier. Quelquefois deux ou
trois métiers étaient réunis dans une même chapelle : à
Amiens, par exemple, les chaussetiers ne formaient avec
les passementiers qu'une même confrérie. Parfois, au

1. Mirabeau, à la veille des États généraux, voulant rompre avec le
passé aristocratique de sa famille et de sa caste, ouvrit boutique à
Aix à l'enseigne du « marchand drapier »: c'était arborer la plus vieille
Noblesse du travail, remplaçant celle du privilège et de la conquête.

contraire, il se trouvait plusieurs confréries dans le même métier : ainsi les orfèvres de Paris en eurent, pendant quelque temps, jusqu'à quatre.

Ces corporations et confréries offrent beaucoup de ressemblance avec les *collegia* et *sodalitia* romains, où l'on célébrait des sacrifices et des fêtes en l'honneur de certaines divinités invoquées comme protectrices et patronnes du *collegium* ou du *sodalitium,* et où avaient lieu, à divers anniversaires, de grands repas en commun[1]. Ce serait surtout dans les deux corporations des bouchers et des marchands par eau qu'on retrouverait, à ce qu'il semble, la survivance et la filiation des *collegia opificum.*

On trouve au Trésor des Chartes, en décembre 1328, les statuts d'une société de secours mutuels, fondée par les fourreurs de vair (petit-gris) pour assister ceux d'entre eux qui ne pourraient plus travailler par suite de maladie[2].

Chaque confrérie avait sa bannière et y mettait pour armoiries les insignes de son métier. Remarquons ce fait curieux, qui est une sorte de symbole de l'anoblissement du travail : jusqu'au xiie siècle, les armoiries avaient été le privilège, d'abord des Nobles, puis des communes ; au xive siècle, les gens de métiers veulent avoir aussi des armoiries, et ils en obtiennent du Roi, ou en prennent de

1. Voir ce que dit Varron, *De Re rustica.* Voir aussi le *Recueil des Inscriptions latines* d'Orelli, et l'ouvrage de M. Gaston Boissier sur la *Religion des Romains.*
2. Voir Gustave Fagniez, *Études sur l'industrie,* etc., Appendice XII.

leur autorité privée : la *hache* du charpentier, le *tranchet*
du cordonnier, ressortent en or ou en argent sur un écu
de *gueules* ou d'*azur* (rouge ou bleu) : « ce sont les
insignes de l'artisan, comme l'épée ou la lance sont ceux
du chevalier [1]. » Dans la guerre des paysans d'Allemagne,
nous avons vu précédemment arborer la bannière du
soulier. Les puissants métiers des Flandres ont aussi
leurs bannières éclatantes, et les hôtels-de-ville de leurs
communes sont des châteaux plus imposants que ceux
des rois ; les confréries privilégiées, là comme ici, figurent dans les cortèges et y déploient avec fierté leurs
somptueuses magnificences.

Dans quelques républiques italiennes, à Florence par
exemple, il y avait une distinction établie entre les *arts
majeurs* et les *arts mineurs*, c'est-à-dire entre les grands
et les petits métiers ou professions. Les arts majeurs comprenaient, à Florence, au XIIIe et au XIVe siècle, les juges,
les notaires, les banquiers, les médecins, les merciers, les
fourreurs et les drapiers ; les arts mineurs comprenaient
un grand nombre de corporations d'artisans, telles que
forgerons, tailleurs de pierre, cardeurs de laine, teinturiers, etc. Il y avait tel de ces arts mineurs qui constituait
une corporation placée dans un certain état de subordination à l'égard de l'art majeur d'une industrie analogue :
ainsi le grand métier des drapiers comprenait, sous le
titre d'*art majeur de la laine*, les arts mineurs ou petites

1. E. Levasseur, *Hist. des Classes ouvrières.*

industries des teinturiers et des cardeurs. — Au-dessous de ces arts majeurs et mineurs se trouvaient les *ciompi*, ou compagnons, qui ne constituaient pas de corporations et étaient dans la dépendance des patrons des arts mineurs ou des arts majeurs [1].

Les six principales confréries, en France, sont pendant longtemps les drapiers, les épiciers, les merciers, les pelletiers, les orfèvres et les changeurs (remplacés en 1514 par les bonnetiers). On les nommait les *six Corps de Marchands*. Ils formaient une sorte d'aristocratie industrielle.

Bientôt, sous le Roi des merciers, les membres les plus considérables de la confrérie prennent le titre pompeux de *chevaliers*. Leur brevet les déclare « inscrits dans la *milice* de l'Ordre de Mercerie ». Il est sur parchemin, signé de la main du Roi des merciers et scellé de son *grand sceau*. Ce nom de chevalier devient le titre de noblesse de la riche bourgeoisie commerçante. Les chevaliérs du commerce se reconnaissaient et se prêtaient assistance comme les chevaliers d'armes. Dans la plupart des villes, ils rencontraient des délégués de leur *roi*, auxquels ils pouvaient s'adresser. Cette association supérieure, « nécessaire à une époque où les particuliers devaient chercher en eux-mêmes une protection que le pouvoir central était incapable de leur assurer, donna,

1. Voir Sismondi, *Histoire des Républiques italiennes*, et Perrens, *Histoire de Florence*.

pendant le xive et le xve siècle, une sécurité plus grande
aux relations commerciales », et rendit des services jusqu'au jour où la royauté, devenue assez forte pour se
passer d'elle, fit cesser, en la supprimant, les abus auxquels elle avait fini par donner lieu [1]. Abolie, puis ré-
tablie presque aussitôt, en 1544, la charge de *roi des
merciers* fut définitivement supprimée en 1597.

La politique des Capétiens avait été de protéger les
corps de métiers, pour être réciproquement soutenus par
eux dans les luttes contre la féodalité, mais aussi de les
laisser libres dans leur organisation, dans leurs coutumes,
comme dans les règles de leur industrie et de leur commerce; autre fut la politique des Valois : sentant la puissance royale affermie, ils voulurent avoir, dans les bourgeois des métiers, non des alliés, mais des sujets. La
Noblesse, désormais soumise, se groupait autour de la
royauté pour lui former une cour. Philippe de Valois avait
été déclaré régent, puis bientôt roi, par une assemblée
de barons du royaume; les Valois furent, par là, moins
disposés à ménager les libertés de la bourgeoisie : ils
abolirent les communes et gênèrent les corps de métiers,
en essayant d'ailleurs de les rendre moins exclusifs et de
leur imposer des règlements d'utilité générale. Par ce côté
leur politique avait quelque chose de juste qu'on ne saurait méconnaître et qui finit, après plusieurs siècles, par
triompher de l'égoïste résistance des corporations; mais

1. E. Levasseur, *Hist. des Classes ouvrières.*

ils échouèrent dans la plupart de leurs réformes, parce que la royauté ne possédait encore ni la pleine conscience de son œuvre, ni la force de l'accomplir; qu'elle n'avait pas assez de suite dans ses desseins, et que, toujours besoigneuse, elle tournait toute chose en mesure fiscale [1].

Ce fut Henri III d'abord, puis Henri IV, qui serrèrent le frein aux corps de métiers. L'ordonnance de Henri III, en 1581, ne touchait que l'organisation des *ouvriers*, et se proposait quatre choses :

1° Organiser en corps de métiers tous les artisans du royaume ;

2° Faire que le système des corporations fût beaucoup moins exclusif, en rendant l'admission plus facile ;

3° Abolir les abus des maîtrises et des jurandes, en plaçant les corps de métiers sous la surveillance directe de la royauté ;

4° Et surtout prélever un impôt sur le travail, au profit de la cassette royale.

Henri IV, en confirmant de tout point cette ordonnance par son édit du mois d'avril 1597, l'étendit grandement et fit entrer dans la réforme l'organisation non plus seulement des ouvriers, mais des *marchands*. Il abolissait définitivement et en fait le titre de *roi des merciers*, déjà supprimé en droit par François Ier. Il exigeait que tous ceux qui avaient pris des lettres de ces prétendus rois

1. E. Levasseur, *Hist. des Classes ouvrières*.

prêtassent serment de nouveau entre les mains de l'exa-
minateur ou garde ; il formait en communautés régulières
tous les artisans et tous les marchands du royaume, et
prélevait un droit royal sur toutes les maîtrises [1]. Par là,
la royauté prenait définitivement possession des corps de
métiers. Au reste Henri IV ne négligea rien de ce qu'il
jugea utile à ranimer le commerce et l'agriculture ; Sully
le seconda avec une activité et une habileté admirables.
Mais le roi fut assassiné avant d'avoir pu achever son
œuvre. Après lui, les abus du système des jurandes se
développèrent de nouveau. Les privilèges, vendus et revendus aux corporations, étaient un moyen de battre monnaie ; le besoin d'argent réduisait la royauté aux expédients les plus malhonnêtes et les plus malfaisants, jalouse
qu'elle était de se soustraire à l'assujettissement d'en
demander aux États.

A l'origine, les maîtrises et les jurandes n'avaient été
que des moyens de lier entre eux les membres d'une même
profession et d'établir au sein de chaque industrie un
petit gouvernement libre ; ce fut au commencement du
seizième siècle qu'on imagina de considérer le droit de
travailler comme un privilège que le roi pouvait vendre :
alors seulement, chaque corps d'état devint une petite
aristocratie fermée, et l'on vit s'établir ces monopoles
si nuisibles aux progrès des arts et qui ont tant révolté

---

1. Le droit de maîtrise pour les marchands varia de un demi-écu à
un écu.

nos pères [1]. Chaque profession se vit, tour à tour, enlacée des mêmes entraves.

Aujourd'hui que le travail est libre, grâce à la Révolution, et que tout citoyen ayant des bras, de l'intelligence et du cœur, peut s'élever au premier rang par la force de sa volonté, on a peine à se figurer qu'il n'en ait pas été toujours ainsi. Cependant, par les divers motifs que nous venons de rappeler, les maîtrises et les jurandes étaient des corporations fermées, dont on ne pouvait que bien difficilement franchir les barrières. La raison alléguée était qu'il fallait, pour monter d'un degré à l'autre, faire preuve de savoir, d'aptitude et de talent; la réalité était qu'il fallait surtout faire preuve de fortune. Les fils de maîtres trouvaient plus de facilité que les ouvriers ordinaires à franchir le premier et le second degré, à subir les diverses épreuves, y compris celle du chef-d'œuvre : d'abord, parce qu'ils avaient plus d'argent; ensuite, parce qu'on leur en demandait moins. L'esprit de monopole et de privilège leur aplanissait la voie; les maîtres se soutenaient entre eux. Ainsi, dans la corporation des chaudronniers, les droits de réception étaient réduits de moitié pour les fils de maître, et il leur arrivait souvent d'avoir pour juges les amis de leur père. Aussi était-il bien rare qu'un fils de maître fût exclu de la maîtrise pour raison de pauvreté ou d'incapacité : l'entrée de la corporation lui était toujours ouverte, tandis

1. Voy. Tocqueville, *L'ancien Régime et la Révolution.*

que les barrières se multipliaient pour en rendre l'accès difficile aux étrangers. Le nombre des apprentis fils de maîtres était illimité, le nombre des apprentis étrangers était limité. Dans plusieurs corporations, les statuts, explicitement, n'admettent que les fils et les gendres de maîtres, et refusent à tous autres le droit de s'établir dans la ville. Cette exclusion, qui commençait déjà à se produire au xiii⁰ siècle, tend à devenir beaucoup plus fréquente au xiv⁰ [1]. Nous venons de voir que, dans la corporation des bouchers de la Grande-Boucherie à Paris, qui avaient une administration et une juridiction complètement autonomes [2], les étaux étaient occupés de père en fils, à l'exclusion des étrangers, comme dans les *collèges* romains chargés de l'alimentation publique.

« A partir du xv⁰ siècle, la royauté créa des maîtrises dans tous les métiers; mais, au xiv⁰, elle n'exerçait encore ce droit de joyeux avènement que pour créer des monnayers et des bouchers de la Grande-Boucherie. Si elle commença par les bouchers à concéder des lettres de maîtrise, c'est parce que le commerce de la boucherie était entre les mains de quelques familles. L'établissement d'un nouvel étal augmentait le nombre de ces familles et tempérait un peu les abus du monopole. Aussi les bouchers s'opposaient à l'exécution des lettres de maîtrise,

---

1. Voir les statuts des bouchers de Meulan (Ord. IX, 62); des bouchers d'Évreux, mars 1424 (Ord. XIII, 81); des ferrons de Normandie, 26 novembre 1405 (Ord. XV, 541).
2. Voir Gustave Fagniez.

et l'impétrant était obligé de plaider pour se faire recevoir. Le 17 avril 1364, Charles V, qui venait de monter
sur le trône, donnait à Guillaume Haussecul et à sa postérité directe un étal de la Grande-Boucherie. Il fallut
un arrêt du Parlement (15 juin 1364) pour le faire mettre
en possession. En 1371, lorsqu'il voulut céder son étal à
son fils, la corporation s'y opposa, en soutenant que la
transmission ne pouvait avoir lieu au profit d'un enfant
déjà né au moment où Guillaume s'était établi, et que la
concession royale ne s'étendait qu'à la postérité future de
l'impétrant. Cette subtilité ne fut pas admise, et un arrêt
du 29 novembre condamna les bouchers à recevoir le fils
de Guillaume Haussecul. Le 6 novembre 1380, Charles VI,
à l'occasion de son avènement à la couronne, nomma
Thibaut d'Auvergne boucher de la Grande-Boucherie. En
1324, Jehannot le Boucher avait obtenu la même faveur
de Charles le Bel. Il est à remarquer que les lettres royales
de provision, accordées soit aux bouchers, soit aux monnayers, ne mentionnent pas la finance payée par l'impétrant [1]. »

La plupart des gens de métiers se succèdent dès lors
de père en fils, et le droit d'exercer une profession commence à devenir une sorte de patrimoine héréditaire.
Presque inabordable pour quiconque n'a pas le privilège
d'être fils de maître, le chef-d'œuvre écarte les apprentis

1. Gustave Fagniez, *Études sur l'industrie et la classe industrielle à
Paris au* xiii*e et au* xiv*e siècle*, chap. VI.

et les ouvriers qui ne sont pas assez riches pour en faire la dépense [1].

C'est alors que les *compagnons*, exclus en quelque sorte des maîtrises, prennent le parti de se grouper à part et de s'organiser en *compagnonnages*, auxquels ils donnent le beau nom de *Devoir*. Et cela, non-seulement en France, mais aussi en d'autres pays. Ainsi à Florence, à la fin de ce même siècle (le xɪvᵉ), les *ciompi*, ou compagnons, réclament contre le despotisme des *Arts mineurs* et s'organisent de cette manière. Des associations de même sorte apparaissent en divers lieux, naissant des mêmes causes. La plupart de ces sociétés étaient secrètes, ayant chacune ses mystères, ses initiations, et s'étendant peu à peu, en quelque sorte sous le pays, voire même entre les divers peuples.

Celle des *francs-maçons* est la plus célèbre. On croit communément qu'elle s'est maintenue jusqu'à nos jours, reliant un nombre infini d'adeptes, qui ne sont plus maçons que symboliquement. Ils se plaisent à imaginer que leur corporation remonte à celle qui fut chargée de bâtir le temple de Salomon et qui, d'après l'historien Flavius Josèphe [2], comptait quatre-vingt mille maçons, commandés par trois mille deux cents maîtres. La vérité est que la franc-maçonnerie actuelle date seulement des dernières

---

1. E. Levasseur, *Histoire des Classes ouvrières en France*, t. I, l. III, ch. ɪɪ.
2. *Antiq. jud.*, liv. VII, ch. ɪɪ.

années du xvII^e siècle, ou plutôt même du commencement du xvIII^e, et qu'elle ne descend guère des corporations de maçons du moyen âge, de ces *frères-maçons* auxquels on doit la construction d'un grand nombre d'églises. Elle est sortie d'une association d'origine allemande, dont le caractère est quelque peu mystique, association analogue à celle des *Rose-Croix*, née dans le même pays. Les Rose-Croix prétendaient descendre des anciens alchimistes de l'Orient, auxquels ils avaient emprunté une foule de termes ; de même les francs-maçons modernes s'approprièrent certaines dénominations et certains usages qui avaient appartenu aux anciennes corporations des frères-maçons; mais, en réalité, ils ne dérivent pas plus de ceux-ci que les Templiers modernes ne dérivent de ceux qui furent supprimés sous Philippe le Bel : il n'y a là qu'une antiquité factice et imaginaire, et les Néo-Templiers sont allés jusqu'à produire une charte, visiblement forgée. Toute la terminologie usitée dans la franc-maçonnerie est donc purement symbolique et ne doit pas donner le change aux esprits éclairés. Cette franc-maçonnerie relativement récente n'a en aucune façon le caractère du moyen âge. Après s'être élaborée d'abord en Allemagne, elle a reçu ensuite un autre développement en Écosse. Bien des faits établissent que tout ce qui est dit, dans la franc-maçonnerie, de Hiram et du temple de Salomon, que les mots de passe qu'on y enseigne, n'ont rien à voir avec les frères-maçons du moyen âge, association toute

religieuse, qui était placée sous la protection de l'Église [1].
Mais l'imagination du commun des hommes se plaît aux
mystères : il y en a eu dans tous les temps. Même pour
attaquer les mystères anciens, que l'on renvoie à la superstition, on invente des mystères nouveaux. La raison, sans
l'assaisonnement d'un grain de folie, paraît fade ; le merveilleux se glisse partout.

> L'homme est de glace aux vérités,
> Il est de feu pour le mensonge.

Quoi qu'il en soit, l'association des Frères-Maçons au
moyen-âge avait été célèbre. — Un certain nombre d'autres sociétés ouvrières, industrielles et commerçantes,
jouissaient d'une très ancienne renommée. Dès l'époque
de la conquête romaine, en Gaule, les sociétés de bateliers, *nautæ*, particulièrement celle de la Seine et de
Lutèce, étaient renommées. Les *nautes* parisiens, qu'une
inscription nous montre dès l'époque de Tibère consacrant un autel à Jupiter, survécurent à l'invasion franque
et ne perdirent rien de leur importance, puisqu'ils formèrent sous le nom de *marchands de l'eau* (c'est-à-dire
par eau), la municipalité parisienne [2]. Sur la plupart des
fleuves et des grandes rivières, les bateaux de ces compagnies très florissantes transportaient des marchandises ;

1. Voir, sur l'*Origine de la Franc-Maçonnerie*, l'ouvrage allemand de
Klotz.
2. Gustave Fagniez, *Études sur l'industrie et la classe industrielle à
Paris au* xiiie *et au* xive *siècle*, chap. III.

l'illustre corporation des nautes, *splendidissimum corpus nautarum*, jouissait de privilèges considérables et comptait parmi ses membres des centurions, des chevaliers, des sénateurs.

On peut citer aussi les tisserands des Flandres, dont l'industrie avait commencé à être célèbre dès l'époque des Césars, et qui formaient au moyen-âge des corporations puissantes, dictant leurs volontés aux princes et réclamant dès le XIVe siècle l'égalité des grands et des petits, mais jalouses entre elles, d'une ville à l'autre, parfois même dans le sein de la même cité : ainsi, non seulement Bruges était jaloux de Gand, et Dinant de Bouvines, mais les tisserands gantois versaient le sang de leurs compagnons les foulons. Ces corporations se gouvernaient et se défendaient elles-mêmes : armées tantôt contre les associations rivales, tantôt contre les gouvernants, tantôt contre l'étranger, et renversant dans la poussière à Courtray la chevalerie française.

Excités par l'exemple des communes flamandes, les corps de métiers eurent aussi en France leurs jours de tumulte. S'ils n'exercèrent pas à Paris une action politique régulière, ils se jetèrent avec ardeur et parfois avec discipline dans les troubles qui agitèrent la capitale au XIVe siècle [1] : par exemple, en 1306, l'émeute qui éclata par suite du rétablissement de la forte monnaie fut l'œuvre

---

1. Gustave Fagniez, *Études sur l'industrie et la classe industrielle à Paris au XIIIe et au XIVe siècle*, chap. Ier.

de la population ouvrière et marchande. Des gens du peuple, foulons, tisserands, taverniers et autres, envahirent la maison de campagne d'Étienne Barbette, voyer de Paris et maître de la monnaie, la brûlèrent, saccagèrent le jardin, enfoncèrent les portes de son hôtel de la rue Saint-Martin, mirent les meubles en pièces, et de là poussèrent l'audace jusqu'à aller bloquer le Roi lui-même dans le Temple. Vingt-huit des plus séditieux furent pendus aux quatre portes de la ville, dit la Chronique de Saint-Denis. Une autre relation porte à quatre-vingts le nombre des gens de métiers qui furent condamnés au supplice. D'après une troisième, le ressentiment de Philippe le Bel outragé ne fut satisfait que par la mort d'un maître de chaque métier[1]. — Cinquante ans après environ, on voit les corps de métiers engagés dans le parti d'Étienne Marcel et formant une véritable armée à ses ordres. Plus tard encore, en 1382, lorsque Charles VI et Clisson eurent battu les Gantois à Roosebeke, le jeune Roi vainqueur, effrayé de l'attitude menaçante de la population marchande et ouvrière de Paris lors de son retour, prit des mesures violentes afin de comprimer les velléités d'insurrection qui s'étaient manifestées : c'est ce qu'on a appelé la révolte des *Maillotins*, parce que les insurgés s'étaient armés de petits maillets de fer. Les corporations marchandes de Paris et celles de plusieurs autres villes de France, enflammées par l'exemple des Gantois, avaient joué un rôle

1. G. Fagniez, *ibid.*

très actif dans cette affaire. La répression, cette fois
encore, fut cruelle : il y eut plusieurs exécutions, notamment celle de l'infortuné Jean Desmarets. La prévôté des
marchands et l'échevinage de Paris furent abolis, et un
grand nombre de corporations supprimées. — On voit
également les corps de métiers de Paris prendre part à
la lutte des Bourguignons et des Armagnacs. — Ce rôle
politique des corporations, dont nous venons d'indiquer
seulement quelques traits, fut le motif des premières mesures que prirent les Valois contre elles [1].

Lorsque les petites républiques d'Italie passèrent, au
xve siècle, du gouvernement des Nobles à celui des Corps
de métiers, les Nobles furent exclus à perpétuité des emplois; et, dans certaines villes, on ordonna que, si une
famille troublait l'ordre établi, elle serait inscrite, par
décision des juges, au rôle des Nobles, et déchue ainsi
de tous droits à l'administration de la cité [2]. Ces exclu-
sions, qui avaient pour but de protéger l'égalité, la bles-
saient en sens inverse : tant est mobile et affolée la balance
de la justice politique, avant de trouver l'équilibre !
Quoi qu'il en soit, il fallait être inscrit dans une corporation ouvrière pour posséder les droits de citoyen : qui-

---

1. Voir à ce sujet Henri Martin, *Histoire de France*, au règne de
Charles VI. — Voir aussi Frégier, *Histoire de la Police*. Ce dernier auteur a mis à contribution le grand *Dictionnaire de la Police* de Nicolas
de Lamarre, publié par Desessarts, et le *Traité de la Police*, 1725, de De
Lamarre, in-folio, deux mines très riches de détails et de renseignements sur les Corporations.

2. Sismondi, *Républ. ital.*, t. IV, p. 96, 165

conque n'était que Noble ou propriétaire ne pouvait exercer aucune charge publique. Le gouvernement était donc aux mains des travailleurs, et c'est ce qui fit la grandeur de la République florentine, non seulement dans le commerce et dans l'industrie, mais même dans la poésie et dans les arts. Les Medici [1] avaient commencé par tenir une petite boutique d'orfèvrerie sur le Pont-Vieux, à Florence. En exigeant que tous ses citoyens actifs fissent partie d'un métier, cette République était assurée d'avoir à son service des hommes d'un esprit sérieux et pratique, habile et rompu aux affaires, amis du travail qui fait l'équité, non du privilège qui fortifie l'égoïsme et de l'oisiveté qui engendre les vices. La République de Florence, selon le témoignage de l'historien Hallam, ne fut jamais mieux gouvernée que lorsqu'elle avait pour gonfalonier, ou premier magistrat et chef suprême, un ouvrier cardeur de laine, Michel Lando. C'est ce cardeur de laine qui se mit à la tête des *ciompi* et du menu peuple, *plebe minuta*, contre la prétention des Arts mineurs de les exclure de tout droit politique. Michel Lando avait établi une constitution nouvelle qui renversait celle par laquelle les Arts mineurs avaient réussi à partager avec les Arts majeurs le droit d'arriver au pouvoir exécutif (*la Seigneurie*). La révolution opérée par Lando fut un triomphe, mais assez court, des artisans inférieurs et des ouvriers : son règne ne dura guère, parce qu'il eut contre lui, d'une part, les réaction-

1. Que l'on appelle en France les Médicis.

naires des Arts mineurs, de l'autre les *ciompi* turbulents, qui ne s'accommodaient pas de la sévérité qu'il avait déployée [1].

Aux Pays-Bas, les franchises communales, nées des privilèges des Corps de métiers, furent les racines des libertés modernes de la Belgique, qui sont aussi vivaces et aussi larges, plus larges même qu'en aucun pays du monde, par exemple qu'en Angleterre en ce qui regarde les questions religieuses : en Belgique, la liberté de conscience, la liberté de croire ou de ne pas croire, la liberté de prêcher et d'écrire tout ce qu'on veut, est absolue.

Les Corps de métiers devinrent si puissants en Flandre et en Angleterre, que les hommes du plus haut rang tinrent à honneur ou considérèrent comme de bonne politique de s'y faire affilier. Les corporations de Londres forment ainsi depuis des siècles une sorte de Noblesse du travail, la plus belle de toutes. Un grand nombre d'illustres personnages, soit nationaux, soit étrangers, membres des parlements ou princes, ont tenu à honneur d'y être admis : entre autres, de nos jours, les deux premiers rois de la Belgique indépendante, Léopold Ier et Léopold II. C'est au mois de mars 1879 que Léopold II a été affilié à la corporation des tourneurs, de Londres, un des plus anciens métiers de l'opulente cité. Le maître de la corporation, sir C. Hutton Gregory, lui adressa, en le recevant, un petit discours, dont voici quelques mots : « De-

1. Voir Sismondi, *Républ. ital.*, *ibid.*

puis les temps les plus reculés, les industries belges et anglaises doivent leur force et leur développement au système des corporations. Les industries anglaises, qui concernent la fabrication de la laine et de la toile, ont reçu d'excellentes leçons des corporations des Pays-Bas, à l'époque où l'émigration des teinturiers et des tisserands flamands, obligés de se soustraire aux persécutions religieuses, développa le mouvement qui se produisait en Angleterre dans le sens des associations de métiers... » — La compagnie des épiciers de Londres, fondée en 1345, a conféré, en 1875, le titre de membre honoraire à lord Derby. — Le 12 juin 1880, la corporation des poissonniers de Londres a reçu lord Granville comme membre honoraire et lui a offert un banquet, où le Ministre des affaires étrangères a exposé la politique du cabinet. — Chaque année, la fête de la corporation des couteliers, de Sheffield, fournit aux membres du gouvernement une occasion analogue à celle des banquets de Guildhall, pour exposer leur politique devant le pays. — Une des plus anciennes corporations de Londres, et des plus riches, est celle des *haberdashers,* merciers-chapeliers : fondée en 1448 par une charte de Henri VI, elle a obtenu le renouvellement de ses privilèges sous les cinq règnes suivants, et ses ressources se sont successivement accrues à tel point, par la générosité de ses protecteurs, qu'elle possède et entretient aujourd'hui un grand nombre d'hospices et d'écoles, dans le Monmouthshire, le Gloucestershire, et à

Bunbury. On évalue à plus de 2000 le chiffre des enfants, appartenant à des familles pauvres, qui fréquentent ces établissements. La liste des lords-maires de Londres qui ont fait partie de l'association comprend trente noms. Une charte spéciale de la reine Elisabeth a autorisé la société ou corporation des *haberdashers* à admettre des femmes parmi ses membres, et l'on vient pour la première fois (octobre 1880) d'appliquer ce privilège en conférant la grande médaille d'or, aux armes de la société et les insignes de la corporation, à lady Burdett Coutts, en reconnaissance des éminents services qu'elle a rendus pendant un grand nombre d'années aux œuvres de bienfaisance et d'instruction dans tout le pays.

Seulement, par cela même que ces corporations ont leurs racines dans l'organisation sociale du moyen-âge, elles sont en désaccord par bien des points avec les institutions municipales et les libertés modernes. Aussi la commission nommée en 1876 pour faire une enquête sur les corporations en Angleterre et dans le pays de Galles, vient-elle de se prononcer, dans un volumineux rapport (février 1880), pour l'abolition de la plupart d'entre elles. A quelques-unes seulement, au nombre de 25, le rapport est d'avis qu'une réforme suffira, et que, réorganisées, elles pourraient encore être utiles. — Déjà en 1835 une commission avait relevé les inconséquences et les abus inhérents à l'ancien système des corporations. Et cependant elles ont continué d'exister. Aujourd'hui, la question

se présente dans d'autres conditions. L'enquête cite des
faits aussi curieux qu'étonnants : ainsi une corporation,
celle de Grampound, n'existe plus que de nom : le dernier
maire en a vendu les terrains, brûlé les archives, et s'est
sauvé avec la caisse. A Bossiny, le dernier maire élu l'a
été en 1841 : les biens de la corporation, consistant en un
moulin, trois lopins de terre et quelques outils, sont devenus la propriété du locataire, qui n'a pas payé de loyer
depuis 1849. On pourrait multiplier les exemples de cette
sorte. Dans quelques cas, les corporations ont compris
qu'elles n'avaient plus de raison d'être et se sont dissoutes
d'elles-mêmes. Elles ont, en effet, perdu peu à peu le caractère qu'elles avaient à l'origine : dans presque tous les cas,
les membres de la corporation se sont arrogé le droit de
nommer leurs successeurs, et ainsi elles sont devenues le
monopole de quelques familles. Le rapport de la commission conclut que de pareilles institutions sont mani-
festement surannées, et qu'on aurait dû les abolir partout où les nouvelles administrations municipales ont été
introduites. Reste à savoir si les conclusions de la commission d'enquête actuelle recevront un meilleur accueil
que les conclusions identiques de la commission de 1835.

Ainsi se formèrent, en divers pays, les Corps de métiers
et la Bourgeoisie, grâce à la puissance du travail. C'est
par le travail que l'esclave antique s'était affranchi; c'est
par lui que le serf du moyen-âge s'était détaché de la

glèbe, puis avait racheté peu à peu la glèbe elle-même, au moyen de l'association et de la communauté. C'est le travail qui, bien plus que la guerre, vint à bout de la Féodalité : le jour où d'autres que les seigneurs, le jour où d'anciens serfs, devenus francs bourgeois et enrichis par leur activité, possédèrent en propre des biens qui ne dépendaient plus de personne, le jour où l'on put dire : « Il n'y a plus de fiefs en France », — ce jour-là une ère nouvelle commença.

CHAPITRE V

I

Un nouvel organe allait naître, et croître lentement :
c'était la représentation nationale, soit dans les Etats provinciaux, soit dans les États généraux. La commune en
fut, si l'on peut ainsi parler, la cellule, — dans laquelle le
germe, venu de plus loin, fut nourri, se développa.

Observons les oscillations, le va-et-vient du progrès.
Premièrement, les rois de France, pour se fortifier contre
la féodalité, avaient favorisé l'établissement et octroyé
l'affranchissement des communes. Secondement, une fois
vainqueurs des grands vassaux, ils avaient saisi les occasions de retirer aux communes leurs privilèges, de peur
qu'elles ne devinssent trop puissantes et redoutables à
leur tour. Troisièmement, les communes, néanmoins
croissant toujours, furent les éléments des États provinciaux et des États généraux, qui, de siècle en siècle, vont

constituer la représentation nationale, destinée d'abord à mater, puis à éliminer un jour la royauté.

Avec quelle lenteur s'accomplit le progrès! «. Les rois ont mis quatre cents ans à dominer les nobles, et les peuples trois cents ans à dominer les rois [1]. »

Les assemblées provinciales avaient existé dès l'empire romain. D'autre part, les coutumes germaines et franques avaient aussi laissé les germes d'institutions analogues. Les restes épars de cette double tradition furent inconsciemment ravivés çà et là par l'initiative des communes urbaines et des communautés agricoles : ainsi se formèrent en divers lieux les États provinciaux, qui furent en France la première ébauche et le premier degré du gouvernement représentatif.

Ils s'organisèrent d'abord dans le Midi, où le régime municipal romain avait laissé plus de traces; puis, pendant la première moitié du xive siècle, ils prirent, dans la plupart des provinces, une forme régulière et permanente.

C'est dans ces assemblées que s'éveilla le sentiment de la patrie et de la nationalité, contre l'Anglais envahisseur. La chevalerie avait été battue à Crécy et à Poitiers; le roi était prisonnier; les bourgeois des communes se lèvent, se réunissent de tous côtés et s'imposent de lourds sacrifices pour sauver le pays. Les États du Poitou, convoqués à Niort en 1368 par le prince de Galles, refusent de

1. Emilio Castelar.

payer l'impôt aux Anglais et poussent le cri d'indépendance. En 1374, les États d'Auvergne stipulent la retraite
des troupes anglaises. De 1375 à 1386, les États du
Quercy, du Rouergue, du Gévaudan, du Viennois, du
Velay, du Vivarais et du Valentinois votent des subsides
pour la guerre nationale. En 1399, ceux du Limousin font
de même, et les États du Languedoc, après avoir voté une
levée de dix mille soldats et de dix mille chevaux, décrè-
tent que « homme ne femme dudit pays ne portera, si le
Roy n'est auparavant délivré, or ou argent, ne perles, ne
vair ou gris (fourrures), robes ne chaperons décoppés, et
que aulcuns ménestrels ou jongleurs (joueurs d'instruments) ne joueront de leur mestier. » — Les assemblées
provinciales suppléaient ainsi, par leur noble initiative et
par leurs généreux sacrifices, aux défaillances ou aux
insuffisances de la Royauté.

A l'exemple de ces bourgeois, le menu peuple des campagnes se réveillait, et une paysanne allait sauver la
France. Ce salut inespéré fut si merveilleux, qu'il sembla
inspiré du Ciel. Transfigurée par l'imagination des historiens et des poètes autant que par la reconnaissance nationale, Jeanne est devenue la sainte de la France. Le
poète parisien François Villon donne un regret ému

> A Jehanne, la bonne Lorraine,
> Qu'Anglois bruslèrent à Rouen!

Une autre Française, d'un cœur vibrant, la fille adop-
tive de Montaigne, mademoiselle de Gournay, peint en

quatre vers pleins de grâce cette figure noble et char-
mante :

Peux-tu bien accorder, vierge du Ciel chérie,
La douceur de tes yeux et ce glaive irrité ? —
La douceur de mes yeux caresse ma patrie,
Et ce glaive en fureur lui rend sa liberté.

La principale attribution des assemblées provinciales
était le vote des impôts, soit pour subvenir aux dépenses
locales, soit pour participer aux charges du royaume par
le « don gratuit », nom qui semblait sauvegarder la
liberté du vote des sujets, avec le respect dû au roi. Ces
assemblées, en outre, s'occupaient de la répartition des
tailles, nommaient les gens chargés de les percevoir,
ordonnaient les travaux publics, et consignaient leurs observations dans des « cahiers de remontrances ».

Le roi se faisait représenter dans les États provinciaux
par des commissaires. Mais la présence de ces commissaires avait, en général, peu d'influence sur les délibérations. Aussi Charles V en prit-il ombrage et, pour
affermir l'autorité du pouvoir central, créa-t-il les gouverneurs de province.

Le XIVᵉ siècle avait vu se développer les États provinciaux, le XVᵉ en vit commencer la décadence. Charles VII
porta la première atteinte à leurs prérogatives en établissant, de sa propre autorité, la taille roturière permanente,
et ses successeurs suivirent son exemple. « Charles VII,
nous dit Philippe de Commines, fut le premier qui gagna

ce point, d'imposer des tailles à son gré, sans le consentement des Estats de son royaume; et à cela consentirent
les seigneurs de France, pour certaines pensions qui leur
furent promises en raison des deniers qu'on lèverait en
leurs terres. »

Les prédécesseurs de ce roi avaient vécu de leur domaine privé et des droits de *gîte* et de *pourvoirie*. Ils
avaient aussi demandé quelquefois, par exception, des
impôts temporaires qu'on appelait des *aides*. Quant au
domaine, dont les rois avaient tiré pendant longtemps
leur subsistance et leur entretien, il impliquait également
certains impôts qui se payaient sous forme de redevances
et de droits féodaux. La propriété étant confondue avec
la souveraineté, la jouissance du domaine avait, dès le
principe, impliqué la levée de véritables droits fiscaux :
et, lorsque Charles VI revint de Roosebeke, on vit ses
conseillers lui proposer de faire rentrer tous les impôts
extraordinaires dans le *domaine*, ce qui leur aurait donné
un caractère permanent. Ce fut cette idée, proposée à
Charles VI, que réalisa Charles VII. Déjà, du reste, les
aides que les États généraux avaient établies sous le roi
Jean (1356) pour les nécessités de la guerre, avaient été
ensuite déclarées permanentes. Mais Charles VII décidément rendit la taille annuelle et continue, d'accidentelle
qu'elle était. Cela ne devait durer, disait-on, que jusqu'à
l'expulsion des Anglais; mais dans tous les temps il est
rare que l'on retire, une fois la paix conclue, les charges

que l'on a établies pour les nécessités de la guerre : « il resta donc à Charles VII, même après l'expulsion de l'étranger, un impôt non voté par les intéressés et une armée permanente, les deux pivots de la monarchie absolue. Le roi fut maître de la nation asservie; la convocation des États devint inutile, ou de pure forme; l'impôt permit au prince d'augmenter indéfiniment son armée, et, par la puissance que lui donnait cette armée, d'augmenter à sa volonté l'impôt [1]. »

II

Les Assemblées de province avaient formé les éléments épars et les essais successifs de ce qui parut ensuite, parallèlement, sous le nom d'États généraux. C'est pendant la seconde période de la royauté en France qu'ils se développèrent. La tradition de ces assemblées, comme des premières, avait passé des coutumes germaines dans le régime de la monarchie féodale : les *mall* des Franks étaient devenus les *Champs de mai;* toutefois, dans ces assemblées, dites générales, ce que nous nommons le peuple continua pendant des siècles à n'être compté pour rien, comme aux premiers temps, où l'on ne reconnaissait, dit César, que deux Ordres dans la nation gauloise : celui des *Druides*, ou prêtres, et celui des *Chevaliers*, ou

1. E. Bonnemère, *Histoire des Paysans*, t. IV, ch. III.

guerriers [1]. Enfin il y en eut un troisième, qui naquit et se forma comme nous avons vu : au commencement, les serfs faisaient partie en quelque sorte des biens-fonds qu'ils fécondaient de leurs sueurs, de la végétation qui croissait par leurs soins et avec laquelle on les confondait presque, — tant les seigneurs, soit du Clergé, soit de la Noblesse guerrière, les voyaient de loin et de haut ; — ce ne fut qu'après plusieurs siècles qu'on les laissa s'en détacher à prix d'argent , s'affranchir soit individuellement, soit par groupes, se constituer en communautés agricoles, ou en communes urbaines, et devenir soit libres tenanciers, soit francs bourgeois. Cela forma le troisième Ordre ou Tiers État de France. — D'abord peu fréquente et bornée à des cas spéciaux, la convocation, par le roi, de quelques « bourgeois des bonnes villes », eut lieu d'une façon isolée, sans que le fait, quelque nouveau qu'il fût, parût aux contemporains digne de remarque. Les formules de quelques Chartes royales sont le seul témoignage qui nous en reste avant le règne de Philippe le Bel [2].

Les Trois États de France furent convoqués solennellement pour la première fois par ce roi, le 10 avril 1302, à Paris, dans l'église cathédrale de Notre-Dame.

Qu'on ne s'étonne pas du choix de ce lieu pour une assemblée politique. Au moyen-âge, alors que les grands

1. Cæsar. *De Bello gallico*, lib. VI.
2. Augustin Thierry, *Tiers-État*. — Voir l'Ordonnance de saint Louis, de 1262, contresignée par trois bourgeois de Paris, trois de Provins, deux d'Orléans, deux de Sens et deux de Laon. — *Recueil des Ordonnances des rois de France*, t. I, p. 93.

édifices n'étaient pas nombreux, et sous un ciel très variable tel que le nôtre, l'église cathédrale ou paroissiale n'était regardée, au besoin, que comme la maison commune ou la place publique abritée. Le nom même d'*église*, étymologiquement, ne signifie-t-il pas « l'assemblée » des fidèles, toute la population que relie une même croyance? — Ce n'étaient pas uniquement les intérêts spirituels qui assemblaient les peuples dans ces vastes enceintes : parfois c'étaient les intérêts politiques, parfois même les intérêts matériels. Déjà les États provinciaux ou autres, en maintes villes, s'étaient tenus souvent dans les églises : en Provence notamment, s'il survenait une affaire de haute importance, les assemblées extraordinaires, convoquées sous le nom de parlements et formées de tous les chefs de famille, se réunissaient soit en plein air, soit dans les églises, selon le temps bon ou mauvais. A Clermont en Auvergne, au xv⁰ siècle, les marchés eux-mêmes se tenaient encore dans la cathédrale : ce fut seulement sous l'administration de Jean de Doyat, gouverneur d'Auvergne pour le roi Louis XI, qu'une Ordonnance nettoya le saint lieu des immondices et des échoppes, et fixa, dans les rues et places, des endroits destinés à la vente des légumes, des denrées et des marchandises. Au moyen-âge, les peuples, croyants et naïfs, vivaient familièrement avec leur Dieu; comme des enfants avec leur père. A certaines fêtes de l'Église, les animaux eux-mêmes étaient admis dans le lieu saint :

l'âne, pour le souvenir de la fuite en Égypte ; le bœuf,
pour celui de la crèche et de l'étable de Bethléem ; les
autres bestiaux y entraient aussi, faisant partie en quelque
sorte de la famille. A certains jours, on s'y ébattait tous
ensemble en pleine liberté et gaillardise, et il n'était pas
jusqu'aux clercs qui, comme l'âne, n'y jouassent leur rôle
gaiement. En un mot, dans les villes où il n'y avait point
de halle couverte, l'église en tenait lieu pour tous les
usages publics, sacrés ou profanes. Appartenant ainsi à
tout le monde, elle n'en était que mieux à l'abri des violences dans les moments d'émotion populaire. En outre,
lieu d'asile pour les proscrits, elle paraissait doublement
sacrée. Le peuple, là, se sentait chez lui en même temps
que chez « le bon Dieu » ou chez « Notre Dame ».
L'église était tout à la fois le temple, le champ de foire
et le *forum*, ou, si vous voulez, le parloir, comme on
disait avant de dire parlement (le Parlouer aux bourgeois). Il n'était donc pas étonnant que la première
assemblée solennelle des Trois États de France se tînt
dans Notre-Dame de Paris, — outre que la sainteté du
lieu semblait consacrer les délibérations d'où allaient
dépendre les destinées et le salut de la Nation.

Il s'agissait, en effet, pour Philippe le Bel, de s'appuyer
sur les représentants du pays, afin de pouvoir mieux résister aux prétentions du pape. C'était déjà, en ce temps-
là, la question ; elle dure depuis tantôt six siècles, — et
nous devons compter, aujourd'hui même, qu'elle durera

encore peut-être un siècle ou deux. — Cette première
convocation des Trois États de France par le roi, dans
l'intention de tenir tête à Boniface VIII, qui affectait un
droit de suprématie temporelle sur les affaires du royaume,
est un grand fait, qui marque à la fois un hommage rendu
à l'existence naissante du Tiers État, et la première affir-
mation solennelle de ce qu'on appela, depuis, les libertés
gallicanes. La portée de cet événement est même plus
étendue encore : car, pendant que les rois ne songeaient
qu'à conquérir l'indépendance pour eux et leur royaume
contre les papes, ils conquirent en même temps l'indépendance pour l'esprit humain contre l'Église et la théocratie :
ce qui est la véritable origine du monde moderne et la
source de l'émancipation universelle.

Toutefois, il ne faudrait pas s'exagérer l'importance de
cet hommage rendu par la royauté au Tiers État naissant,
ni l'influence et la puissance de celui-ci dès cette époque.
Les États ne sont, à vrai dire, en ces commencements,
qu'un Conseil national assemblé par le roi pour fortifier
son autorité, à laquelle ils n'ont pas la moindre pensée de
contredire ni de créer des difficultés. Il ne faudrait donc
pas du tout s'imaginer que c'est déjà le pays lui-même qui
se lève pour revendiquer ses droits. Ce ne sont pas
davantage des Ordres distincts et rivaux qui se préoccu-
pent de leurs propres privilèges et qui luttent entre eux
tout autant que contre l'autorité royale. Bien que cela
s'appelle les Trois États de France, la distinction entre

les trois Ordres n'est pas très précise. Le Clergé n'y vient siéger que comme propriétaire de terres, et c'est pour cela que les curés n'y figurent point, parce qu'ils ne sont que des desservants, des gens à gages, et non des propriétaires féodaux. La menue Noblesse n'est pas non plus convoquée, et les Nobles ne délibèrent pas en corps. Pour le Tiers État, il ne se compose guère que des représentants des grosses villes à commune. L'idée du fief domine en tout : le titre est attaché à la terre, non à la personne. Aussi arrive-t-il que des femmes et des mineurs, possédant des seigneuries terriennes, ont droit de vote dans les assemblées de la Noblesse, en s'y faisant représenter par des mandataires [1]. Il y a si peu de distinctions et de séparations quand il s'agit des personnes, que l'on voit les Nobles, le Clergé, les roturiers, désigner indiffé-

---

1. Aux élections de 1789 encore, tous les bourgeois qui étaient propriétaires de fiefs et jouissaient conséquemment des droits feodaux *réels* attachés à ces fiefs, sans être pour cela nobles, furent acceptés dans les réunions préparatoires de la Noblesse pour l'élection des députés. Mais cela ne datait guère que des États généraux de 1614, parce que c'est sous Henri IV qu'on avait décidément pris le pli d'autoriser les roturiers à acquérir des fiefs en payant au roi le droit de franc fief, quoique l'on rencontre déjà avant ce règne (et nous avons noté en son temps ce fait considérable) des roturiers acquérant des fiefs, par héritage ou autrement. Divers rois, entre autres Charles V (1371), avaient exempté les bourgeois de Paris du droit de franc fief, ainsi que les commensaux de la Maison du Roi. En principe, la possession d'un fief, même d'un fief de dignité, n'anoblissait point le roturier qui en était investi, à moins qu'il n'eût été spécialement anobli par le Roi, qui lui avait donné ce fief de dignité en récompense de ses services. — En revanche, à la fin du siècle dernier, la Noblesse n'avait entrée dans les États provinciaux, en sa qualité de Noblesse, que si elle comptait une certaine ancienneté. Par exemple, les députés de la Noblesse aux États d'Artois, de Bretagne et de Bourgogne devaient appartenir à des familles ayant cent ans de Noblesse. En Languedoc, leur noblesse devait être antérieure à l'an 1400.

remment, pour les représenter, qui bon leur semble : le Clergé choisit ou des barons, ou des gens du Tiers État, loin de prétendre former un Ordre à part, encore bien moins le premier des trois Ordres ; les Communes se font parfois représenter par des membres du Clergé, qui sont députés non pour parler en son nom, mais au nom du Tiers État : cela tenait à ce qu'ils étaient parfois plus instruits, mieux en mesure de soutenir les intérêts de leurs commettants[1]. Plus tard seulement, les députés se divisèrent en trois Ordres bien distincts, comme la Nation elle-même : il y eut alors les députés de la Noblesse, choisis dans son sein, ceux du Clergé de même, ceux du Tiers État pareillement. Comme on votait non par tête, mais par Ordre, il en résultait que la classe la plus nombreuse, le Tiers État, n'avait qu'une voix, alors que les classes privilégiées en avaient deux[2].

Les anciens États duraient fort peu de temps : parfois quelques jours à peine. On ne laissait pas, cependant, d'y convoquer beaucoup de monde : en 1308 par exemple, l'assemblée ne dut guère compter moins de 1500 membres. Lorsque les États étaient moins nombreux et n'avaient été réunis que pour répondre sommairement à une ou deux questions urgentes, il arrivait souvent que le .

1. Voir Siméon Luce, *Hist. de Du Guesclin.*
2. Voir, sur le mode d'élection des députés aux États généraux, Achille Saint-Paul, *les Élections politiques dans l'ancienne France.* — Le suffrage était direct pour la Noblesse et pour le Clergé, il était à trois degrés pour le Tiers État. Les trois Ordres restaient séparés, soit pour la préparation des cahiers, soit pour le vote.

roi envoyait ensuite consulter sur place les provinces ou
les Ordres qui n'y avaient pas eu de délégués. En général,
les réunions n'avaient qu'un but politique ; les affaires
d'administration en étaient exclues.

Les États étaient convoqués sans périodicité régulière,
à de longs intervalles, quand les rois le jugeaient expédient, soit pour les opposer aux Nobles turbulents, soit
pour faire voter des subsides extraordinaires. Mais, à
moins que la royauté ne fût poussée par l'un ou l'autre
de ces trois pressants intérêts : la résistance au pape,
ou aux seigneurs, ou le besoin d'argent pour soutenir
les guerres, déjà son sentiment intime était celui que
Louis XIV, devenu enfin roi absolu, écrivit parmi ses
principes de conduite : « L'assujettissement qui met
le souverain dans la nécessité de prendre la loi de ses
peuples, est la dernière calamité où puisse tomber un
homme de notre rang. La volonté de Dieu est que quiconque est né sujet obéisse, sans discernement. »

Aussi, de 1302 à 1789, c'est-à-dire dans un laps d'environ cinq cents ans, les États généraux ne furent-ils
convoqués que treize fois. C'est pourquoi, à la quatorzième,
qui était celle de 1789, ils jugèrent qu'il était temps de se
proclamer Assemblée nationale : par où commença la
Révolution, qui substitua au prétendu droit divin le droit
humain, au mysticisme la raison, au privilège l'égalité.
La *Déclaration des Droits de l'homme et du citoyen* est
la réplique à la pensée de Louis XIV. Si la volonté de

Dieu, interprétée par les prêtres et les rois, est que quiconque est né sujet obéisse sans discernement, la volonté de l'homme né libre est de se maintenir tel, et de n'obéir qu'à la loi, égale pour tous.

La force de la monarchie consistant dans l'autorité royale, et l'exercice de cette autorité dépendant de celui qui en était investi, il en résultait que, si le roi était majeur, libre d'esprit et de corps, il y avait succès et progrès du système monarchique; mais que, s'il était mineur, captif ou privé de sa raison, il y avait réaction contre ce système. Ce double phénomène, signalé par M. Mignet, s'est constamment reproduit; et un autre historien, M. Perrens, dans son livre sur *la Démocratie en France au moyen âge*, l'a très bien analysé et mis en lumière.

A la suite de la défaite de Crécy et de la perte de Calais, qui avaient jeté le découragement dans le royaume et inspiré de grandes craintes sur l'issue de la guerre avec le roi d'Angleterre; après quatre années consumées en vains efforts d'un pouvoir tour à tour violent ou faible pour refaire une armée, un trésor, et pour acheter à tout prix la fidélité ou frapper arbitrairement la trahison, le roi Jean fut forcé de reconnaître son impuissance et d'appeler à son aide la nation française, encore si imparfaitement formée, en convoquant à Paris, pour le 30 novembre 1355, les États généraux de la *langue d'oïl*, c'est-à-dire de la France septentrionale, séparée par la Dordogne et la Garonne de la *langue d'oc*, qui avait son assemblée distincte[1].

« A coup sûr, comme le fait observer M. Guizot, ni cette assemblée, ni le roi qui la convoquait, n'avaient une idée nette et arrêtée de ce qu'ils allaient faire, l'un en face de l'autre. La royauté ne suffisait plus à son propre gouvernement et à ses propres périls ; mais elle n'en persistait pas moins, en principe, dans son pouvoir à peu près sans règle et sans limite. L'assemblée ne réclamait point pour le pays le droit de se gouverner lui-même ; mais elle était fortement émue d'un sentiment patriotique, et en même temps très mécontente du gouvernement du Roi : elle avait à cœur de défendre la France, également contre l'Angleterre et contre les abus du pouvoir royal. Il n'y avait là aucune intention de lutte sociale, ni aucune prétention systématique de révolution politique ; un péril extrême et des maux intolérables contraignaient le roi et la nation de se rapprocher pour essayer de s'entendre et de se donner mutuellement les forces et les satisfactions dont ils avaient besoin. Le 2 décembre 1355, les trois ordres, le Clergé, la Noblesse et les députés des Villes, se réunirent à Paris, dans la grand'chambre du Parlement[2]. » Ils déclarèrent « qu'ils étaient prêts à vivre et à mourir avec le Roi, à mettre leurs corps et leur avoir à son service » ; ils demandèrent l'autorisation de délibérer en-

1. L'Auvergne appartenait à la langue d'oïl.
2. *Hist. de France*, ch. XXI.

semble, qui leur fut accordée. Jean de Craon, archevêque de Reims, Gautier de Brienne, duc d'Athènes, et Estienne Marcel, prévôt des marchands de Paris, portaient la parole, chacun comme président de son Ordre. La session des États ne dura pas plus d'une semaine ; ils répondirent au Roi « qu'ils lui feraient une *aide* de 30 000 hommes d'armes par an » ; et, pour les payer, ils votèrent une imposition de *cinquante cent mille livres* (cinq millions de livres), qui devait être levée « sur toutes gens, de tel état qu'ils fussent, gens d'Église, Nobles, ou autres », et la *gabelle* ou taxe du sel « par tout le royaume de France ».

En se séparant, les États indiquèrent d'avance deux nouvelles sessions où ils se réuniraient, « l'une, au mois de mars, pour apprécier la suffisance de l'impôt et entendre sur ce point le rapport des neuf surintendants chargés de faire exécuter leurs décisions ; l'autre, au mois de novembre suivant, pour examiner l'état du royaume. » Ils se réunirent, en effet, de nouveau le 1er mars et le 8 mai 1356 ; mais ils n'eurent pas la satisfaction de voir leur autorité généralement reconnue et leur patriotique dessein accompli. L'imposition qu'ils avaient votée, notamment la gabelle, avait rencontré de violentes résistances [1].

Le désastre de Poitiers et la captivité du Roi mirent de nouveau la bourgeoisie dans la nécessité de tout

1. Guizot, *ibid.*

contrôler de très près et de prendre la tutelle de cette
royauté dont elle avait été jusqu'alors l'humble alliée.
Comme il fallait de l'argent pour soutenir la guerre
contre les Anglais, qui dura cent ans, et que c'était la
bourgeoisie qui payait les impôts et qui en créait les
ressources par son travail et son activité, elle comprit dès
lors qu'elle aussi rendait des services à l'État, et que par
conséquent elle aussi avait droit de se mêler des affaires
publiques, non moins justement que les gens qui portaient
la lance ou l'épée. Surtout quand elle vit comme on gas-
pillait cet argent qui lui coûtait tant à gagner, elle pré-
tendit à juste titre en surveiller la perception et l'emploi.
Les députés revinrent à Paris à la fin de l'année 1356
(15 octobre), au nombre de plus de huit cents, dont quatre·
cents étaient de la bourgeoisie. Il n'y avait plus d'argent,
plus de roi ; la Noblesse avait lâché pied devant une
armée inférieure en nombre ; et il ne restait, pour gouverner, que le fils aîné du Roi, un jeune homme de dix-
neuf ans, qui un des premiers avait pris la fuite sur le
champ de bataille ; c'est celui-là qui se présentait comme
lieutenant de son père prisonnier. La bourgeoisie crut
devoir prendre alors le soin de sa propre défense et du
salut de la nation entière : elle exigea la mise en accu-
sation de tous les conseillers du roi, la destitution en
masse des officiers de justice, la libération du roi de
Navarre traîtreusement arrêté au milieu d'une fête, et
l'institution d'un Conseil composé de quatre prélats, de

douze chevaliers et de douze bourgeois, pour assister le Dauphin dans l'administration du royaume. C'était en quelque sorte une révolution [1].

Le jeune Charles essaya de temporiser, d'éluder, mais sans succès; le prévôt des marchands, Estienne Marcel, tout-puissant dans Paris, fit fermer les ateliers et les boutiques : le Dauphin dut s'exécuter. Le 5 février 1357, les députés se réunirent à Paris. La plupart des Nobles, et même un certain nombre de bourgeois, ne se présentèrent pas, craignant l'entraînement de la démagogie; les hommes les plus énergiques et les plus convaincus de la nécessité de poursuivre la réforme composèrent l'Assemblée. A leur tête, avec Estienne Marcel, était Robert Le Cocq, évêque de Laon : ils forcèrent le Dauphin à écouter leurs plaintes et à y faire droit. Ce fut dans la mémorable Ordonnance de 1357, qui donnait à la France une constitution nouvelle. En voici les principaux traits :

Le Dauphin ne devra rien faire sans avoir pris l'avis du Conseil, qui sera formé de trente-six membres des États, choisis en nombre égal parmi la Noblesse, le Clergé et la Bourgeoisie. Les receveurs des finances seront aux ordres des États et du Conseil. Les États pourront, de plein droit, s'assembler deux fois par an, s'ils le jugent convenable, et voteront seuls les impôts.

1. Voir E. Levasseur, *Histoire des Classes ouvrières*, l. IV. — Voir aussi Georges Picot, dans le journal *Le Parlement* du 30 août 1880.

C'était tout un code politique, qui transférait en réalité le pouvoir, de la royauté à la nation. La Noblesse se coalisa contre cette révolution légale de la bourgeoisie, aussi bien que contre la sanglante insurrection des Jacques, qui éclatait en même temps et dans laquelle Estienne Marcel, entraîné par les évènements et par son tempérament fougueux, chercha un point d'appui funeste. Charles se mit à la tête du parti de la résistance, rendit une Ordonnance pour défendre aux États de s'assembler et aux sujets du Roi de payer l'impôt; enfin, il renvoya les trente-six commissaires, en déclarant « qu'il voulait dorénavant gouverner lui-même et ne plus avoir de curateurs ». La lutte se déclara entre les Parisiens et la Royauté. Estienne Marcel, qui commença bien et finit mal, y périt assassiné.

Ainsi échoua, après trois ans d'agitations et six réunions d'États généraux [1], la tentative faite prématurément par quelques esprits hardis pour donner le pouvoir politique aux gens de métiers. S'ils s'étaient contentés de contrôler et de contenir le pouvoir royal, au lieu de vouloir l'absorber et l'anéantir, surtout s'ils ne se fussent pas laissé emporter à des mesures violentes, leur tentative aurait

1. Voici la date de ces six réunions : le 30 novembre 1355, le 1er mars 1356, le 15 octobre 1356, après la bataille de Poitiers, et le 5 février 1357. Ces cinq réunions d'États de la langue d'oïl eurent lieu à Paris; la sixième eut lieu à Compiègne, le 1er mai 1358. Pendant cette période, il y eut un grand nombre d'assemblées d'États provinciaux, et le 17 octobre 1356, une grande assemblée des États de la langue d'oc. — Jusqu'au xvie siècle, les États généraux se divisaient en deux zones : les États du Nord, ou de la *langue d'oïl*, et ceux du Midi, ou de la *langue d'oc*; dans les premiers régnait le Droit coutumier; dans les seconds, le Droit écrit.

peut-être réussi, et les destinées de la France eussent
été, dès cette époque, considérablement changées : notre
nation fût entrée dès lors, autant que le permettaient les
temps, dans une voie constitutionnelle. Toutefois M. Mignet
estime que, même renfermée dans ces limites, la tentative
d'Estienne Marcel, « contraire à l'esprit du temps et au
progrès de l'État, » n'eût pu réussir. « La résistance qu'elle
devait rencontrer était, dans un pays encore tout féodal,
incomparablement supérieure à la force qui poussait à
l'entreprendre. Si elle avait obtenu un succès, qui eût été
inévitablement funeste, les villes de France seraient devenues indépendantes à la façon des villes d'Italie ou des
villes de Flandre. Le royaume, qui commençait à sortir
de son morcellement, y serait retombé ; l'administration,
plus générale et dès lors plus équitable, qui commençait à
régir les diverses classes de personnes et à rapprocher
les divers ordres d'intérêts, aurait fait place à la lutte
acharnée des uns et à l'anarchie inconciliable des autres.
Au lieu de cette marche heureuse vers une unité toujours
plus complète et une condition toujours plus égale, la
France serait revenue à des désordres compliqués, puisqu'ils n'auraient pas été seulement féodaux, comme dans
les périodes précédentes, mais encore municipaux. »

Après Estienne Marcel et comme lui, les *Maillotins* et
les *Cabochiens* ne réussirent qu'à soulever de sanglantes
émeutes. De tous côtés le peuple, excédé de souffrances,
essayait de se délivrer de ses indignes maîtres, ces gentil-

hommes déshonorés par la défaite, mais qui se défendaient mieux contre les paysans ou contre les artisans
que contre l'étranger. Les révoltes furent donc compri-
mées encore une fois, et tout fut rangé de nouveau sous
la Royauté.

Nous arrivons aux États généraux du règne de Louis XI.
Ce roi fit beaucoup pour le peuple, non tant par sympathie pour lui, que par haine de la Féodalité et pour établir sa propre puissance. Tant qu'il avait été simple
prétendant au trône, il s'était mis, selon la tactique
ordinaire, du parti du peuple contre le roi. Mais, après
avoir joué ce rôle pendant quinze ans, arrivé enfin au
trône, il oublia vite les promesses de *la Praguerie* et
s'empressa de porter la taille au double de ce qu'elle avait
été sous le précédent règne. Les paysans se révoltèrent;
on en pendit une centaine : l'ordre, comme on dit, fut
rétabli, et les tailles maintenues.

L'œuvre propre de Louis XI, c'est la guerre à la seigneurie. La seigneurie résiste et trouve des appuis dans
la famille du Roi lui-même : Charles, duc de Berry, son
frère, le comte de Charolais, les ducs de Bretagne et de
Bourbon, le comte de Dunois, colorant leurs révoltes d'un
beau nom, celui de *Ligue du Bien public*, font publier
dans leurs domaines l'abolition des impôts, — c'est la
promesse ordinaire, — et allument la guerre civile. La
bataille de Mont-Lhéry est suivie de la paix de Conflans,

et Louis fait à la Féodalité en armes toutes les concessions qu'elle demande. Le comte de Charolais alors rétablit sur ses terres les tailles dont on avait promis l'abolition ; de sorte que la *Ligue du Bien public*, comme la Praguerie, aboutit à une plus grande oppression du peuple. De plus la guerre civile avait servi de prétexte à l'armée pour saccager de nouveau les villages, et, ces désordres se perpétuant après la guerre, Louis XI fut contraint d'autoriser les manants et les vilains à courir sus aux hommes d'armes [1].

Poursuivant son dessein de mater la Noblesse, il cherche volontiers parmi les roturiers des conseillers d'esprit pratique, expérimentés, rompus aux affaires, âmes et intelligences d'élite, tels que Jacques Cœur et Jean Bureau, « l'un formé à la science de l'homme d'État par la pratique du commerce, l'autre qui cessa d'être homme de robe pour devenir, sans préparation, mais avec succès, grand-maître de l'artillerie, et faire le premier, de cette arme encore nouvelle, un emploi habile et méthodique [2]. »

Lui-même, par le ton, l'habit, les manières, affecte d'être, si l'on peut ainsi dire, un roi roturier, aimant à s'entretenir familièrement avec toutes sortes de personnes, — « naturellement amy, dit Commines, des gens de moyen estat, et ennemy de tous grands qui se pouvoient passer de lui ». Il convoque des négociants à son Grand

---

1. Louandre, *Abbeville* I, 369. — Eugène Bonnemère, *Histoire des Paysans*, liv. IV, ch. VII.

2. Augustin Thierry, *Tiers État.* — Voir ci-dessous le chapitre de l'*Armée.*

Conseil, pour aviser avec eux aux moyens d'étendre et
de faire prospérer le commerce; il ouvre de nouveaux
marchés et favorise la fondation de plusieurs manufactures; il s'occupe des routes, des canaux, de la marine
marchande, de l'exploitation des mines; il attire par des
privilèges les entrepreneurs de travaux et les artisans
étrangers. En même temps, il tient sur pied des armées
quatre fois plus nombreuses que celles de ses prédécesseurs, fait des armements maritimes, recule et fortifie
les frontières, et porte la puissance du royaume à un degré
qu'elle n'avait jamais atteint.

Mais tout cela ne se fait pas sans charger les peuples
d'impôts. Il faut, avant tout, subvenir aux luttes contre
les vassaux insoumis. Le Roi convoque donc les États
généraux en 1467, dans la ville de Tours, près de son châ-
teau du Plessis, afin de les avoir sous la main, et se sert
de cette assemblée, pour se dispenser d'en faire d'autres :
en effet il se fait renouveler ce privilège, que, en cas de
guerre urgente pour réprimer quelque rébellion de princes ou de vassaux, « le Roy, sans attendre autre assemblée ni congrégation d'Estats, pour ce que aisément ne
se peuvent assembler, y puisse faire tout ce que ordre de
justice le porte; promettant et accordant tous iceux Estats
de servir et aider le Roy touchant ces matières, et en ce
lui obéir de tout leur pouvoir et puissance, et de vivre et
mourir avec lui en cette querelle. »

Ainsi les États, de nouveau, abdiquaient leurs droits

entre les mains de la Royauté, comme dans les dernières
assemblées du règne de Charles VII. Ainsi se scellait de-
rechef, même à si haut prix, l'alliance alors nécessaire
entre la Nation et la Royauté, contre les ambitions féodales qui retardaient la constitution de l'unité française. —
L'auteur de l'*Histoire des États généraux*, M. Georges
Picot, met bien en lumière l'esprit qui anime ces États
de Tours en 1467. « On y voit, pour la première fois, sans
intermédiaire ni réserve d'aucune sorte, l'alliance de la
Nation et de la Royauté se rencontrant dans la même
pensée et marchant vers le même but. Jamais les circonstances n'avaient mieux préparé cette union, qui est
un des faits permanents de notre histoire, mais dont les
manifestations éclatent à certaines périodes avec des
caractères plus saillants. D'un côté, nous voyons un roi,
régnant depuis six ans à peine, et déjà dominé par une
pensée qui sera le but de sa vie : abaisser la Noblesse.
Mieux qu'un autre il a connu les ambitions féodales :
ayant naguère partagé les luttes des seigneurs, il a saisi
le secret de leurs desseins ; ce souvenir s'est gravé dans
son âme. A cette puissance en déclin, mais encore dangereuse, des vassaux toujours prêts à entrer dans le mouvement à la suite des princes, il fallait opposer une digue
inébranlable. En face de ces esprits remuants, toujours
disposés à devenir rebelles, il s'agissait de constituer la
Nation, par cette solide alliance du Peuple et du Roi unis
dans un même esprit. « Telle était la tâche que se donnait

Louis XI. Le sentiment de la France répondit complètement à la pensée du prince. En aucun temps depuis deux
siècles, elle n'avait été plus disposée à se donner au Roi :
c'était pour elle l'image vivante de l'unité : par lui elle espérait voir l'ordre public à jamais assuré. Aussi ne crai-
gnit-elle pas une main de fer, pourvu que la Noblesse dût en
sentir le poids. Déchirée par la guerre de Cent ans, ruinée
par les Anglais, opprimée par les seigneurs, livrée sous
Charles VI, mal défendue pendant cinquante ans, sauvée
de l'invasion par un miracle, la Nation n'avait repris confiance en la Royauté que dans la seconde moitié du règne
de Charles VII. Louis XI était jeune ; on disait sa volonté
inébranlable ; il n'aimait pas les Nobles : c'était le Roi que
devait rêver le Tiers État. L'Assemblée de 1467 fut témoin de leur union : c'est aux acclamations des députés
que cette alliance fut consacrée. Le peuple ne se souve-
nait plus des misères du despotisme royal ; les souffrances
quotidiennes du vasselage l'attachaient avant tout au suzerain qui pouvait le protéger contre ses oppresseurs immé-
diats ; Louis XI promettait la paix et l'unité : il n'en fallait
pas tant pour enflammer tous les cœurs. C'est là le secret
de la mutuelle satisfaction qui marqua la fin de la session [1]. »

Pour mieux comprendre ce qui se passait alors en
France, remettons-nous devant les yeux ce qui est arrivé
de nos jours à l'Italie : morcelée en petits États, elle

1. Georges Picot, *Histoire des États généraux*, t. I, p. 354.

n'était plus, au dire d'un diplomate célèbre, qu'une *expression géographique*. Pour ressaisir l'unité de la vie, elle accepta l'hégémonie de la royauté savoisiénne; Garibaldi lui-même s'y résigna. Et ce fut la résurrection de l'Italie. Eh bien, pour la France du moyen-âge, qui dans le morcellement féodal se cherchait encore, il s'agissait non de ressusciter, mais de naître. Et il n'y avait alors qu'un moyen pour cela : c'était de s'unifier dans la Royauté.

A chaque période, les assemblées d'États généraux ont un caractère distinct : aux États du roi Jean et de Charles VI appartient l'effort violent d'un peuple qui veut enfin régler lui-même ses affaires; aux premiers États de Charles VII, le vote de l'impôt; dans les derniers, on remarque l'épuisement de la Nation, et plus tard son abdication; sous Louis XI, nous venons de saisir au vif un des traits caractéristiques de notre histoire, l'alliance du Roi et du Peuple contre la Féodalité [1]. Le Peuple ne voyait qu'une chose : c'est qu'il ne serait plus taillable par les seigneurs. Sentant où le bât le blessait, il saisissait avec joie, sans songer plus loin, l'occasion de le secouer. Quant à se demander si le Roi ne ramasserait pas dans sa main l'autorité éparse des barons brisés et si, au lieu de ce bât rejeté, il ne recevrait pas, lui peuple, un joug plus lourd et beaucoup mieux lié, ses pensées ne se suivaient point jusque-là. Le Roi, qui rétablissait

1. *Ibid.*

l'ordre, n'était-il pas le défenseur, le protecteur des pauvres gens? ne poursuivait-il pas, comme eux, pour eux,
l'affaiblissement de la seigneurie, de toutes les tyrannies
locales? — Pour flatter plusieurs grandes villes, le Roi décida que chez elles les fonctions municipales de maire ou
d'échevin conféreraient des titres de noblesse. Il rendit
plusieurs ordonnances pour autoriser, dans le nord du
royaume, les simples bourgeois à posséder des fiefs,
comme en possédaient ceux du Languedoc : par ce moyen
la distance qui séparait les deux Ordres alla diminuant.

Menacé par Charles le Téméraire, il chercha dans ses
bourgeois de Paris un appui contre la Noblesse, qui se
soulevait pour la seconde fois. Il voulut faire des gens de
métiers une armée qu'il pût opposer aux armées féodales
de ses ennemis; les gens de métiers répondirent à son
appel, ils s'armèrent, et de là les chefs conservèrent le
droit, quoique simples artisans, de porter la dague et
l'habit de guerre les dimanches et jours de fête. Ce droit,
les élevant au rang d'hommes d'armes, était pour eux
un grand honneur. Par tout cela, il achevait de s'attacher
la bourgeoisie comme le peuple.

Mais, quelque populaire que fût ce prince, la nécessité
d'augmenter sans cesse les impôts pour faire tant de
grandes choses ne laissait pas d'exciter des révoltes dans
plusieurs villes. Aussi, malgré les œuvres considérables
de ce règne, lorsque le roi mourut, sa mort parut un
soulagement. L'impôt, sous son règne, avait quadruplé : il

avait été porté de 1 200 000 livres à 5 000 000. Philippe
de Commines, si grande que soit son admiration pour ce
prince, le blâme, après sa mort, de n'avoir pas respecté
cette maxime : « Il n'est roi ni seigneur sur terre qui ait
pouvoir de lever un denier sur ses sujets, en sus des revenus de son domaine, sans l'octroi et consentement des
peuples. » Il fait observer que, « en Angleterre, les rois ne
peuvent rien entreprendre de grand, ni lever des subsides,
sans assembler le Parlement, qui vaut autant à dire
comme les Trois Estats ; qui est chose juste et sainte. »
A son avis, ce sont seulement des gens « de petite condition et de petite vertu » qui voient dans le fait de convoquer les États une diminution pour l'autorité légitime
du trône [1]. — Idée élevée, remarquable pour l'époque, et
fruit d'une raison solide et mûre.

Le roi mort et son fils Charles VIII n'ayant que treize
ans, la Régente Anne de Beaujeu, sœur de celui-ci,
convoqua aussitôt les États généraux. Ce fut le 5 janvier 1484 qu'ils s'assemblèrent, encore dans la ville de
Tours. Là, pour la première fois, évènement notable,
les paysans eurent voix au chapitre et purent, indirectement du moins, faire entendre leurs doléances, en en-
voyant des délégués aux bailliages, où l'on nommait les
électeurs qui allaient choisir au chef-lieu les députés du
Tiers Etat. Jamais les conditions d'une véritable représentation du pays n'avaient été aussi complètement rem-

1. Commines, *Mémoires*, liv. V, ch. XIX.

plies. « Ils comptèrent enfin pour quelque chose, ces paysans qui avaient donné Jeanne d'Arc à la France [1]. » La portée sociale d'un tel changement était considérable : la situation du paysan se transformait, il devenait membre de l'État. Le principe était posé; il est vrai qu'il ne fut pas d'abord appliqué partout. Les campagnes même de la Touraine, qui environnaient la ville où devaient se tenir les États, ne prirent aucune part à l'élection. Pareillement, il est constant que les députés du pays lyonnais et ceux du bailliage d'Amiens, pour ne citer que ees deux autres localités, n'eurent « charge et pouvoir que pour les villes ». Enfin, en Auvergne, treize « bonnes villes » gardèrent pendant un siècle encore le privilège de se faire représenter aux États, sans qu'il fût question des campagnes. Lorsqu'il avait fallu envoyer des députés à Orléans en 1560, à Saint-Germain-en-Laye en 1561, le plat pays avait été seulement invité par les bonnes villes à venir leur faire part de ses doléances, pour qu'elles fussent insérées dans les Cahiers de la province. En 1576, il refusa et voulut avoir son rôle particulier : il se réunit séparément sous la présidence de Claude Binet, lieutenant général de la sénéchaussée, et nomma quatre députés. Il faut lire dans les manuscrits du temps l'émotion que souleva cette hardiesse courageuse. — Mais, enfin, aux États de 1484, s'ouvrit réellement une ère nouvelle : par la convocation expresse du peuple des campagnes, les

---

1. Bardoux, *les Légistes.*

deux classes du Tiers État se trouvèrent réunies, ou du moins appelées : ce qui mit fin à la tutelle officieuse que les députés des bonnes villes avaient exercée jusqu'alors à l'égard des gens du plat pays. « Ceux-ci se trouvèrent en possession du droit de parler pour eux-mêmes, et c'est d'eux que venaient directement les remontrances qui les concernent dans les Cahiers de 1484, de 1560, de 1576 et de 1588 [1]. » En effet, chacune de ces réunions d'États avait été précédée d'assemblées primaires, composées des habitants de toutes les paroisses et concourant par leurs délégués à la formation des Cahiers et à l'élection des députés du Tiers État. Les délégués de chaque paroisse dressaient le Cahier de ses doléances, et le portaient au chef-lieu de la juridiction cantonale : là, réunis aux délégués du chef-lieu, ils élisaient les personnes présumées les plus habiles, lesquelles étaient chargées de fondre en un seul Cahier les doléances des diverses paroisses et de les porter à la ville, siège du bailliage supérieur, où de nouveaux délégués, élus de la même manière, rédigeaient, par une nouvelle compilation, le Cahier provincial de l'Ordre plébéien, et nommaient ses représentants aux États généraux.

Il s'agissait, dans ces nouveaux États de 1484, de reprendre une partie des avantages léonins qu'avaient usurpés ou que s'étaient fait céder d'abord Charles VII, puis Louis XI. Parmi les discours qui y furent prononcés, celui

1. Augustin Thierry, *Tiers État*, VI.

du sire de La Roche, député de la Noblesse de Bourgogne, mais de la Noblesse nouvelle, énonçait des propositions bien étonnantes pour le temps et au sortir d'un tel règne. Elles se résument ainsi, en langage moderne : La royauté est un office, non un héritage. C'est le Peuple souverain qui, dans l'origine, créa les rois. L'État est la chose du Peuple. La souveraineté n'appartient pas aux princes, qui n'existent que par le Peuple. Ceux qui s'emparent du pouvoir, par force ou de toute autre manière, sans le consentement du Peuple, sont usurpateurs du bien d'autrui. En cas de minorité ou d'incapacité du prince, la chose publique retourne au Peuple, qui la reprend comme sienne. Le Peuple, c'est l'universalité des habitants du royaume. Les États généraux sont les dépositaires de la volonté commune. Un fait ne prend force de loi que par la sanction des États ; rien n'est saint ni solide sans leur aveu.

Ces maximes, qui étaient comme la contre-partie de tout le règne si despotique de Louis XI et des abus excessifs des précédents règnes, trouvèrent cependant peu d'écho dans le Tiers État de ce temps. Trois siècles devaient s'écouler avant que ces principes ne devinssent ceux de la Nation presque tout entière.

Toutefois, l'Assemblée de 1484 eut soin de ne voter aucun subside qu'à titre de don et d'octroi. De plus, elle demanda la convocation des États généraux dans deux ans, et ne se sépara qu'après en avoir reçu la promesse formelle. Mais les quatorze années du règne de Charles VIII s'écoulèrent sans que les États eussent été une seconde fois convoqués, et les taxes furent de nouveau levées par Ordonnances et réparties sans contrôle.

Cependant le successeur du fils de Louis XI, qui monta au trône en 1498 sous le nom de Louis XII, sembla prendre à cœur d'éteindre les griefs dénoncés par les États de 1484 : le plus grand acte législatif de son règne, l'Ordonnance de mars 1499, en est la preuve : économe et sympathique au peuple, il se propose, chose difficile à réaliser, de continuer la guerre tout en diminuant les impôts ; la bourgeoisie, reconnaissante, lui décerne, par la bouche d'un des représentants de Paris, le nom de *Père du Peuple*, que l'histoire n'a pas contesté. « J'aime mieux, disait ce roi, voir rire mes courtisans de mes épargnes, que de voir pleurer mon peuple de mes dépenses. » Cet esprit d'économie lui permit, malgré ses guerres d'Italie, d'alléger beaucoup les impôts. Dès l'année de son avènement, il avait lancé une Ordonnance contre les pillages et les violences des gens de guerre, et tint la main à ce qu'elle fût exécutée un peu mieux que celles du bon mais faible Charles VIII. Les campagnes se repeuplèrent, un tiers des terres fut remis en culture pendant cet heureux règne. — Louis XII eut aussi la gloire de reprendre et de poursuivre vigoureusement une œuvre dont Charles VII avait eu la première idée : à savoir, de faire rédiger toutes les coutumes et de marquer ainsi, dans la sphère du Droit civil, la fin du moyen-âge et le commencement de l'ère

moderne. Ce ne fut pas seulement une rédaction, mais
une transformation de l'ancien Droit coutumier, et cette
transformation eut pour caractère la prépondérance du
Tiers État, de son esprit et de ses mœurs dans la législation nouvelle. M. Laboulaye en fait la remarque et cite,
comme preuve de ce fait, les changements qui eurent
lieu, pour les mariages entre Nobles, dans le régime des
biens conjugaux. — Ajoutez à cela l'infiltration du Droit
romain, qui, à chaque modification de notre Droit national, tempérait de plus en plus l'élément germanique et
les restes des traditions franques.

Sous le règne de François Ier, qui succéda à ce prince,
il n'y eut point d'Etats généraux. Sous Henri II, il y en
eut de très courts, en janvier 1558, pour demander de
l'argent.

Au commencement du xvie siècle, s'était produit un
fait immense : la Réforme religieuse avait éclaté, et arraché à l'Eglise romaine une grande partie de l'Europe.
Déjà auparavant, les Albigeois en France, Arnold de
Brescia en Italie, Wiclef en Angleterre, Jean Huss en
Bohême, avaient attaqué les vices de l'Église romaine et
refusé de reconnaître la suprématie du pape; mais ils
avaient échoué dans leurs tentatives; Luther, qui pro-
clama la Réforme en 1517, fut plus heureux et fit partager ses opinions à une partie de l'Allemagne : Zwingli
introduisit la Réforme en Suisse; Calvin la répandit à
Genève et dans une grande partie de la France; Knox, en

Écosse ; Henri VIII l'intronisa en Angleterre. Cette révolution religieuse enflamma l'Europe et en particulier la
France pendant trois quarts de siècle. Avec un fanatisme
égal, chacun des deux partis élevait des bûchers et y
brûlait ses adversaires, pour la plus grande gloire de
Dieu.

Les États généraux de 1560, sous le règne de Charles IX,
eurent pour caractère propre la tolérance religieuse essayant d'apaiser ce fanatisme, soit protestant, soit catholique. Un parti nouveau, qui a mérité d'être appelé d'un
nom glorieux, « le parti du bon sens national », et
qui avait ses principales racines dans la bourgeoisie,
se déclara ennemi du schisme, mais non pas de
la liberté de conscience : il avait pour chef Michel de
L'Hospital, fils d'un bourgeois et devenu Chancelier de
France, c'est-à-dire premier ministre. Homme de vaillant
cœur, et de haute raison, il prêchait dans cet esprit tout
le monde, y compris le roi mineur et la reine mère
Catherine de Médicis. Animé de ces sentiments généreux, il fit entendre aux États réunis à Orléans des
paroles immortelles : « Ostons ces mots diaboliques,
noms de partis, de factions et de séditions, luthériens,
huguenots, papistes ; ne changeons le nom de chres-
tiens. » Les États se montrèrent dignes d'un tel conseiller, et le Tiers principalement joua dans cette assemblée un grand et noble rôle [1].

1. Voir Augustin Thierry, *Tiers État*, ch. V.

La clôture de ces États eut lieu le dernier jour de janvier 1561. Il fut ordonné que les États provinciaux, à leur tour, s'assembleraient le 20 mars suivant. Ils s'assemblèrent en effet et continuèrent vaillamment l'œuvre des États Généraux. Les deux ordres laïques siégèrent à Pontoise, tandis qu'à Poissy avait lieu ce débat célèbre, entre des représentants du Clergé, d'une part, et d'autre part des ministres protestants, connu sous le nom de *Colloque de Poissy.* — Le caractère général des Assemblées d'États du xve et du xvie siècle en France, c'est que chacun des trois Ordres votait séparément.

En jetant un regard sur le chemin que nous venons de parcourir, il est facile de saisir le progrès des États généraux de siècle en siècle. Dans le quatorzième, ils ne sont guère qu'un expédient momentané pour résoudre une question spéciale ou pour sortir d'un grave embarras; mais, à partir de l'époque du roi Jean, ils deviennent un des principes du droit national, « principe qui ne disparut point, quand même il restait sans application, et dont le prestige survivait à ses revers. La foi et l'espérance tiennent une grande place dans la vie des peuples comme dans celle des individus : nés vraiment en 1355, les États généraux de France se sont retrouvés vivants en 1789. »

A la vérité le principe de la souveraineté nationale demeura longtemps comme un germe enfoui : entre ces

1. Guizot, *Histoire de France.*

deux dates, c'est-à-dire pendant quatre siècles, les États généraux ne servirent, le plus souvent, qu'à légaliser les exactions de la royauté, qui obtenaient d'eux des subsides, dont la Noblesse et le Clergé s'affranchissaient et dont la bourgeoisie, retranchée derrière ses privilèges, s'efforçait de rejeter le poids sur les campagnards.

Il ne paraîtra pas hors de propos de rappeler ici brièvement ce qui s'est passé en Angleterre pour la représentation des Communes, par comparaison avec la France. A l'origine du Parlement anglais, comme on le voit par la Grande Charte du roi Jean (1215), le Parlement se composait des prélats et des grands barons, convoqués personnellement, et d'un certain nombre de notables convoqués collectivement, au nom du roi par les shériffs et les baillis. Les comtés n'avaient point encore de représentation spéciale, constituée par deux *knights*, ou chevaliers, pour chaque comté, ou *shire* : cette représentation spéciale des comtés ne se régularisa que sous Édouard III; mais déjà, sous le règne de Henri III, au milieu du xiiie siècle, cette sorte de représentation s'ébauchait : c'est ce que l'on peut observer notamment en l'année 1246, où l'on voit donner pour la première fois au grand Conseil de l'État le nom de Parlement[1]. En 1264, après la bataille de Lewes, chaque *borough* (bourg) de quelque impor-

1. Voyez Ed. Creasy, *The rise and progress of English Constitution*, 12e édition, p. 92.

tance commence à envoyer au Parlement deux bourgeois
pour le représenter, et, dans la confirmation des chartes
que donna Édouard Ier, la vingt-cinquième année de son
règne, on consacre le principe de la présence des bourgeois au Parlement pour représenter les *boroughs* et
villes ayant la franchise électorale. Mais, depuis cette
époque jusqu'à nos jours, le droit de représentation est
demeuré en Angleterre un privilège des *boroughs* auxquels le roi concédait la franchise. Ces *boroughs* étaient
quelque chose comme chez nous les « bonnes villes », auxquelles seules appartenait la faculté d'envoyer des députés.
Seulement, avec le temps, le nombre des *boroughs* ayant
représentation au Parlement s'est accru ; mais la représentation était pour eux si bien un privilège, qu'ils demeuraient en droit d'être représentés, tandis que d'autres
villes beaucoup plus considérables ne l'étaient pas ou
ne pouvaient l'être que sous le bon plaisir de quelque
grand seigneur, qui parfois trafiquait de cette autorisation : c'était ce que l'on nommait *bourgs-pourris*. En réalité, les communes d'Angleterre n'étaient pas représentées dans leur population ouvrière et rurale, les paysans
n'avaient point place au Parlement. Les deux chevaliers
(*knights*), qui furent remplacés ensuite par deux députés
de chaque comté, ne représentaient que les propriétaires
de fiefs, que les gros tenanciers ; et, jusqu'au moment
de la dernière réforme, le cens électoral dans les comtés
demeurait élevé, tandis qu'il était beaucoup plus bas

pour les cités (villes) et les *boroughs*, qui ont bien plus
de députés dans le Parlement que les comtés. Ainsi, en
résumé, l'on peut dire qu'en Angleterre c'est seulement
par degrés que les classes moyennes et laborieuses sont
arrivées à être représentées au Parlement. Sous Élisabeth encore, le chiffre des cités et boroughs représentés
n'était pas considérable ; et, si de nos jours il s'est notablement accru après les bills de réforme, le droit électoral n'en demeure pas moins pour les cités et les
boroughs un privilège.

CHAPITRE VI

LE TIERS ÉTAT

L'égalité de tous devant la loi, ce principe aujourd'hui incontesté, a été une lente conquête du travail et du courage de nos pères. Pendant de longs siècles cette égalité n'était ni dans les mœurs ni dans les idées. Le meurtre commis sur un Noble paraissait beaucoup plus coupable que le meurtre commis sur un vilain et se payait beaucoup plus cher. Des tribunaux de plusieurs sortes jugeaient les gens selon leur qualité. De même qu'il n'y avait eu, dans la nation gauloise, que deux Ordres ou deux classes de gens reconnus, les Druides et les Chevaliers, il n'y en eut aussi que deux d'abord dans la société du moyen-âge, le Clergé et la Noblesse. Nous venons de voir comment une troisième se forma, conquit sa place au soleil, gagna l'égalité civile, puis l'égalité politique, et devint le Tiers Ordre ou Tiers État.

L'élévation continue de ce Tiers État est le fait dominant de notre histoire. C'est là le cœur même du sujet

que nous avons entrepris de mettre en lumière, la transformation incessante du Peuple en Bourgeoisie par l'intelligence et par le travail. Il est donc nécessaire de relever avec soin les premiers vestiges de ce grand fait, puis
d'en marquer sommairement le développement progressif.

Les actes contemporains du roi Jean, — xive siècle, —
parlent souvent des « trois Estats », mais ne prononcent
pas particulièrement le nom de *tiers Estat* en le détachant
des deux autres. Les *Grandes Chroniques* et Froissart
disent presque toujours : « Les gens d'Église, les Nobles,
et les bonnes Villes. » Les Ordonnances royales emploient les mêmes expressions; quelquefois elles disent,
pour ne pas limiter leur énumération aux députés des
villes fermées : « Les bonnes villes et le *plat pays*[1]. »

Quand ces Ordonnances regardent les États provinciaux
de la *langue d'oïl*, elles disent parfois : « *Les bourgeois
et habitants.* » Quand elles concernent les États de la
langue d'oc, elles disent : « Les communautés de la sénéchaussée. » Telles étaient, au milieu du xive siècle, les
expressions en usage pour désigner le troisième Ordre.
Les mots *gens du tiers et commun Estat* se trouvent
dans plusieurs actes du xve siècle. On disait indifférem-
ment le *tiers État*, le *commun État* et le *Commun*.

Au xive siècle, il est fait mention des trois Estats dans
une charte de 1361, que cite le Glossaire de Du Cange,
au mot STATUS : « *Per tres Status Concilii generalis,* —

1. Ordonn., t. III, p. 221, note.

Prælatorum (les prélats, le clergé), —*Baronum, Nobilium* (les barons, la noblesse), — *et universitatem comitatuum* », « et l'université des comités » ; c'est-à-dire : et les députés de tout le reste [1]. M. Littré pense, d'après ces documents, que c'est au xive siècle qu'on a commencé à appeler les trois Ordres *tres Status* [2]. Mais le nom de Tiers ou troisième État ne deviendra couramment usuel qu'au xvie siècle. M. Littré en cite ces deux exemples-ci : « Quant au troisième Ordre, qu'on appelle le tiers État... » (La Noue, *Discours,* page 541) ; et dans le *Coutumier général,* tome I, page 335 : « Commis et députés spécialement pour le Tiers Estat, mesme pour l'Estat de Labour » (les laboureurs).

C'est aux grands États de Tours, en 1468, que pour la première fois le troisième Ordre porte officiellement le nom que lui a depuis conservé l'histoire. Puis, dans le *Procès-verbal de Masselin* et dans le *Cahier de Doléances* présenté en 1483, on lit : « Il fut décidé que chacune des sections fournirait six commissaires : deux du Clergé, deux de la Noblesse, et deux du Tiers Estat, — *duos Ecclesiasticos, duos Nobiles, et duos tertii Statûs* [2]. »

1. Telle est la citation donnée par M. Littré. Il y a lieu, toutefois, de remarquer que le texte porte, non pas : *universitatem comitatuum,* mais bien : *universitatuum comitatuum.* Et le mot *comitatuum* ne doit point être traduit par *comités.* Le mot *comitatus,* comme on le voit par Du Cange (*Gloss.,* t. II, p 466) signifiait originairement *comté ;* mais, comme le ou la comté était le type et le point de départ de la seigneurie, il ou elle avait fini par se prendre aussi dans le sens générique de *seigneurie.* Le mot *universitas* signifiait l'ensemble des habitants d'une seigneurie.

2. Documents inédits sur l'Histoire de France ; Procès-verbal de Masselin, page 76.

Dans ce Cahier de Doléances, le chapitre intitulé *du
Commun* commence par ces mots : « Pour le *tiers et
commun Estat*, remontrent lesdites gens... » Et, quelques
lignes plus bas, comparant le royaume au corps humain,
les rédacteurs du Cahier ajoutent : « Les membres sont
le Clergé, les Nobles, et les gens du *Tiers Estat*[1]. » Ainsi,
à la fin du xve siècle, l'expression de Tiers Estat, ou
troisième Ordre s'ajoutant aux deux premiers, commence
à être employée couramment [2]. Les élections des députés du Tiers État, bornées durant le xive siècle et
une grande partie du xve à ce qu'on nommait *les bonnes
villes*, c'est-à-dire les villes closes et privilégiées, ayant
leur municipalité et leur milice, furent, vers la fin du
xve siècle, ainsi qu'on vient de le voir, étendues aux
villes non murées et aux simples villages [3], mais non
pas d'une manière régulière et ferme : les dénominations sont encore variables et peu précises. Ainsi, sous
Louis XI, Juvénal des Ursins, dans sa harangue, s'adresse
aux députés du Tiers État en les appelant « *bourgeois et
habitants des bonnes villes* »; aux États de Tours, l'orateur des États, Jean de Rély, dit : « *Le peuple du commun Estat*, » ou bien : « *L'Estat du Peuple.* » Le
cahier particulier présenté à Charles VIII par les trois
Ordres du Languedoc se sert également du mot peuple.

1. *Ibidem*, à la suite du *Procès-verbal de Masselin*, *Cahier de Doléances*,
page 669.
2. G. Picot.
3. Aug. Thierry, *Tiers État*, VI.

Il ne faut pas toutefois se méprendre à ce nom de peuple, ainsi employé; encore bien moins lorsqu'on le rencontre à des époques plus anciennes, chez les chroniqueurs traitant des États généraux convoqués par Philippe le Bel ou par ses successeurs. « Le peuple », sous la plume de ces écrivains, signifie seulement les Bourgeois admis à voter les subsides, dont ils rejettent ensuite presque tout le fardeau sur « le menu peuple ». C'est de ce menu peuple pourtant qu'ils sont sortis; mais déjà ils l'ont oublié. Et puis ils savent ou ont inventé le proverbe : Charité bien ordonnée commence par soi-même.

Estienne Pasquier, dans ses *Recherches de la France*, explique cette fiction en homme qui n'est pas dupe, et fait bien voir que, sous le nom de peuple, c'étaient les bourgeois seuls qu'on désignait. Bien plus : il montre comme quoi la bourgeoisie elle-même ne pouvait, la plupart du temps, que laisser faire ce que décidaient les deux premiers Ordres. « En ces assemblées des Trois Estats, dit-il, non seulement on y appelle (convoque) le peuple avec la Noblesse et le Clergé, mais, qui plus est, il en fait la meilleure part : faveur qu'on lui fait acheter par une infinité de subsides qu'on ne connaissait en France ni sous les Mérovingiens, ni sous les Carlovingiens, ni même sous les Capétiens. Ce n'est pas que nos rois ne contraignissent, de fois à autres, leurs sujets de leur payer quelques deniers, qu'on appelait *tailles* ou *divisions*, parce

qu'ils étaient levés par capitation et par départements ;
mais ces exactions causaient fort souvent des émotions
populaires. Aussi les sages mondains qui maniaient les
affaires du royaume, pour faire avaler avec plus de douceur cette purgation au commun peuple, furent d'avis d'y
apporter quelque beau respect... Alors les députés de
chaque Ordre s'assemblaient en particulier et délibé-
raient. Ils dressaient leurs Cahiers ou représentations :
ce qui donnait souvent lieu à de belles Ordonnances, qui
n'étaient que belles tapisseries pour servir seulement de
parade à la postérité. L'impôt, cependant, que l'on accordait, était fort bien mis à effet. De sorte que le roturier,
contre l'ancien ordre de France, ne fut ajouté à cette assemblée que parce que tout le faix tombait principalement
sur lui ; afin qu'étant, en ce lieu, engagé de promesse, il
n'eût plus, après, occasion de rétiver ou murmurer : invention grandement sage et politique... Jamais on n'assembla les Trois Estats en France sans accroître les
finances de nos rois, à la diminution de celles du peuple,
le refrain d'iceux Estats étant toujours de tirer de l'argent. Le premier qui mit cette invention en avant fut
Philippe le Bel... »

Les rois ses successeurs trouvèrent l'invention commode et en usèrent pareillement, sans que, en effet, la
présence des *menues gens*, du *commun peuple*, aux
assemblées d'États fût guère autre chose que « beau respect » pour « faire avaler cette purgation ».

Cela se continua ainsi sous les différents règnes à peu d'exceptions près, que nous avons notées; l'esprit de la monarchie était bien celui-là. Le duc de Saint-Simon, dans ses *Mémoires*, l'explique de même, lorsqu'il blâme comme impolitique la mesure d'après laquelle la Noblesse et le Clergé seuls furent admis au sacre de Louis XV. « Le Peuple, dit-il, qui depuis longtemps fait le troisième Ordre, est là comme autrefois aux Champs de Mars, puis de Mai, applaudissant nécessairement et simplement à ce qui est résolu et accordé par les deux Ordres du Clergé et de la Noblesse... Il faut donc que, comme aux anciennes assemblées de la nation, la nef soit alors remplie de peuple, pour ajouter son *consentement présumé* à celui de ceux qui sont dans le chœur, comme, dans ces assemblées des Champs de Mai, la multitude éparse en foule dans la campagne acclamait, sans savoir à quoi, à ce que le Clergé et la Noblesse, placés aux deux côtés du trône du Roi, consentaient aux propositions du monarque, sur lesquelles ces deux Ordres avaient délibéré[1]... » — Mézeray, au sujet de ces assemblées d'États, ne montre pas plus d'illusions qu'Estienne Pasquier. « Il ne manquait plus que de l'argent au Roi, écrit-il (au règne de Henri II) : il assembla pour cela les États de Paris, le 6 janvier 1558. Depuis le roi Jean, ils n'ont guère servi qu'à augmenter les subsides. »

Ainsi tous les droits du Peuple, jusqu'à cette époque,

1. Saint-Simon, *Mémoires*, XXXVIII, 97.

se bornaient au droit de payer. Il en fut de même bien longtemps encore, soit dans les États généraux, soit dans les États provinciaux, et madame de Sévigné, dans une de ses lettres écrites de Bretagne, dit ironiquement à sa fille : « Nous avons percé les nues des cris de *Vive le Roi !* nous avons fait des feux de joie, nous avons chanté des *Te Deum*..., de ce que Sa Majesté a bien voulu prendre notre argent. »

La Nation française n'a donc pas plus à remercier Philippe le Bel de l'institution des États généraux, que Louis le Gros de l'établissement des Communes. Trop souvent les États généraux ne furent, pour la Royauté, qu'une machine à lever des impôts et à épuiser le peuple. Par conséquent, on s'est beaucoup avancé et on a pris trop volontiers les mots pour les choses quand on a prétendu que les assemblées d'États généraux avaient été dès le commencement la représentation complète du royaume, et que les députés du Tiers représentaient dès lors les intérêts des campagnes aussi bien que ceux des villes. La vérité, c'est que Philippe le Bel et ses successeurs, ayant besoin d'argent, s'adressaient tout naturellement à ceux qui s'étaient enrichis, aux bourgeois des métiers, aux anciens roturiers devenus francs bourgeois. Cependant c'était pour cesser d'être taillables qu'ils s'étaient rachetés et affranchis ; déjà, au xive siècle, c'est une maxime admise « qu'on ne lève point de tailles dans les villes de Communes ». Quant aux hommes du

plat pays, un grand nombre sont encore à moitié serfs ;
on tondra sur eux ce que l'on pourra. Le Roi demande
la taille à ses bourgeois, et ceux-ci ne se font pas faute
de l'arracher aux paysans par les plus cruels moyens.
Voilà pourquoi, pendant longtemps et même encore au
xvᵉ siècle, les Ordonnances de convocation ne mentionnent que les « députés des bonnes villes », recomman-
dant qu'ils soient gens de bonnes vie et mœurs, expérimentés aux affaires, notables et au moins bourgeois, et
qu'ils possèdent quelques biens-fonds. « Le Roi sait,
messieurs, dit l'organe du pouvoir souverain aux États
de 1463, que vous, qui êtes ici présents, êtes les principaux du Conseil des Villes et Cités qui vous ont envoyés
vers Lui [1]. »

Ces députés, en effet, sont en quelque sorte l'aristocratie de la classe affranchie, « les grands bourgeois »,
les « bourgeois sages et discrets ». Bien que le Tiers
État, dans les assemblées à dater de ce xvᵉ siècle, parlât
au nom des villes et des campagnes et s'appuyât de
celles-ci pour se donner force et autorité, la bourgeoisie
riche qui le composait pour la plus grande partie abandonnait sans peine au roi les deniers des malheureux
laboureurs. Enguerrand de Monstrelet, le continuateur
de Froissart, cite la complainte émouvante des *Pauvres
Laboureurs de France* :

---

1. *Des États généraux et des Assemblées nationales de France*, VII, 379 ;
VIII, 38, 133.

> Hélas ! hélas ! hélas ! hélas !
> Prélats, princes et bons seigneurs,
> Bourgeois, marchands et avocats,
> Gens de mestiers, grands et mineurs,
> Gens d'armes et des trois Estats,
> Vous vivez sur nous laboureurs !

Un acte du Parlement de Rouen, de 1569, s'exprimera dans le même sens quant au peuple des villes également : « Le pauvre peuple travaille sous les ordres du Tiers État : c'est celui-ci proprement qui l'exploite. S'il ne gardait pour lui seul le produit du travail des apprentis qui besognent sous sa visitation (surveillance), tout le monde vivrait. » — Dans cette phrase, évidemment *Tiers État* ne veut dire que *bourgeoisie*.

La preuve que les campagnards, pendant toute la monarchie, n'étaient pas très efficacement représentés dans les assemblées d'États, c'est qu'en 1789 plusieurs Cahiers de bailliages proposent d'établir un nouvel Ordre, à part de celui du Tiers État tel qu'on l'entendait, un quatrième État composé des paysans, l'Ordre des campagnes. La même année, un érudit très versé dans l'histoire de nos institutions, Legrand d'Aussy, reconnaissait que le troisième Ordre ne se composait que des députés des *bonnes villes*, et que les campagnes n'étaient représentées que par leurs seigneurs, laïques ou religieux. Qu'elles n'en fussent que mieux défendues pour cela, ainsi que le prétend un écrivain de nos jours, ce n'était pas l'avis des paysans, qui continuèrent de se révolter, à plusieurs reprises, dans diverses provinces. Mais, trop souvent, la bourgeoisie eut l'art de paraître faire cause commune avec les campagnes et de leur persuader que leurs inté-rêts étaient bien placés dans ses mains : sa tactique ordi-naire consistait à animer le peuple contre les seigneurs, à le mettre en mouvement avec les beaux noms de fran-chises et de libertés, à l'appeler aux armes, puis à pro-fiter seule de la victoire remportée en commun, et à tyranniser à son tour ses alliés de la veille, rejetant sur eux presque tout le poids des tailles, qui étaient, comme dit Pasquier, l'éternel *refrain*.

Cependant, tout en ne poursuivant que son intérêt propre, la bourgeoisie des villes avait communiqué aux campagnes le goût de la liberté. « L'action des villes sur les campagnes, dit Augustin Thierry, est un des grands faits sociaux du XIIIᵉ siècle : la liberté municipale, à tous ses degrés, découla des unes sur les autres, soit par l'influence de l'exemple et la contagion des idées, soit par l'effet d'un patronage politique ou d'une agréga-tion territoriale. Non seulement les bourgs populeux aspirèrent aux franchises et aux privilèges des villes fermées, mais, dans quelques lieux du nord on vit la nouvelle constitution urbaine, la *commune jurée*, s'ap-pliquer tant bien que mal à de simples villages ou à des associations d'habitants de plusieurs villages [1]. »

1. Voyez les Lettres de Philippe-Auguste, datées de 1184, 1185, 1186, 1196, 1205, 1216 et 1221 ; *Recueil des Ordonnances des rois de France*, t. XI.

Par les franchises municipales, on fit, lentement et sans le savoir, l'apprentissage des libertés provinciales, qui furent un acheminement à la représentation nationale. Toutefois, aux premiers États généraux, jamais d'artisans, et très rarement des marchands, dans la représentation des communes. Les hommes qui les composent sont presque toujours ou des officiers (fonctionnaires) du Roi, ou des légistes ; et ceux de Paris y jouent de bonne heure le principal rôle. Le Roi les distinguait ; il les retenait même auprès de lui en certaines occasions, et s'en faisait accompagner comme d'une sorte de Conseil particulier, à l'issue des États.

Quoique chargés, d'une part, de recueillir et d'exprimer les doléances des campagnes, d'autre part d'y donner satisfaction par des Ordonnances proposées au Roi, ils ne parvenaient à le faire que d'une manière très incomplète, ou seulement pour la forme. Ces Ordonnances rendues par les rois, d'après les vœux exprimés dans les Cahiers et résumés par les légistes, n'étaient la plupart du temps, selon l'expression d'Estienne Pasquier, « que belles tapisseries pour servir seulement de parade à la postérité. » Cependant cela même n'était pas inutile, pour montrer où était le droit, en attendant qu'on y donnât satisfaction : et il arriva que, sous l'influence de ces vœux fréquemment répétés, le droit, après s'être affirmé platoniquement en belles et nobles paroles pendant un ou deux siècles, passa enfin dans les faits. Aussi avec quelle sympathie reconnais-

sante retrouvons-nous les hautes et généreuses réclamations de nos pères aux diverses assemblées d'États, au
nom de la Bourgeoisie et du Peuple, alors que celui-ci
existait à peine, si ce n'est pour nourrir ceux qui l'oppri-
maient! Avec quelle joie, par exemple, aux États de
Tours, en 1483, entendons-nous ce sire de La Roche,
né Philippe Pot, nom qui indique une origine bourgeoise,
greffé d'une noblesse acquise, et sénéchal de Bourgogne
par-dessus le marché, poser fermement les principes
du droit naturel et de la raison! Répondant à des députés qui prétendaient que l'autorité royale appartenait
de droit, pendant la minorité du roi, aux princes du
sang : « Ne laissons rien, dit-il, flotter dans le vague ;
n'abandonnons pas le salut de l'État à l'arbitraire d'un
petit nombre; car qui nous garantit que les princes seront
toujours bons? Il est constant que la royauté est une
fonction, et non pas seulement un héritage... L'histoire
nous enseigne et j'ai appris de mes pères qu'au commencement le Peuple souverain créa les rois par son suffrage, et qu'il préféra particulièrement les hommes qui sur-
passaient les autres en vaillance et en habileté. Et chaque
peuple élisait ses chefs pour son utilité propre... Qui ne
sait et qui ne répète que l'État est la chose du Peuple?
S'il en est ainsi, qui pourrait contester au Peuple le droit
de rendre soin de sa chose? Et comment de vils flatteurs
oseraient-ils attribuer la souveraineté au prince, qui n'existe
que par le Peuple? Quiconque possède, par force ou autre-

ment, sans le consentement du Peuple, le gouvernement
de la chose publique, n'est qu'un tyran et un usurpateur
du bien d'autrui... J'appelle Peuple, non la plèbe, mais
les Trois États réunis, et j'estime les princes eux-mêmes
compris dans les États généraux; ils ne sont que les
premiers de l'Ordre de la Noblesse... Et maintenant quelle
est la puissance, en France, qui a le droit de régler la
moindre des affaires quand le roi est incapable de gouverner? Évidemment cette charge ne retourne ni au
prince ni à un Conseil des princes, mais au Peuple, *do-
nateur du pouvoir*. Ainsi, vous, députés des trois États,
vous êtes les dépositaires de la volonté de tous. Dès
lors, pourquoi craignez-vous d'organiser le gouvernement? Rien n'a force sans votre sanction. Vous êtes ici
pour dire et pour conseiller librement ce que, par l'inspiration de Dieu et de votre conscience, vous croirez utile
au pays. Pourquoi hésitez-vous? Quel est l'obstacle? Je
n'en vois qu'un, votre faiblesse... Le Peuple a deux fois
le droit de diriger ses affaires, parce qu'il en est le
maître, et parce qu'il est toujours victime, en fin de
compte, d'un mauvais gouvernement... »

Quelle solidité de raison! Quel éclat de bon sens!
Quelle éloquence simple et forte! Quand on songe qu'il y
a quatre cents ans que de tels accents se faisaient entendre, on est étonné et ravi.

A la suite de l'éloquent discours de Philippe Pot, les
États décidèrent que dix députés seraient adjoints au

Conseil de Régence provisoirement institué par les princes
du sang : et Philippe Pot fut l'un des dix.

Peu de jours après cet éclatant succès du sire de La
Roche, un autre orateur, Masselin, chef de la députation
de Normandie (celui-là même auquel nous devons les très
intéressants comptes-rendus de toutes ces séances), fut
chargé, par un vote unanime de six bureaux de l'Assemblée, d'exprimer en séance publique l'opinion des États
sur le dégrèvement de l'impôt permanent. Trois fois il
prit la parole à cet effet, combattant avec courage ce
préjugé funeste que les biens des sujets appartenaient
au Roi. « Sire, dit-il, chassez loin de vous ces détestables
flatteurs, peste de vos États, corrupteurs de votre esprit
et de votre âme ; n'en laissez pas un seul auprès de vous.
Votre peuple est le véritable maître des biens qu'il possède : on ne peut les lui enlever, en tout ni en partie, s'il
n'y consent. Vivant sous une monarchie légitime, il est
libre et non point esclave. Soyez le père et non le tyran
de votre peuple. Épuisé par d'iniques impôts, il paye plus
qu'il ne peut ; il tire de sa pauvreté et de sa souffrance
jusqu'à son nécessaire pour vous le donner et vous le
remettre. N'en croyez donc pas ceux qui vous disent que
nous, ses mandataires, nous voulons vous rogner les
ongles jusqu'au vif et vous compter les morceaux... »

Non ; nous voulons seulement sauver votre peuple, et
par là vous sauver vous-même. Tel est, en abrégé, le
sens de la fin du discours de Masselin. Cette éloquence

familière compléta l'effet produit par celle de Philippe
Pot : pour tout dire d'un mot, la taille fut réduite de
cinq millions à quinze cent mille livres. — Voilà, certes,
deux éclatantes victoires de la raison et du bon sens.

C'est aussi par décision de ces États que l'impôt, qui
auparavant s'appelait *taille*, fut nommé *libre octroi*, pour
exprimer que cet argent n'était pas *dû* au roi, mais que
les trois États du royaume le lui accordaient bénévole-
ment de leur propre autorité (*auctoritas*, octroi). Par ce
nom, comme par celui de *don gratuit*, le droit absolu
de voter ou de ne pas voter l'impôt était nettement réservé.
Quelques-uns peut-être trouveront puéril d'attacher beaucoup d'importance à ces noms. Mais, en gagnant les noms,
on marquait la place des choses, jusqu'au temps où l'on
pourrait gagner les choses elles-mêmes.

Avec quel plaisir encore, aux États d'Orléans, en 1560,
retrouvons-nous le beau discours du Chancelier Michel
de L'Hospital, défendant la cause des assemblées nationales, rappelant les traditions de la France, et même,
comme Philippe de Commines, l'exemple des parlements
d'Angleterre et d'Écosse, — étendue de vue bien remarquable pour le temps.

Et ensuite, quel sens admirable dans les considérations
exposées par l'Ordre de la Noblesse pour exclure de ces
assemblées les Ecclésiastiques, à raison d'incompatibilité :
« Messieurs les Cardinaux et Ecclésiastiques ne doivent
être du Conseil, car ce serait contrevenir à ce qui, par

les précédents Cahiers des États, a été très instamment
requis, même par ceux du Clergé : qu'ils aient à s'abstenir de toutes négociations publiques et séculières ; n'étant
raisonnable, ni conforme à la volonté de Dieu, que ceux à
qui les églises sont commises délaissent leurs charges
spirituelles pour suivre les Cours et assister au Conseil des Princes, de la juridiction desquels ils se veulent
exempter quand il leur plaît, par privilège ; et aussi à
cause que, par leurs prélatures et dignités, ils sont ailleurs par autre serment obligés ; par laquelle même raison
sommes d'avis que ceux qui sont obligés à quelques autres princes et étrangers ne soient admis au dit Conseil,
afin d'éviter l'inconvénient qui s'en pourrait suivre... »

Ici encore quelle haute raison ! quelle lumière de droit
naturel et de sagesse politique ! Ne serait-elle pas de mise
encore aujourd'hui, après trois siècles et après de si nombreuses révolutions ?

Le Chancelier au généreux cœur, loin de chercher,
comme tant d'autres, à exciter les passions, prêche la
concorde et la tolérance. Dans son patriotisme et sa
haute raison, il défend la souveraineté nationale, l'État
laïque, qu'il veut sauver des entreprises cléricales. « Il ne
s'agit pas, dit-il, de régler la Foi, mais de régler l'État.
Plusieurs peuvent être citoyens, qui ne sont pas chrétiens. Même l'excommunié ne laisse pas d'être citoyen...
Comme citoyens d'un même pays, nous formons une seule
et vaste famille... » — Cela encore, n'avons-nous pas à le

redire chaque jour? Et ne se trouve-t-il pas encore des gens, toujours les mêmes depuis trois siècles, pour oser contester des vérités si évidentes?

Dans ces mêmes États de 1560, la Noblesse et le Tiers demandent des assemblées périodiques à époques fixes. Ils proposent de régler les cas où la convocation des États sera de plein droit. Ils veulent que le vote de tout impôt, sans exception, soit soumis aux mandataires de la Nation. Enfin, ils dépassent la hardiesse de leurs prédécesseurs en revendiquant énergiquement le droit de paix et de guerre, allant jusqu'à demander la faculté pour tout sujet du Roi de poursuivre ceux qui, à un degré quelconque, auraient contribué à lancer la France dans une guerre sans l'assentiment des États [1]. — Ah! si ces honorables tentatives des États de 1560 n'eussent pas échoué, combien de malheurs, combien de désastres publics et privés eussent été dès lors prévenus! Que d'argent et de sang épargnés à la France depuis ces trois siècles!

Les États de Pontoise, au mois d'août 1561, furent très importants aussi, du moins quant au nombre des réformes sollicitées de nouveau par les représentants du Tiers État. Ils demandèrent notamment la convocation des États tous les deux ans, la liberté religieuse, l'unité dans la justice, le vote de l'impôt, l'interdiction de toute guerre offensive sans le consentement des États, l'instruction gratuite,

1. G. Picot, *Histoire des États généraux*, t. II, p. 378.

moyennant l'établissement auprès de chaque collégiale
d'un précepteur ou instituteur élu par les chanoines, les
maires, les échevins, et quarante notables ; enfin, chose
nouvelle et remarquable, la vente de tous les biens du
Clergé, dont le produit devait être employé à éteindre
la dette, à alléger certaines impositions ; sauf à fournir aux
membres du Clergé un traitement et une indemnité con-
venables. En outre, l'article 49 contenait le principe du
libre échange.

Trois ans après la réunion de cette mémorable assemblée, la municipalité de Pontoise fondait le collège com-
munal de cette ville. Et, en 1570, parut le premier registre
de l'état civil, conformément à la célèbre Ordonnance
rendue à Villers-Cotterets par François Iᵉʳ, en 1539, trente
et un ans auparavant. C'était un signe d'affranchissement
de la société laïque secouant le joug clérical.

De plus en plus, le Tiers État avait conscience de sa
force, de ses droits et de ses devoirs. Un protestant, François Grimaudet, avocat du Roi à Angers, choisi pour représenter le Tiers aux premiers États de Blois en 1576,
prononce dans l'assemblée électorale de la ville les paroles
suivantes : « Qu'est-ce que le Tiers État ? Si l'on considère les services rendus, c'est lui qui est tout et qui fait
tout, c'est lui qui soutient les guerres, qui en temps de paix
entretient le Roi, laboure la terre, fournit toutes les choses
nécessaires à la vie. Et, pour prix de son travail, qu'est-
ce qu'il obtient ? D'être taillé, pressuré, molesté. Le pauvre

peuple est comme la brebis qui tend le dos pendant qu'on
lui ôte la laine : il est tant foulé qu'il en est courbé!...
En regard de ces pauvres gens qui vendent leur lait, leur
vache, leur porc, pour acquitter les taxes, gabelles et subsides, qui ne mangent que du pain et ne boivent que de
l'eau, voyez l'état des prêtres, des abbés et des moines !
Ils vivent en délices le jour et la nuit ; ils sont lubriques,
paillards, simoniaques, vêtus de pourfilures et broderies,
testonnés, épongés et parfumés, semblables à des amoureux, à des prêtres de Vénus et non de Jésus, traînant
après eux écuyers, palefreniers, laquais, ruffians, maîtres
d'hôtel, courtisanes pompeuses et triomphantes, meutes
de chiens de chasse, oiseaux de vènerie et de volerie,
nombre de grands chevaux, et autres infinis bagages.
Considérez maintenant l'État des Nobles ! Ducs, barons,
chevaliers et autres magnifiques seigneurs, avortons dé-
générés de leurs pères, aussi débonnaires envers l'ennemi,
aussi peureux de l'offenser, qu'on les voit terribles à
battre et outrager le bonhomme au village ! Ils sont
magnanimes comme Hercule pour faire violences infinies aux pauvres gens, pour voler le bien du marchand,
mais ne bougent de leurs maisons quand la nécessité des
guerres les appelle aux champs de bataille... Et vous,
juges ? Votre justice est une boutique ; vous êtes les sangsues, les bouchers, les harpies et les griffons du peuple ;
vous vous engraissez de sa substance !... » Aux accents
d'une telle philippique, les mauvaises consciences de-

vaient trembler, les fronts blêmir. *Tacita sudant præ-cordia culpa.*

C'était sous la pression de l'opinion publique que ces États de 1576 allaient se réunir : les partis en présence, catholiques, huguenots, les appelaient également; et les protestants, on le voit, ne se montraient pas les moins ardents, espérant y jouer un rôle. Leurs illusions durèrent peu : l'association puissante de la Ligue, qui venait de se former, devint facilement maîtresse des élections, grâce aux encouragements et aux appuis secrets qui lui venaient de la Cour. Les mémoires du temps abondent en récits des manœuvres conduites par la reine mère. Les officiers (fonctionnaires) royaux avaient reçu ses instructions sur les moyens de faire échouer les huguenots et les malcontents.

Dans certaines provinces, ceux de la Religion réformée, certains d'avance de leur défaite, n'essayèrent même pas de lutter ; dans les bailliages où ils avaient des chances d'obtenir la majorité, on prit soin de leur cacher l'heure et le lieu des assemblées préparatoires, qui furent annoncées au prône catholique seulement. Quelques nominations qui leur étaient favorables furent, disent les contemporains, annulées illégalement. De telle sorte qu'ils échouèrent presque partout. Vainement le roi de Navarre et les princes de la Religion réformée envoyèrent à Blois des délégués chargés de faire entendre des protestations à l'Assemblée ; les délégués ne furent point reçus et on

les empêcha de communiquer avec les États [1]. Au reste,
le chancelier de Birague, qui porta la parole dans cette
Assemblée, y mit la même véhémence qu'y eût mise Grimaudet lui-même : il se montra sévère aux vices des gentilshommes qui voulaient jouir de privilèges sans supporter les charges qu'acceptaient leurs ancêtres. « Le
Tiers État, cet Ordre qui embrasse tant de classes diverses, » lui paraît le plus utile de tous, « étant semblable
aux nerfs et veines du corps humain, qui lui donnent force
et nourriture et sans lesquels le corps ne se pourrait soutenir ». Or le Tiers est dans une telle détresse qu'il « est
prêt à succomber, s'il n'est promptement secouru ». Le
Chancelier ajoute que « les pauvres laboureurs et habitants des campagnes, sans lesquels on ne peut vivre, ont
été si maltraités, tant abattus et foulés, qu'ils n'en peuvent plus ; desquels on doit prendre pitié. » Le reste du
Tiers État lui inspire un intérêt moins pressant : « car,
pour ceux de la Justice, ils ne se sont pas maintenus en
leur devoir, intégrité et prudence ; les financiers, en leur
fidélité ; les marchands, se ressentant de la misère commune, n'ont plus ni bonne foi ni loyauté... » Ces paroles,
qui font la part de chacun, n'en ont que plus de poids en
faveur du pauvre monde de la campagne, qui, plus que
tous, émeut la pitié de l'éloquent orateur.

Aux autres États de Blois en 1589, Bernard de Dijon
dit à Henri III, en lui montrant la misère du peuple

1. Voir Tartière et Le Charpentier.

accablé d'impôts : « Si encore de telles nouveautés eussent servi au profit de Sa Majesté, on pourrait dire que
nos plaintes ne sont ni justes ni raisonnables. Mais quoi,
Sire! tout le monde sait que les gens d'armes sont sans
monture, le soldat sans solde, les gages de vos officiers
barrés et retranchés, les pensions dues, les rentes non
acquittées, le domaine engagé, et toutes les finances dis-
sipées! Et néanmoins on projette encore de faire accrue
de subsides et levées de nouveaux deniers; sur qui, Sire?
Sur un pauvre passant détroussé, nu et mis en chemise
(ainsi faut-il parler de votre peuple). Or il n'y a point de
plus prompt remède que de répéter (réclamer) les deniers
de ceux qui, en foulant et opprimant vos sujets, ont butiné
tant de richesses! Il est temps de presser l'éponge trop
remplie. Le secours sera prompt et facile, parce que les
deniers ne sont hors du royaume, ni en Allemagne ou à
la banque de Venise; ils sont aux coffres de quelques
particuliers, qui, abusant de vos grâces et faveurs, se sont
enrichis et élevés excessivement... C'est ainsi que nos
pères français en ont usé aux pareilles afflictions et nécessités du royaume, mêmement aux temps et règne du roi
Jean, où les mauvais conseillers et administrateurs des
deniers publics furent recherchés et nommés en pleins
États avec honteuse diffamation... » L'orateur conclut en
demandant au Roi de vraies et bonnes Ordonnances, non
seulement bien rédigées, ce qui n'était pas rare en France,
mais fidèlement exécutées, ce qui se voyait moins souvent.

Ce discours excita un enthousiasme général : le député de Dijon fut acclamé, remercié par les trois Ordres, félicité par ses collègues, et tout autant par les conseillers du Roi les plus résolus à empêcher les réformes que réclamait ce discours. En effet, les belles paroles de Bernard de Dijon, prononcées au lendemain du meurtre des Guises, n'empêchèrent point Henri III d'ajouter aux assassinats les coups d'État, ni de garder pour otages le président même de l'Assemblée et quatre autres députés arrachés à leurs délibérations.

Mais qui peut dire que de bonnes vérités, exprimées en net et ferme langage, soient jamais inutiles ? Déposées dans la mémoire et dans la tradition des gens de bien, elles germent tôt ou tard et profitent du moins aux descendants. La gloire du règne de Henri IV, par exemple, n'appartient pas toute à ce prince. S'il a eu, avec son ministre Sully, la plus grande part à cette révolution pacifique, à ces progrès de tout genre qui, dans l'espace de vingt ans, relevèrent le royaume, il est incontestable que les États généraux et leurs vœux répétés avaient fourni dès longtemps plusieurs éléments de cette grande œuvre. Ce qu'ils avaient vivement réclamé à plusieurs reprises, Henri et Sully le réalisèrent. Les princes, quel que fût leur génie, mirent toujours à contribution les travaux, les vœux, les projets de la période précédente. Charles V et Louis XII avaient déjà montré quel parti la sagesse royale pouvait tirer des assemblées d'États; on ne fait que

revendiquer ce qui appartient légitimement aux assemblées du xvi° siècle, en disant que les députés rédacteurs
des Doléances d'Orléans, 1560 ; — de Pontoise, 1561 ;
— de Blois, 1576, — et de Rouen, 1589, et 1596, avaient
préparé de loin la grandeur du règne de Henri IV [1].

En résumé, à dater du xvi° siècle, le Tiers État a conscience de son importance et de sa force ; il conquiert une
autorité et une influence légitimes ; il prépare et dirige
l'œuvre de la Royauté ; tantôt poussant celle-ci en avant,
lui traçant les réformes nécessaires ; tantôt entreprenant,
par un sévère contrôle, de l'assagir et de la régler ; lui
servant tour à tour d'aiguillon et de frein.

1. G. Picot, *États généraux.*

CHAPITRE VII

LES LÉGISTES

Dans la préparation des élections, en France, au xvᵉ et au xviᵉ siècle, ceux que l'on chargeait de rédiger les *Cahiers de Doléances* du Tiers État, c'étaient naturellement les légistes. Les plus distingués d'entre eux se trouvaient ainsi tout portés pour représenter aux États le Tiers, dont ils étaient déjà l'organe. La grande majorité des députés de ce troisième Ordre se composait de gens d'affaires, d'avocats, de docteurs. Parfois la Noblesse elle-même préférait, à des représentants pris dans son sein, des roturiers choisis parmi les hommes les plus habiles du barreau, gens laborieux, rompus aux affaires et ayant la parole en main : le souci de ses intérêts à bien défendre l'emportait alors sur celui de son orgueil.

C'étaient les légistes qui, depuis le règne de Louis le Gros, avaient rédigé la plupart des Chartes d'affranchissement des Communes, soit agricoles, soit urbaines, pour les libres tenanciers et pour les francs bourgeois.

Les légistes étaient en quelque sorte le cerveau de
cette bourgeoisie née du travail, comme les négociants
en étaient les muscles. Tandis que ceux-ci faisaient pré-
valoir les idées d'ordre dans les finances, les hommes
de loi portaient la lumière dans le chaos des coutumes
divergentes et des mille justices féodales : en opposition
aux prétendus droits seigneuriaux, aux tyrannies arbi-
traires, ils constituaient le droit vilain et bourgeois, dont
ils puisaient les éléments à une double source : les traditions nationales, et le Droit romain.

Les notions de ce Droit s'étaient répandues par l'enseignement dès le douzième siècle : plus ou moins modifié
par l'usage, ce Droit, au fond, était demeuré celui des provinces méridionales; mais à cette époque il se répandit
au delà, et jusque dans le nord. La confusion des coutumes multiples,[1] ramenée à la belle unité de ce Droit
magistral séduisit les esprits français, épris de logique.
D'ailleurs le caractère autoritaire dont il était empreint
et qui avait achevé de se marquer à l'époque impériale,
sous les Antonins, convenait à des gens qui voulaient établir un pouvoir fort contre des tyrannies disséminées. Le
zèle des légistes fut donc grand à professer et propager
l'idée que le Roi en France, aussi bien qu'autrefois l'Em-

1. La rédaction et la codification des coutumes, par les soins des
légistes, dans le dessein de fixer authentiquement le Droit, eut lieu
principalement sous trois règnes : Charles VII la fit commencer en
1453, ordonnant « de rédiger les coutumes plus solennellement et plus
exactement »; l'œuvre se continua et s'exécuta pour la plus grande
partie sous Louis XII; abandonnée après lui, elle ne se termina que
sous Henri IV.

pereur à Rome, devait rester maître absolu de tous, tant
des nobles que des vilains, tant des prêtres que des laïques. « Sy veut le Roy, sy veut la loy, » devint la maxime
de la bourgeoisie nourrie de cette moelle vigoureuse.

Le roi de France n'est plus seulement suzerain par la
grâce de Dieu ; la renaissance des études juridiques lui
apporte une force nouvelle : il est le *princeps* de la loi
romaine ; il est affranchi de toutes lois, une Ordonnance
de Charles V l'affirme sans ambages. Autour de ce monarque, qui à présent domine de si haut la hiérarchie féodale, siègent les Gens du Roi, hommes de lois et de finances : au nom de la suzeraineté, au nom du droit divin, au
nom du droit romain, tous ces chevaliers ès lois, du Parlement, de la Chambre des Comptes ou de la Chambre du
Conseil, portent de rudes coups à l'autre Chevalerie, rui-
nent d'abord les privilèges, ensuite jusqu'aux libertés légitimes et nécessaires, et établissent la Royauté seule debout sur les ruines de la féodalité.

A l'origine, c'était dans la Noblesse, parmi les gens
d'épée, qu'étaient choisis la plupart des baillis royaux,
des sénéchaux, des membres du Parlement ; à dater de
Philippe le Bel, ils furent pris en grand nombre parmi
les gens de loi, et avec leur aide la Royauté commença
et poursuivit énergiquement la guerre juridique, la guerre
à coups d'arrêts contre les seigneurs.

D'autre part, les légistes furent aussi d'un très grand
secours aux rois contre la papauté. Aux premiers États

généraux, ils soutinrent vigoureusement Philippe le Bel
contre Boniface VIII, combattant les usurpations cléricales, déjouant les fraudes pieuses, perçant à jour les
fausses Décrétales, mettant la raison et le droit à la place
de la foi aveugle, trouvant les formules nécessaires qui
résolvent les situations. « La Papauté ne se releva pas de
leur première et rude attaque, et dès 1303 la Royauté
française fut sécularisée [1]. » Si la France resta, de nom,
« la fille aînée de l'Église, » de fait elle montra qu'elle
était émancipée. Les légistes, peut-être sans songer si
loin, avaient, en sauvant l'indépendance des rois, commencé à émanciper les peuples, armé la société laïque.
On peut, après cela, leur pardonner, surtout si l'on tient
compte des temps, de n'avoir pas eu souci de la liberté
autant que de l'égalité. La liberté ? est-ce qu'on en avait
alors l'idée ? On ne connaissait que la force ou le privilège. Les privilèges opposés se tenaient en échec, et
c'était tout. On ne peut partir que d'où l'on est. Or ce
furent les légistes qui, par eux-mêmes et autour d'eux,
de proche en proche, donnèrent une vive impulsion au
mouvement ascensionnel de la bourgeoisie et du peuple.
Vrais promoteurs des classes moyennes, ils instituèrent,
du moins en plusieurs contrées, les parlements provinciaux, opposant dans chaque ancien centre féodal une
haute magistrature bourgeoise à la justice seigneuriale [2].

1. Bardoux, *les Légistes*.
2. *Ibid.*

Ils eurent devant les yeux deux adversaires qu'ils ne perdirent jamais de vue : la Noblesse et le Clergé. Contre l'un et contre l'autre, ils voulurent fermement que le Droit désormais ne fût ni féodal ni ecclésiastique. Ils s'attachèrent au droit romain comme à une ancre de salut, parce qu'il était un type d'unité, et la Royauté fut leur point d'appui, parce qu'elle avait les mêmes instincts [1].

Les doctrines des premiers légistes s'étaient concentrées sur trois points : affranchissement de la personne humaine, égalité dans la famille, libération progressive de la terre. La liberté humaine comme principe de l'état des personnes, ce point fondamental, c'est la gloire des légistes de l'avoir proclamé. Nous avons cité les paroles de Beaumanoir, qui méritent d'être rappelées : « Au commencement, tous furent francs, d'une même franchise, comme, selon le droit de nature, chacun doit être franc. » Le servage cesse donc de reposer sur un prétendu droit naturel ou divin, et n'est plus qu'un fait du hasard. Par conséquent, l'enfant, non seulement né, mais porté dans le ventre de sa mère pendant la liberté de celle-ci, est considéré comme libre. La filiation par mère libre a des effets civils que ni les vicissitudes du sort ni la volonté ne peuvent faire perdre. Voilà pour l'individu; voici maintenant pour la famille. Jusqu'au douzième siècle, les mariages contractés par les serfs sans le consentement du maître étaient annulés. Vers la fin de ce siècle, le pape

1. Bardoux, *les Légistes.*

Adrien IV, le seul que l'Angleterre ait donné au Saint-
Siège, eut l'heureuse idée d'abolir cette faculté d'annula-
tion. Cette mesure libérale s'explique par la nationalité et
l'origine de ce pape : Nicolas Breackspear, sorti d'une
très humble condition, avait, dit-on, été serf. Les légistes
alors, sans parti pris, laissent de côté pour un moment
leur lutte habituelle contre la papauté, et poursuivent sur
ce point l'œuvre du pape. « Des litiges multipliés s'élevaient sur les *formariages*, droit que payait un serf pour
épouser une femme franche ou d'une autre seigneurie [1].
Des difficultés naissaient aussi des *parcours*, conventions qui réglaient d'avance la propriété des enfants serfs
mariés et de seigneuries différentes. La doctrine des légistes restreint successivement le droit de *formariage*
dans son application, et s'efforce de détruire les effets des
parcours, quand ces conventions attaquent la filiation par
mère. Grâce à la jurisprudence, toute une classe nouvelle se forme, dans les campagnes, vers la fin du quatorzième siècle [2]. » Voilà pour la famille.

Le troisième point regarde la libération progressive de
la terre : cette protection donnée à la personne du manant est étendue à sa propriété; le seigneur n'aura aucun
droit sur elle. Bientôt permission est donnée aux serfs
de faire entre eux tous les contrats, et, enfin, d'acheter
ensemble le fonds d'un homme libre, pourvu qu'ils ap-

1. Voyez ci-dessus, ch. II.
2. Paul Lacombe.

partiennent au même seigneur [1]. La doctrine s'ingénie pour régulariser cette possession et l'affermir entre les mains des vilains. Nous avons expliqué la formation de ces communautés [2], une des forces que la législation favorisa, parce qu'elles créaient l'esprit de famille et fortifiaient la résistance à la seigneurie; nous avons vu comment s'en dégagea ensuite, bien lentement, la propriété personnelle. Les épargnes s'amassant et croissant peu à peu dès le treizième siècle, de nombreuses Ordonnances, sous l'inspiration des légistes, autorisent l'acquisition des fiefs par les roturiers au moyen de ces épargnes; innovation grosse de conséquences infinies : en droit, l'abîme entre la seigneurie et le servage était comblé; l'épargne, fruit du travail, l'avait rempli.

Ce qui se passa alors, dans des proportions plus larges et par groupes, c'est ce qui avait eu lieu dans l'antiquité pour les individus seuls, lorsque certains esclaves, plus intelligents et mieux doués, au moyen d'un petit pécule lentement amassé, avaient conquis leur affranchissement. Ici comme là, l'épargne, cristallisation des efforts constants, l'épargne née du travail et de la volonté, soit dans la geôle, soit sur la glèbe, l'épargne, tirée de la moelle de la vie servile, a mis fin à l'état servile.

Et qu'est-ce, à présent, que la bourgeoisie levant la tête en face des barons féodaux? C'est la conquête pacifique

---

1. Beaumanoir, ch. XLVIII.
2. Chapitre II, 2ᵉ partie.

du travail, éliminant la conquête violente de la guerre ;
c'est l'antique « raison du plus fort » réduite à reculer
devant la moderne raison du plus sage. Grâce à Dieu et à
la pensée, à mesure que l'humanité se dégagera de la
force brutale, il en sera de plus en plus ainsi. La loi de
la sélection naturelle, après s'être exercée par la violence, s'exercera par la liberté. A la lutte pour la vie ma-
térielle succédera, lentement mais sûrement, la lutte pour
la justice et pour la vie morale. Dans l'évolution des sociétés humaines, le type primitif, déprédateur et guerrier, ira s'effaçant de plus en plus devant le type produc-
teur et industriel, qui apporte avec lui plus de bien-
être, de justice, de stabilité.

L'avènement des légistes de la Couronne, commencé
sous Philippe-Auguste, s'achève sous saint Louis : c'est
alors que décidément ils remplacent les barons dans le
Conseil du Roi. Saint Louis avait désorganisé la ligue des
hauts barons à Taillebourg et affermi la monarchie accrue
par Philippe-Auguste et par Louis VIII : de cette royauté
nouvelle il voulut être le législateur. Aux hasards du duel,
nommé jusqu'alors « jugement de Dieu », le sage roi sub-
stitue les voies légales, le témoignage, l'enquête. L'enquête
amène la procédure, la procédure multiplie les affaires,
la multiplicité des affaires exige des hommes spéciaux;
de là le développement croissant de cette corporation des
légistes : de rapporteurs, ils devinrent juges [1].

1. Bardoux.

Les légistes, en fondant l'ordre judiciaire et le barreau, créèrent un esprit de corps, qui conserva les traditions et permit la suite dans les desseins. Étant les délégués du Tiers État, avant que les marchands et commerçants eussent partagé avec eux cet honneur, ils furent le bon sens de la Nation et les représentants naturels des masses non privilégiées. Grâce à la multiplicité croissante des offices, ils étendirent sur tous les points leur influence : en haut, près du trône, mêlés aux grandes affaires; en bas, près du marchand et du paysan, surveillant et défendant leurs intérêts respectifs, ils partagèrent leur aversion du pouvoir seigneurial et surent inspirer aux rois la volonté de le détruire, ou les moyens de le mater. « L'État fut leur idole; ils lui constituèrent une doctrine et firent tout plier devant elle. Ils usèrent la seigneurie par des procès incessants, par cette résistance de tous les jours qui maintient les imprécations et les colères ; et, quand sonna, sans qu'ils l'eussent pourtant prévue, l'heure de la Révolution, l'édifice féodal était si bien miné, qu'il s'écroula en quelques instants [1]. »

Le premier travail des légistes avait consisté à unifier et à redresser, selon le droit naturel ou ancien, le droit féodal, qui n'était, presque partout, que le chaos de la violence et l'arbitraire. Louis XI devait favoriser leur œuvre, qui concourait à son projet d'affaiblir incessamment les

1. Bardoux.

DESCHANEL.   12

seigneurs. Il y a donc une entente naturelle entre les
légistes et lui. Ils lui fournissent les formules et les pro-
tocoles. Avec leur concours, il multiplie les lettres d'anoblissement, et, dans l'intention de faire passer en des
mains bourgeoises la propriété foncière , il prodigue le
droit d'acquérir des fiefs ; ce qui est d'ailleurs pour lui
un moyen de battre monnaie. D'autre part, il garantit les
travaux des campagnes, en restreignant le plus abusif des
droits seigneuriaux, le droit de chasse [1]. En toute occasion, il fait triompher, autant qu'il dépend de lui, les idées
bourgeoises et le droit commun.

Le caractère et l'influence des légistes vont grandissant,
lorsque ce roi, en décrétant l'inamovibilité des magistrats,
leur inspire l'esprit parlementaire et les longues pensées.
Cette bourgeoisie, prépondérante par son intelligence et
par ses mœurs, va former de plus en plus une corporation
de magistrats-citoyens, usant, comme l'a dit Augustin
Thierry, de leur indépendance personnelle pour la cause
de tous et comprenant la nécessité d'un contrôle assidu
des actes du gouvernement. C'est au seizième siècle que
les légistes arrivent à leur apogée : « gallicans, ils font
rejeter par les États de 1576 les décisions discipli-
naires du concile de Trente; leur politique triomphe avec
Henri IV; » mais c'est là aussi, à l'avènement des Bourbons, que leur rôle principal s'arrête : ils commencent à
décliner de ce premier rang qu'ils avaient occupé jus-

1. Voir l'ordonnance du 11 juin 1463.

qu'alors; « leur œuvre sociale est terminée : la Royauté moderne est établie [1]. »

On s'est demandé pourquoi en France l'égalité a devancé la liberté. Cela tient peut-être d'abord à la nature même de notre race, plus avide de l'une que de l'autre. Cela tient ensuite à ce que, dans la formation de l'unité française, l'influence des hommes de loi, comme on vient de le voir, a agi, pendant de longs siècles, avant celle des hommes de lettres et des philosophes. C'est ce que M. Bardoux, dans le livre si émouvant dont nous venons de cueillir la fleur, a parfaitement mis en lumière : le mouvement social, œuvre des premiers, précéda le mouvement politique, œuvre des seconds. L'esprit de gouvernement et d'autorité devança donc le génie politique, qui a la liberté pour pôle. A part quelques essais de liberté, disséminés sur un long espace, les idées d'unité, de concentration du pouvoir, le besoin absolu de justice et d'égalité, inspirèrent les chanceliers, les gens de robe, avocats et magistrats. Ces fils du peuple, ces roturiers, luttèrent contre les privilèges féodaux, contre les tyrannies multiples des seigneurs, et à cela ne virent de meilleur moyen que de fortifier contre la seigneurie la Royauté. « Cette lutte des légistes, qui peu à peu les éleva si haut, commence aux années lugubres du moyen-âge, quand la seigneurie féodale ou ecclésiastique est toute-puissante. Elle continue après que l'Anglais a foulé le sol de la France

1. Bardoux.

et a failli en rester maître [1]. » Elle est à sa plus haute
intensité lorsque, dans les États généraux du quinzième
et du seizième siècle, les hommes de loi, unis avec les
gros marchands, deviennent les véritables représentants
de la bourgeoisie.

Il ne faut pas juger les choses du moyen-âge avec nos
idées modernes. Aujourd'hui même, après tant de révolutions, le Français est bien moins sensible à la liberté qu'à
l'égalité; l'Anglo-Saxon est le contraire. Au moyen-âge à
plus forte raison, à peine avait-on, chez nous, quelque
idée de la liberté : on ne la concevait, nous l'avons fait
voir, que sous forme de privilège et par conséquent d'injustice. Retrouver les principes du Droit antique, contrôler
par eux ceux du Droit moderne, soit coutumier, soit écrit,
en ramener les divergences à l'unité, n'était-ce pas là
l'œuvre importante, et la seule possible alors? Les légistes
étaient, avant tout, préoccupés de défendre et de fortifier,
tantôt contre la féodalité, tantôt contre la papauté, l'unité
nationale, qui se personnifiait dans la Royauté : c'était
là l'affaire capitale; le reste, lors même qu'ils l'eussent
conçu, leur aurait paru secondaire. Le premier plan des
choses change d'époque en époque et modifie les points
de vue. Ne séparons donc les légistes, pour les bien juger,
ni de leur temps ni de leur milieu. Alors nous étonne-
rons-nous si, appliqués avant tout à fonder l'unité française par a monarchie et à renverser tous les obstacles

1. Bardoux, *les Légistes.*

qui la gênaient, ils ne se contentèrent pas toujours d'abolir les privilèges féodaux, mais détruisirent aussi, en maintes occasions, les franchises municipales, et par là arrêtèrent sans le vouloir les progrès politiques du Tiers État ? Non, il n'y a pas lieu d'en être surpris ; on peut le regretter seulement : car, en retranchant les privilèges munici- paux, ils fermaient l'école où la bourgeoisie se serait formée à la liberté, comme en Angleterre. C'est cette école qui a manqué à notre Tiers État. « Les hommes de 89 purent tout faire, excepté de donner une éducation politique aux classes moyennes. Les siècles seuls peuvent déposer lentement et par couches successives dans chaque génération le sentiment réfléchi des droits et des devoirs politiques [1]. »

Mais, d'autre part, reconnaissons cependant qu'en tra- vaillant avec passion à l'unité de l'État, les légistes pré- paraient l'avènement de la souveraineté de la Nation. Eux- mêmes en furent les premiers éléments et les premiers organes. Par l'intelligence et par le travail, ils se trou- vèrent les interprètes naturels du Tiers Ordre dans les États généraux. Se rendant, ainsi, nécessaires d'une part au roi, de l'autre au peuple, ils tenaient, ils étaient eux- mêmes la balance de la justice. Bien plus : nécessaires aussi aux seigneurs, qui ne savaient ni lire ni écrire, ni régler les affaires, admis d'abord à siéger à leurs pieds, ils s'étaient peu à peu, de cette humble posture, relevés à

[1]. Bardoux.

l'égal de ces anciens maîtres et à la fin au-dessus d'eux,
ce que ceux-ci ne pouvaient supporter sans indignation
et sans rancœur. Les Mémoires du duc de Saint-Simon
laissent en mille endroits éclater cette rage. Le duc et
pair ne peut se résigner à cet avènement des légistes. Il
ne trouve pas assez de termes méprisants pour essayer
de rabaisser ces roturiers, « jadis assis aux pieds du pair
et lui passant humblement les textes dont il pouvait avoir
besoin. » Ainsi, par une série d'usurpations scandaleuses,
ces hommes de rien se sont élevés à la dignité de conseillers, de juges, de magistrats inamovibles et héréditaires;
ils ont revendiqué et on leur a reconnu le droit de vérifier
les Édits qu'ils enregistraient; ils se sont portés média-
teurs entre la royauté et le peuple; ils ont décerné la
régence! De tels empiétements sont-ils tolérables? Qu'on
se serve de ces gens-là pour la besogne qu'eux seuls
savent faire, pour grossoyer les actes et les arrêts, à la
bonne heure; mais, la besogne faite, qu'on les éloigne,
qu'on les renvoie à leur néant! — La Noblesse, sans
doute, n'avait pas attendu jusqu'à Saint-Simon pour
penser ainsi; mais, si elle subissait l'ascendant des légistes, c'est qu'elle n'était pas capable de se passer d'eux.

Par-dessus tout, les légistes, et c'est là assurément
leur plus grand titre de gloire, avaient réglé les relations si difficiles, si périlleuses, du pouvoir ecclésiastique
avec le pouvoir royal.

Leur constante préoccupation fut toujours que le Clergé

fût national, et justiciable de la loi commune. Aussi se montrèrent-ils adversaires implacables des prétentions ultramontaines, et des Jésuites dès qu'ils parurent. Tous leurs efforts tendirent à l'affranchissement de la société civile, et c'est surtout dans ce dessein qu'ils s'attachè- rent à fortifier la Royauté ; c'est dans ce dessein que, contre *la Ligue*, dirigée et inspirée par les Jésuites, ils constituèrent le parti des *Politiques*, qui facilita au Béar- nais le chemin du trône ; c'est dans ce dessein qu'après l'assassinat du roi, auteur glorieux de l'Édit de Nantes, les légistes, voyant les troubles près de renaître sous la régence de Marie de Médicis, écrivirent et lurent dans la Chambre du Tiers État, sous le titre de *Loi fondamen- tale*, une sorte de déclaration qui était leur pensée même, la pensée de ce parti des Politiques, si patriotes, si sensés, si bien équilibrés. « Le Roi de France, disait la déclaration, tenant sa couronne de Dieu seul, il n'y a puissance en terre, quelle qu'elle soit, spirituelle ou temporelle, qui ait aucun droit sur son royaume pour en priver la personne sacrée des rois, ni dispenser ou absoudre leurs sujets de la fidélité ou obéissance qu'ils lui doivent, pour quelque cause ou prétexte que ce puisse être. » Telle est leur doctrine politique constante : l'indé- pendance de la Royauté en face de l'Église, l'affranchis- sement de la société civile et laïque. Cette doctrine se complètera ensuite par les déclarations de Richelieu, ap- puyées sur les traités des plus forts jurisconsultes.

Ainsi, par le travail incessant des légistes et par leur opiniâtre volonté, se constituèrent deux grandes choses : premièrement, le Droit moderne, avec sa double racine, dans le sol français et dans l'antiquité romaine; deuxièmement, sous le nom de *libertés gallicanes*, l'émancipation nationale et l'esprit d'indépendance laïque, en ses divers degrés : d'abord la tolérance, ensuite la liberté des cultes, enfin la liberté de conscience, le droit de croire ou de ne pas croire, et, pour couronnement, l'esprit philosophique, la libre recherche, le libre examen, le respect mutuel de toutes les croyances ou incroyances, de toutes les opinions sincères; ce, enfin, par quoi l'on est homme, au lieu d'être inquisiteur, tyran et bourreau.

C'est donc à juste titre que l'histoire aujourd'hui rend témoignage à ces vigoureux roturiers, qui furent la tête de la bourgeoisie, et proclame la reconnaissance que nous leur devons, nous leurs fils. Écoutons les paroles de l'éminent historien du Tiers État, Augustin Thierry : « Les légistes du moyen-âge, dit-il, juges, conseillers, officiers royaux, ont frayé, il y a six cents ans, la route des révolutions à venir. Poussés par l'instinct de leur profession, par cet esprit de logique intrépide qui poursuit de conséquence en conséquence l'application d'un principe, ils commencèrent, sans la mesurer, l'immense tâche où, après eux, s'appliqua le travail des siècles : réunir dans une seule main la souveraineté morcelée, abaisser vers les classes bourgeoises ce qui était au-dessus d'elles, et élever jusqu'à elles ce qui était au-dessous... Ils furent soumis à la destinée commune des grands révolutionnaires : les plus audacieux périrent sous la réaction des intérêts qu'ils avaient blessés et des mœurs qu'ils avaient refoulées [1]. »

Telle fut l'œuvre considérable des légistes, âme du Tiers État. Par eux, le Droit, mieux que la force, vint à bout de la Féodalité, et le bon sens opiniâtre commença d'ébranler la Théocratie. Ils sont les fondateurs de l'unité française, et de l'indépendance nationale envers l'Église romaine et envers toutes les églises : nous leur devons donc, quoi qu'on ait pu dire, une éternelle gratitude.

1. Enguerrand de Marigny, pendu à Montfaucon, sous le règne de Louis X; Pierre de Latilly, chancelier de France, et Raoul de Presle, avocat du roi au Parlement, tous deux mis à la torture sous le même règne; Gérard de La Guette, ministre de Philippe le Long, mort à la question en 1322; Pierre Frémy, ministre de Charles le Bel, pendu en 1328, etc.

CHAPITRE VIII

Le livre des Marchands.

Contre l'esprit gallican des légistes et de la partie la plus éclairée de la bourgeoisie française, esprit de tolérance religieuse et d'indépendance nationale, s'éleva, à la fin du seizième siècle, une formidable réaction du fanatisme catholique : conjuration enragée, qui prit le nom de *Sainte Ligue*. Elle avait fait serment d'exterminer tous les sectateurs, quels qu'ils fussent, de la *Religion réformée*, sans distinction de nationalité. « L'ennemi n'était plus l'étranger, mais l'hérétique; peu importait qu'il fût Français, Espagnol ou Italien; quiconque abandonnait l'ancienne Foi était excommunié de la patrie. Telle est bien la portée des clauses secrètes du traité de Cateau-Cambrésis; la politique des Lorrains et des Valois n'a pas d'autre inspiration jusqu'à Henri IV [1]. » Réciproque-

1. E. de Pressensé.

ment, que l'affilié à cette sorte de *vente* fût français, italien ou espagnol, s'il était catholique, c'était tout : on
voyait en lui un compatriote, un frère. Du reste, dans les
guerres de religion du xvi° et du xvii° siècle, les protestants, aussi bien que les catholiques, firent appel à l'étranger. Tandis que les seconds s'appuyaient sur l'Italie et
sur l'Espagne, les premiers appelèrent les Anglais en
France et sollicitèrent l'intervention des princes allemands protestants. Les huguenots ne devinrent patriotes
et ne se rapprochèrent des *Politiques* que lorsque la couronne fut échue par droit de succession à un prince de
leur religion, Henri de Navarre. Et les catholiques, de
leur côté, n'essayèrent de nous livrer à l'étranger (l'Espagne) que lorsqu'ils furent en présence d'un prince huguenot, héritier présomptif de la couronne de France.
Quant aux Guises, ils avaient commencé par être vraiment français : incontestablement François de Guise avait
été un bon patriote, lorsqu'il avait soutenu victorieusement contre Charles-Quint le siège de Metz, du 31 octobre 1552 au 15 janvier 1553, lorsqu'il avait gagné avec
Tavannes sur le même ennemi la bataille de Renty, lorsqu'il avait pris Calais aux Anglais et Thionville aux Espagnols. La conduite des Guises ne devint ambiguë et tor-
tueuse, et leur ambition ne s'éveilla peut-être, que lorsque
voyant le huguenot béarnais en passe d'arriver au trône
de France, ils commencèrent à y songer pour eux-mêmes,
tout en faisant semblant de chercher de l'autre côté des

Pyrénées un prince ou une princesse catholique qui voulût prendre en main l'héritage de la foi orthodoxe et
sauver la Religion romaine. En réalité, dans les guerres
dites religieuses, le fanatisme, de part et d'autre, fit
oublier les devoirs envers la patrie, et il n'y eut de vraiment patriotes que ceux qu'on appela *les Politiques*.

L'Europe, comme la France, dans ce grand conflit,
était partagée : les États protestants, l'Angleterre en tête,
tenaient pour le Béarnais ; les États catholiques, parmi
lesquels dominait l'Espagne, étaient contre lui. Quant au
roi actuel, Henri III, il flottait d'un parti à l'autre. A
cette politique deux fois ultramontaine, d'au-delà des
Alpes et d'au-delà des Pyrénées, résistèrent le bon sens
et le cœur de la France. Nous avons rappelé les belles
paroles du chancelier Michel de L'Hospital : « Ostons ces
noms diaboliques : huguenots, papistes, » etc. C'est lui
encore qui s'écria, aux États généraux d'Orléans : « Le
couteau ne vaut contre l'esprit. » Il exprimait ainsi la
vraie pensée de la France, bien résolue à résister non
seulement aux empiètements de Rome, mais encore aux
convoitises de l'Espagne, embusquée avec son Inquisi-
tion derrière cette Ligue fanatique et persécutrice, dont il
disait, avec autant de raison que d'esprit, qu'elle faisait
« une France déguisée à l'espagnole ».

Autour de ce généreux esprit, se forma le parti, sensé,
modeste et ferme, qui fut nommé très justement le parti

des Politiques. Les légistes en étaient le centre et, pour
ainsi dire, le noyau. Avec eux, toute la partie éclairée,
libérale, de la bourgeoisie, le barreau, la magistrature ; et
aussi la partie de la Noblesse qui n'était pas gagnée aux
Guises. C'étaient les députés de celle-ci et du Tiers État
qui, réunis en commission à Saint-Germain, le 26 août 1652,
avaient réclamé, en faveur des Réformés, le droit de s'assembler pour l'exercice de leur culte, sous la surveillance
des magistrats. « Sire, disaient-ils dans leur adresse au
Roi, vos très humbles sujets sont d'avis qu'il est expédient à ceux de votre peuple qui croyent ne pouvoir communiquer (prendre part) en conscience aux cérémonies de
l'Église romaine, qu'ils se puissent rassembler et convenir,
en toute modestie, publiquement, en un temple ou autre
lieu à part, en plein jour et lumière ; par ce moyen, chacun sera conduit à bonne fin. » Ces libérales résolutions
n'aboutirent point, parce que l'Ordre du Clergé, s'étant
trouvé plus nombreux, fit la majorité en sens contraire.

La soi-disant Sainte Union, par la bouche de ses prédicateurs démagogues, se mit à souffler la guerre civile. Une
armée fut rassemblée ; plusieurs provinces, la Champagne,
la Picardie, la Normandie, la Bretagne, la Bourgogne, les
villes de Reims, Châlons, Soissons, Péronne, Amiens,
Abbeville, Mézières, Toul, Verdun, Rouen, Caen, Dijon,
Mâcon, Auxonne, Orléans, Bourges, Angers, Lyon, se
soulevèrent au nom du cardinal de Bourbon, oncle du
roi de Navarre et qui se qualifiait premier prince du

sang, parce qu'il était prince catholique, tandis que le roi
de Navarre était huguenot; il avait derrière lui le duc de
Guise, qui espérait le supplanter. Henri III était sommé,
sous peine de divorce avec la France, fille aînée de l'Église,
d'accomplir le vœu des derniers États généraux, la réunion de tous ses sujets au culte catholique romain. Il
céda, et le traité conclu avec les révoltés fut accom-
pagné d'un édit qui révoquait tous les précédents, c'est-
à-dire tous les édits de pacification accordés jusqu'alors
aux calvinistes. L'exercice de tout autre culte que celui de
la Religion catholique était interdit sous peine de mort.
Les ministres de la *religion prétendue réformée* devaient
sortir du royaume dans le délai d'un mois, et ses simples
sectateurs dans le délai de six mois, sous la même peine.
— Cette proscription fut encore aggravée, et un nouvel
édit, imposé par le parti ligueur, réduisit de six mois à
quinze jours le délai assigné aux religionnaires pour ab-
jurer, ou quitter la France. Tous les biens des réfractaires
et de quiconque les assisterait, directement ou indirectement, devaient être saisis, et appliqués aux frais de la
guerre que le Roi allait recommencer avec toutes ses
forces unies à celles de la Ligue. — « Ainsi s'ouvrit la
plus longue et la plus sanglante des guerres civiles du
siècle, celle dont Henri IV porta le poids pendant dix ans
avec une constance héroïque. Elle fut inaugurée, en quelque sorte, par une bulle d'excommunication qui le déclarait déchu de tout droit à la couronne de France et qui

annulait à son égard, pour le présent et l'avenir, tout devoir et tout serment de fidélité. — A la question de tolérance d'un nouveau culte, se mêlait, dans ce débat à main
armée, la question de suprématie temporelle du pape sur
le royaume ; une même attaque était dirigée contre le
principe humain de la liberté de conscience et contre le
principe national de l'indépendance de la couronne, et la
majorité des Français, par haine de l'un, semblait prête à
sacrifier l'autre [1]. »

Le Parlement, composé des personnages les plus notables du Tiers État, protesta en faveur de ces deux principes et fit au Roi de vives remontrances : « Sire, le
crime que vous avez voulu châtier est attaché aux consciences, lesquelles sont exemptes de la puissance du
fer et du feu. » C'est la paraphrase du mot de L'Hospital.
— Quant à la bulle du pape, que le Roi les requérait
d'enregistrer avec ses deux édits de proscription, le Parlement la signala avec indignation comme un attentat
contre la souveraineté du monarque et l'indépendance du
royaume.

Protestations et remontrances furent inutiles : le
faible Henri III pliait sous la Ligue. La convocation des
États de 1588 fut un acte arraché au Roi contre lui-
même. Venant après l'insurrection victorieuse qui s'appela *la journée des Barricades*, cette assemblée eut la
prétention d'établir la suprématie des États sur le pouvoir

1. Aug. Thierry, *Tiers État.*

royal, avec cette particularité, qu'elle représentait, non la
France entière, mais la France exclusivement catholique.
Il ne tint pas à elle que la Royauté ne fût mise en tutelle,
et que cette tutelle ne fût déléguée au chef de la Ligue :
elle voulut que les Ordonnances faites à la requête des
États fussent déclarées immuables et n'eussent pas besoin
d'être vérifiées en Cour de Parlement; que, pour tout
autre édit, au contraire, les cours souveraines eussent
pleine liberté de remontrances et ne fussent jamais forcées
d'enregistrer. Henri III, se sentant serré, crut s'affranchir par un coup violent, l'assassinat du duc de Guise,
puis de son frère le cardinal : il s'imaginait, en frappant
les chefs de la Ligue, avoir frappé la Ligue tout entière;
il ne tarda pas à être détrompé. L'insurrection, provoquée
par son double crime, éclata dans Paris et dans plusieurs
villes, puis d'un bout du royaume à l'autre. On pensa
même à se mettre en république, « à la manière des
Suisses [1], » et la démocratie parisienne, supprimant le
nom du Roi dans les actes judiciaires, nomma de sa
propre autorité un lieutenant général du royaume : ce fut
le frère des deux hommes assassinés, le duc de Mayenne.
Le titre qu'on lui donna était « Lieutenant général de
l'Estat royal et Couronne de France », ce qui signifiait
que le trône était déclaré vacant.

Enfin Henri III, à bout de voies, ne trouve d'autre
recours que de se jeter dans les bras du prince qu'il avait

1. Palma Cayet.

déshérité et proscrit : quatre mois après l'assassinat du chef de la Ligue, Henri de Valois et Henri de Bourbon scellent en s'embrassant au Plessis-les-Tours l'union du parti royal et du parti calviniste pour battre la Ligue maîtresse de Paris ; à quoi celle-ci riposte par le coup de couteau de Jacques Clément. « Ainsi la Ligue rendit à Henri III crime pour crime, et le même coup vengea sur lui l'assassinat des Guises et les meurtres de la Saint-Barthélemy [1]. »

Il fallut encore quatre années de combats sans trêve pour que Henri IV montât sur le trône et que, avec le secours de quelques nobles esprits, entre autres Jean Bodin, lointain précurseur de Montesquieu, il ramenât peu à peu la plus grande partie de la nation à l'esprit de tolérance de 1560.

En attendant, le 20 juin 1593, une décision des États de la Ligue donnait la couronne de France à l'infante d'Espagne et à son futur époux [2]. Indignés de cette trahison, les députés de Paris, du Vair en tête, quittèrent la salle et coururent dénoncer ce vote de forfaiture au patriotisme du Parlement. Toutes les chambres se réunirent pour en délibérer. L'existence même de la Nation était en jeu, la gravité du débat tenait les esprits irrésolus. Du

---

1. Aug. Thierry, *Tiers État*.
2. Voir les actes des États généraux de la Ligue, en 1593, publiés par Auguste Bernard, dans la *Collection des Documents historiques* (in-4°), éditée sous la haute direction du Ministère de l'Instruction publique. Cette publication est celle qui montre le mieux la physionomie des États de la Ligue.

Vair, à la fois député et conseiller, osa parler : il retraça d'abord les lointains cheminements de la politique espagnole, cette habile captation de la volonté d'un peuple, cette main-mise insidieuse tentée sur son indépendance ; tant de ressorts, sacrés et profanes, obéissant à une impulsion cachée et servant la même ambition ; les prétextes les plus spécieux couvrant la perversité des moyens ; l'Église complice de l'émeute et de l'assassinat, les prédicateurs et les pamphlétaires soudoyés ; toute cette vaste conspiration savamment ourdie, soutenue avec ténacité, touchant enfin à la victoire et se démasquant par le scandale de son succès [1]. « Seize coquins de la ville de Paris vendent au roi d'Espagne la Couronne de France, lui en donnent l'investiture et lui en prêtent le premier hommage !... Réveillez-vous donc, messieurs, et déployez l'autorité des lois !.. Quand nous oublierions qui nous sommes, quand les vêtements que nous portons, les tapis sur lesquels nous siégeons, ne nous rappelleraient point que nous sommes les dépositaires des lois et des droits de la Couronne, si est-ce que le langage que nous parlons doit nous faire souvenir que nous sommes Français ! » Entraîné par ces paroles éloquentes, le Parlement fit son devoir, et le parti des Politiques put se vanter d'avoir déjoué le complot le plus anti-national qui fut jamais.

---

1. Voir Ch. Aubertin, *l'Éloquence politique et parlementaire en France avant* 1789.

Ce parti, d'abord peu nombreux, mais qui s'accrut par le succès, combattit successivement les ambitions des princes lorrains, les prétentions de la Cour romaine et les convoitises espagnoles. C'était donc le parti gallican par excellence, dans toute l'acception et la force du mot, le parti français, le parti national, ennemi de toute domination imposée du dehors, le parti de la tolérance et de la paix, le parti de la raison et de l'humanité.

L'anti-Guisard fut sa première déclaration de guerre. Ce pamphlet révélait la main d'un partisan du roi de Navarre, sous le manteau d'un catholique modéré. En combattant les ambitions des Lorrains, l'invasion de la politique espagnole et les influences ultramontaines, il prêchait la paix, la conciliation, et proposait certaines idées de transaction, qui devinrent en quelque sorte le programme du parti.

Les chefs de la Ligue reconnurent bientôt, dans « ces moyenneurs, qui prétendaient marier le presche et la messe et les faire vivre coste à coste pacifiquement, » leurs plus redoutables adversaires, les bourgeois de Paris, les vrais patriotes, ceux qui tenaient en échec tour à tour les gens d'Église et la Noblesse, et en qui l'amour du pays développait le sens politique. « Le Politique est un homme sensé, judicieux, qui trouve que le premier bien en ce monde est d'être maître chez soi, Français en France, Parisien à Paris, sans avoir besoin d'être protégé par les soldats du roi d'Espagne, admonesté par le Légat et confessé par les Jésuites [1]. » C'est le parti des gens qui travaillent et qui raisonnent, des gens qui veulent rester maîtres de leur avoir, de leur pays et de leur conscience.

Du Plessis Mornay en est le principal écrivain : on l'a appelé avec justesse le grand-maître de la controverse protestante et royaliste. C'est lui qui adresse une remontrance aux Trois États contre la Ligue ; aux invectives des pamphlétaires ligueurs il oppose des raisons, des faits : pendant qu'un écrivain du parti adverse, Louis d'Orléans, s'emporte à l'idée de voir deux religions dans l'État, Mornay tranquillement cite l'exemple de la Suisse, de l'Allemagne, de la Pologne, où cette liberté existe sans entraîner la ruine de la société.

Près de Mornay, combat Michel Hurault, qui semble par l'esprit et le courage un petit-fils de Michel de L'Hospital. Sa voix, à lui aussi, est celle du patriotisme. L'idée « qu'une Espagnole pourrait s'asseoir sur le trône de France » lui fait bondir le cœur : « Sus donc, montrons à ce coup si nous avons en l'âme quelque reste de sang français ! Que le devoir de sauver notre liberté et l'appréhension d'une si misérable servitude étouffent toutes nos vieilles querelles ! Ensevelissons-les dans l'amour de notre pays ! il n'y a plus d'autre parti que le Français ou l'Espagnol ! »

Avec Du Plessis Mornay et Michel Hurault, viennent

1. C. Lenient, *La Satire en France.*

Estienne Pasquier, Hotman, Pithou, Henri Estienne, Florent Chrestien, Rapin, Passerat, Pierre Le Roy, principal inspirateur de la *Ménippée*, et Jacques Gillot, chez qui elle vint au monde.

Mais, avant de nous arrêter à ce pamphlet célèbre, il faut dire quelques mots d'un autre qui eut aussi son retentissement et son effet ; il est intitulé : *Le livre des Marchands*.

Plus la bourgeoisie parisienne était déjà une puissance avec laquelle il fallait compter, plus le parti des Lorrains essayait de la séduire. Ce fut pour la prémunir contre ces tentatives qu'un politique, Régnier de La Planche, écrivit le livre dont il s'agit, où il fait appel à deux sentiments, le sentiment national et la fidélité monarchique. Il allèche les bourgeois par de douces paroles : « Quels trésors d'esprit et de bon vouloir, dit-il, sont mêlés parmi les draps, les laines, le cuir, le fer, les drogues et les merceries ! Quelles richesses d'âme enfouies ès corps méprisés de tant de louables bourgeois !.. » Au moment où la scène s'ouvre, le cardinal Louis de Guise, voulant faire dans Paris une entrée un peu trop superbe, vient d'être malmené par le maréchal de Montmorency qui a rudement barré le passage au cortège princier du Lorrain dans le milieu du faubourg Saint-Denis ; l'escorte du cardinal a été piteusement mise en déroute ; le cardinal lui-même, renversé dans la boue, confus, s'est sauvé jusqu'à Metz. L'auteur, bon flâneur parisien, pas-

sant par le faubourg, à ce qu'il dit, demande d'un air bonhomme à quelques habitants et bourgeois, assemblés à
causer sur le pas de leurs portes, pourquoi donc ils ont
ainsi laissé maltraiter ce pauvre cardinal, au lieu de le
défendre.

— « Et pourquoi donc plutôt, réplique vivement un
marchand drapier, aurions-nous défendu ces étrangers
récemment implantés en France et qui sentent encore la
sauvagine des mœurs paternelles? La noblesse des Guises,
dont on fait tant de bruit, est un peu jeune à côté de celle
d'un Montmorency ou d'un Condé, voire même de certaines bourgeoisies de vieille souche et de bon aloi, comme
celle des Clers, des Bourcier, des Marcel, qui remontent
à trois cents ans et au delà!... Ces Guises sont des insolents
et des pillards, qui ont élevé leur fortune aux dépens
de tous, — du Clergé, des Nobles, du Peuple! ils font de
l'Église leur patrimoine [1] »

Après le drapier, c'est le marchand de soie, grand ami
de l'ordre, qui blâme l'humeur arrogante et belliqueuse
du cardinal. — Le pelletier, qui parle ensuite, met en
doute l'orthodoxie elle-même du prélat. — Le droguiste,
ou apothicaire, critique l'esprit de rébellion des Guises et
pose en maxime le principe de l'obéissance au Roi. — Le
mercier, qui a la tête près du bonnet, se déclare tout dis-

1. Charles de Lorraine était à la fois archevêque de Reims et de Nar-
bonne, évêque de Metz, de Toul, de Verdun, de Térouanne, de Luçon
et de Valence, abbé de Saint-Denis, de Fécamp, de Cluny, de Mar-
moustier, etc.

posé, quant à lui, à prendre l'arquebuse pour défendre
« les Trois Etats et la loi salique, ces colonnes de la monarchie française, contre lesquelles viendront se briser
les ambitions des Guises et de l'Espagne! » — L'orfèvre
trouve qu'il n'y a rien de tel au monde que d'être né chrétien, Français et Parisien, et se demande qui diantre
voudrait échanger ces titres contre ceux de Lorrain et de
Guisard! — Un autre compare le Cardinal à un mulet et
développe avec un sérieux plaisant ce parallèle... Etc.

Tel est, en raccourci, *le Livre des Marchands*, le meilleur des pamphlets lancés contre les Guises par le parti
des Politiques et le digne précurseur de *la Ménippée*.

CHAPITRE IX

Venons enfin à ce roi des pamphlets. On ne nous saura pas mauvais gré d'en indiquer non seulement le cadre, mais le plan général, les parties principales, et d'en cueillir rapidement la fleur.

La *Satyre Ménippée*, c'est la victoire de la bourgeoisie nationale sur la démagogie cléricale et ultramontaine. A ce titre, elle a droit, dans notre étude, à une place particulière et large. La question, d'ailleurs, n'est pas seulement du seizième siècle, elle est du dix-neuvième aussi.

Au quai des Orfèvres, près du Palais-de-Justice et de la Sainte-Chapelle, demeurait un conseiller-clerc au Parlement, homme d'esprit et lettré, Jacques Gillot, qui, ayant bonne table et bons livres, réunissait chez lui assez souvent une sorte de petit cénacle, où l'on s'entretenait des affaires du temps. Ce fut là que germa la *Satyre Ménippée*, dans la maison même, dit-on, où devait naître plus tard Boileau. — Jacques Gillot avait préludé à ce pamphlet par ses *Chroniques Gillotines*, sortes de *Guêpes* du temps de la Ligue.

Toutefois, la première idée de cette *Ménippée* moderne vint non pas de Gillot lui-même, mais de Pierre Le Roy, chanoine de Rouen, secrétaire ou aumônier du cardinal de Bourbon. Il ne s'agissait, en ces commencements, que de contreminer les sapes des ambitions lorraines qui, tout en poussant le cardinal en avant comme futur roi, méditaient de le supplanter, le cas échéant. Le reste de la *Satyre* vint ensuite, quand le pamphlet se forma peu à peu sous le coup des circonstances et fit boule de neige. Un mot de l'historien De Thou indique l'estime très sérieuse que l'on avait pour le caractère de ce bon chanoine : « *Vir bonus et a factione summe alienus :* Homme de bien et ayant horreur de toute faction ». Cela nous explique comment Pierre Le Roy, tout en étant attaché à la personne du cardinal de Bourbon, conçut cependant la première idée de ce pamphlet, qui devait d'abord mater l'ambition des Guises, combattre ensuite le projet d'une royauté espagnole, et enfin préparer la chute de la Ligue. — Avec ces deux-là, un gentilhomme de Poitou, Nicolas Rapin, qui combattit à Ivry sous le Béarnais ; puis un professeur du Collège de France, Passerat, érudit et poète ; ensuite Florent Chrestien, ancien précepteur du roi de Navarre ; enfin Pierre Pithou, avocat et jurisconsulte, brave cœur et savant esprit, collaborèrent à cette œuvre patriotique. Pour mieux dire, elle se fit toute seule.

Gille Durant couronna l'œuvre par le *Requiem de la Ligue*, au moment où celle-ci succombait sous tant de traits entre-croisés. Ce groupe railleur et militant était comme le cœur du parti des Politiques, presque tous catholiques, mais gallicans, ennemi des Jésuites et de l'étranger. Deux d'entre eux seulement, Florent Chrestien et Pierre Pithou, avaient passé par la Réforme, mais s'étaient ralliés sans bruit et sans éclat à une tolérante orthodoxie.

Représentons-nous le Paris d'alors : les Jésuites, ces étrangers, tenant garnison dans la capitale de la France, pour le compte de la Ligue, du roi d'Espagne et du pape romain ; « l'émeute dans les rues, la garnison espagnole au Louvre et aux portes de la ville ; les prédications furibondes des Lincestre, des Hamilton et des Boucher ; la potence dressée tour à tour pour Brisson et pour les Seize ; le gros Mayenne suant, soufflant, s'épuisant à contenir et à caresser la populace qui gronde comme un dogue affamé ; lui promettant, chaque matin, des victoires et du pain, qui n'arrivent pas ; puis, dans un coin à l'écart, la petite compagnie de Gillot s'organisant en brigade pour entretenir un feu roulant d'épigrammes, de couplets et de discours plaisants, contre les Lorrains, les Seize, et le *Catholicon* d'Espagne [1]. »

Du reste, non moins prudents que résolus, — c'est là encore un trait de caractère bourgeois, — ces braves gens

[1]. C. Lenient, *La Satire en France.*

et gens d'esprit, ne se souciant d'être ni brûlés ni pendus, eurent grand soin de se garder les uns aux autres le secret de cette petite conspiration à la fois politique et littéraire, si bien que ce fut seulement dans le milieu du dix-septième siècle qu'on connut les noms des auteurs.

Ce titre d'un air antique, la *Satyre Ménippée*, se rapportait à la définition de Varron, qui appelle *satura*, ou plat farci, un mélange de prose et de vers, de sérieux et de plaisant, à l'imitation des discours et des écrits du goguenard philosophe Ménippos, immortalisé par Lucien. Ce titre, dans toute sa teneur, est d'une longueur à la mode du temps :

SATYRE MÉNIPPÉE

DE LA VERTU DU CATHOLICON D'ESPAGNE

Et de la Tenue des Estats de Paris.

C'est-à-dire des États convoqués par le duc de Mayenne en février 1593, à l'effet d'élire un roi entre tous les prétendants à la couronne. Le fond de la *Satyre* est donc la tenue de ces États « toujours promis et toujours différés par la politique de Mayenne. La salle était prête, il ne manquait plus rien, que les députés. La Noblesse, le haut Clergé, une partie même de la Bourgeoisie, refusaient d'y venir siéger. L'armée du Béarnais barrait le chemin de la capitale aux représentants des provinces... L'assemblée n'était pas réunie, que déjà l'ordre de ses séances et les discours futurs de ses orateurs étaient parodiés [1]. » Tandis que les États s'organisaient péniblement, préparaient leurs cahiers, sans réussir à s'entendre, les auteurs de *la Ménippée* avaient pris les devants.

La parade commençait à la porte. Il y avait en la cour du Louvre, — dit le texte, que nous abrégeons un peu, — deux charlatans, l'un espagnol, très bouffon et très plaisant, « ce pour quoi on l'appelait Monsieur de Plaisance » [2]; l'autre Lorrain [3]; vantant chacun sa drogue et faisant tous deux leurs tours de passe-passe devant les badauds. « Le charlatan espagnol, monté sur un petit échaffaud, jouait des régales [4] et tenait banque, comme on en voit assez à Venise en la place Saint-Marc. A son échaffaud était attachée une grande peau de parchemin, écrite en plusieurs langues, scellée de cinq ou six sceaux, d'or, de plomb et de cire; avec des titres en lettres d'or, portant ces mots : *Lettres du pouvoir d'un Espagnol, et des effets miraculeux de sa drogue, appelée* Higuiero d'Infierno [5] ou Catholicon composé.

1. C. Lenient, *la Satire en France*.
2. Le cardinal de Plaisance.
3. Le cardinal de Pellevé, que les auteurs écrivent De Pelvé, comme qui dirait *du Bassin* ou *du Pot de Chambre*. Esprit rabelaisien, dans le goût du temps.
4. Sorte de petit clavecin ou épinette, ainsi que le montre la gravure jointe au texte.
5. C'est-à-dire, *figuier d'Enfer*. Il y a tout un *Discours de l'Imprimeur* pour expliquer cette métaphore, dont le sens est à plusieurs branches. La principale est celle où Judas se pendit après sa trahison : d'où le figuier fut regardé comme un arbre maudit.

Cette pancarte donnait, pour ceux qui savaient lire, l'histoire du fameux triacleur et de sa drogue mirifique, « laquelle ne faut pas confondre avec le Catholicon simple ! » — C'est là que les prudents auteurs se mettent en règle avec l'Église, afin de pouvoir frapper plus à l'aise et sur la Ligue et sur l'Espagne. Il y a donc le Catholicon simple, qui est celui des vrais catholiques, et le Catholicon double, qui est celui des Jésuites.

Or donc ce bon marchand d'orviétan avait été serviteur chez les Jésuites, au collège de Tolède, « où ayant appris que le Catholicon simple de Rome n'avait d'autre effet que d'édifier les âmes et de procurer salut et béatitude en l'autre monde seulement, se fâchant d'un si long terme, s'était avisé de sophistiquer ce Catholicon, si bien qu'à force de le manier, remuer, alambiquer, calciner et sublimer, il en avait composé dans ce collège un électuaire souverain, qui surpasse toute pierre philosophale, et duquel les preuves étaient déduites par vingt ou trente articles, tels qu'ils s'en suivent... »

Chacun de ces articles vise ironiquement les principaux événements du temps, même hors de France : l'assassinat du prince d'Orange, celui de Henri III, et le reste. Au moyen du *Catholicon*, tout devient permis et louable ; c'est une panacée, à l'usage des princes et des peuples dans l'embarras. — Voici quelques-uns seulement de ces curieux articles :

... « *Art. III*. Qu'un roi casanier [1] s'amuse à affiner cette drogue en son Escurial, et qu'il écrive un mot en Flandre au Père Ignace, cacheté de *Catholicon* ; celui-ci lui trouvera homme, lequel, *salva conscientia* [2], assassinera son ennemi [3], qu'il n'avait pu vaincre par armes en vingt ans. »

« *Art. IV*. Si ce roi se propose d'envahir le royaume d'autrui à petits frais, qu'il en écrive un mot à Mendoce, son ambassadeur, ou au Père Commelet, et qu'au bas de sa lettre il trace avec de l'higuiero d'Infierno : *Yo el Rey*, ils lui fourniront un religieux apostat [4], qui s'en ira, sous beau semblant, comme un Judas, assassiner de sang-froid un grand roi de France, son beau-frère, au milieu de son camp, sans craindre Dieu ni les hommes. Bien plus ! ils canoniseront ce meurtrier, et mettront ce Judas au-dessus de saint Pierre, et baptiseront ce prodigieux et horrible forfait du nom de *coup du ciel;* dont les parrains seront des cardinaux, légats et primats [5] ! »

... « *Art. X*. Soyez reconnu pour pensionnaire de l'Espagne; monopolez, trahissez, changez, vendez, troquez, désunissez les princes ; pourvu qu'ayez un grain de *Catholicon* en la bouche, l'on vous embrassera ; et l'on entrera en défiance des plus fidèles et anciens serviteurs,

---

1. Philippe II.
2. En sûreté de conscience.
3. Guillaume d'Orange, que Charles-Quint, avec toutes ses flottes et ses armées, n'avait pu détruire.
4. Jacques Clément.
5. Les cardinaux Gaëtan et de Plaisance, légats; le cardinal de Pellevé, et l'archevêque de Lyon, primats.

comme d'infidèles et huguenots, quelque francs catholiques qu'ils aient toujours été. »

... « *Art. XII.* Cantonnez-vous et installez-vous tyranniquement dans les villes du roi, depuis le Hâvre jusqu'à Mézières, et depuis Nantes jusqu'à Cambrai ; soyez vilain, renégat et perfide; n'obéissez ni à Dieu ni à Roi, ni à Loi; ayez, là-dessus, en main un peu de *Catholicon*, et le faites prêcher en votre canton, vous serez grand et *catholique homme* [1]. »

... « *Art. XVI.* Voulez-vous bientôt être cardinal ? Frottez de higuiero une des cornes de votre bonnet : il deviendra rouge et serez fait cardinal, fussiez-vous le plus incestueux et ambitieux primat du monde ! [2] »

... « *Art. XVIII.* Que quelque sage prélat ou conseiller d'État, vrais catholiques français, s'ingèrent de s'opposer aux renardes entreprises des ennemis de l'État ; pourvu qu'ayez un grain de *Catholicon* sur la langue, il vous sera permis de les accuser de vouloir, tandis que Dieu s'endormira, laisser perdre la religion catholique comme en Angleterre. »

... « *Art. XX.* Que l'Espagne mette le pied sur la gorge à l'honneur de la France; que les Lorrains s'efforcent de voler le légitime héritage aux princes du sang royal; qu'ils leur débattent furieusement ou leur disputent cauteleusement la Couronne; servez-vous, là-dessus, de *Catho-*

1. Allitération et jeu de mots à la Rabelais.
2. Allusion à l'archevêque de Lyon, Pierre d'Espinac.

licon : vous verrez qu'on s'amusera plutôt à regarder hors
de saison quelque dispute de la chappe à l'évêque sur le
perron du *plessis* [1], qu'à travailler à rames et à voiles
pour faire lâcher prise aux tyrans matois qui tremblent de
peur. »

On peut voir déjà dans ce beau passage comment,
parmi les railleries gauloises, cet éloquent pamphlet rencontre, quand l'idée le demande et quand le sentiment
s'échauffe, des expressions de grand vol. Cela tout à coup
s'enlève d'un souffle puissant.

> Interdum tamen et vocem comœdia tollit.

Tels sont quelques-uns de ces articles écrits en guise
de recommandation, sur la pancarte du charlatan espagnol.

« Quant au charlatan lorrain, il n'avait qu'un petit
escabeau devant lui, couvert d'une vieille serviette, et,
dessus, une tire-lire d'un côté, et une boîte de l'autre,
pleine aussi de Catholicon, dont toutefois il débitait fort
peu, parce qu'il commençait à s'éventer, manquant de
l'ingrédient plus nécessaire, qui est l'or; et sur la boîte
était écrit : « Fin galimatias, *alias* Catholicon composé,
pour guérir les écrouelles. » Allusion à la croyance naïve
selon laquelle les rois de France avaient le pouvoir de

---

1. Jeu de mots faisant allusion à la discussion théologique qui avait
eu lieu à Tours entre du Perron et du Plessis Mornay. — *Disputer de
la chappe à l'évêque,* c'est disputer l'un contre l'autre pour une chose
où un tiers a seul intérêt.

guérir par simple attouchement ce mal horrible. Cela veut
donc dire : Pour faire passer la Couronne de France dans
la maison de Lorraine.

Voilà l'abrégé du brillant prologue où sont célébrées
les merveilles de « cette quinte-essence catholique, jésuitique, espagnole. »

A la parade des deux charlatans succède la procession
solennelle, destinée à appeler sur les États de la Ligue les
bénédictions du Ciel. — Dans la réalité, il n'y eut point
alors d'autre procession que celle des députés, lorsque,
enfin arrivés, ils allèrent faire leurs dévotions à Notre-
Dame de Paris, selon l'usage. Quant à la procession de
moines portant des armes, soit sur leurs robes, soit par-
dessous, procession si plaisamment décrite dans ce chapitre et représentée dans plusieurs estampes, avec ce mélange de costumes religieux et guerriers, c'est la parodie
des diverses manifestations cléricales qui eurent lieu pendant le siège de Paris, notamment celle de 1590. Les
auteurs de la *Satyre* mêlent tout cela ensemble pour
rendre le spectacle plus divertissant, et assaisonnent la
farce de traits drôlatiques :

« On y voyait, entre autres, *les quatre Mendiants*, qui
avaient multiplié en plusieurs Ordres, tant ecclésiastiques
que séculiers ; puis les paroisses, puis les Seize, quatre à
quatre, réduits au nombre des apôtres [1]... Tout cela mar-

---

1. Parce que le duc de Mayenne en avait fait pendre quatre, Lou-
chard, Anroux, Ameline et Simonot.

chait en très belle ordonnance catholigue, apostoligué [1]. »

En ces temps de révolution, les femmes, aussi bien que les hommes, avaient pris part aux manifestations publiques. La Ligue eut ses aventurières, comme plus tard la Fronde. Mesdames de Mayenne, de Nemours, de Montpensier, avaient harangué le peuple dans les rues; la *Satyre* les fait donc figurer, elles aussi, dans la procession de la Ligue.

La procession finie, les États s'ouvrent enfin. La *Satyre* donne successivement, avec plus d'ironie que de vraisemblance, non seulement les harangues, mais les pensées secrètes, de Mayenne, du Légat, du cardinal de Pellevé, de l'archevêque de Lyon, de M. Rose, naguère évêque de Senlis, à présent grand-maître du collège de Navarre et recteur de l'Université de Paris; puis le discours de M. de Rieux, sire de Pierrefonds, comme représentant la Noblesse, et enfin celui de M. d'Aubray, comme représentant le Tiers État.

Chaque discours est d'un style différent, approprié au caractère du personnage, et du groupe qu'il représente. Chaque orateur se peint, lui et les siens, avec des nuances variées, dans ses bouffonnes et naïves confessions. L'obésité du gros duc Mayenne se retrouve dans son style : « Par notre bonne diligence, dit-il, nous avons fait que

1. Encore des jeux de mots à la Rabelais.

ce royaume, qui n'était qu'un voluptueux jardin de tous plaisirs et abondance, est devenu un grand et ample cimetière, plein de force belles croix peintes... » Il se vante de n'avoir reculé devant aucun moyen pour le succès de son entreprise. « J'ai cent fois violé ma foi particulièrement jurée à mes amis et parents, pour parvenir à ce que je désire. Quant à la foi publique, j'ai toujours estimé que le rang que je tiens m'en dispensait assez... » A aucun prix il ne veut se démettre, cesser d'être le chef de l'État : « Hé Dieu! mes amis, que deviendrions-nous s'il fallait tout rendre? Vous prévoyez bien les dangers et inconvénients de la paix, qui met ordre à tout et rend le droit à qui il appartient!... »

Après Mayenne, c'est le Légat du pape qui prend la parole. Sa harangue est en italien bouffon, parodie des sermons de Panigarolle, qui prêchait parfois dans Paris en italien macaronique. Par-dessus cette bouffonnerie à l'italienne, on entonne un psaume en latin. Encore la bigarrure rabelaisienne, image de celle du temps. Cela sert de *finale* à la première séance des États.

La seconde s'ouvre par le discours du cardinal de Pellevé, « lequel, se levant sur ses deux pieds comme une oie, après avoir fait une très profonde révérence devant le siège de Monsieur le Lieutenant, son chapeau rouge avalé (abaissé) en capuchon par derrière, puis une autre semblable devant Monsieur le Légat, et une autre bassissime devant les dames, puis s'étant rassis et ayant toussé trois bonnes fois, non sans excrétion phlegmatique, qui excita un chacun à faire de même, commença de dire ainsi, adressant sa parole à Monsieur le Lieutenant, qui lui dit par trois fois : « Couvrez-vous, mon maître. » L'exorde du cardinal est en français, puis l'orateur continue en mauvais latin, afin que, dit-il, *habeamus aliquid secreti, quod mulieres non intelligant* [1]. S'il en faut croire ce cardinal, le Saint-Père affirme que « l'âme de Henri IV, hérétique relaps, servira de déjeuner à Lucifer, *animam ejus servituram Lucifero pro merenda pomeridiana*.... L'Esprit du Seigneur est aussi éloigné de ce huguenot que la lune est hors de la portée des loups !... » Vient ensuite un parallèle contrasté entre saint Paul et Henri IV, parodie des prédicateurs du temps. Il avoue qu'il avait compté pouvoir prendre la parole hier, jour de la conversion de saint Paul, et préparé son thème sur cet apôtre ; malheureusement le discours de Monsieur le Lieutenant général a pris toute la séance ; aujourd'hui, jour de saint Polycarpe, il devrait parler de ce saint, mais sur celui-ci il n'a rien de prêt ; voilà pourquoi il reprend son saint Paul et le mêle avec Henri IV, tout en rengainant bien des belles choses ; *et ideo cogor remittere in vaginam gladium latinitatis meæ, quem volebam stringere in conversionem istam* (*D. Pauli*). Après tout, la

---

1. « Afin que nous ayons quelque chose de secret, que les femmes ne puissent pas comprendre. » Moquerie à l'adresse des prédicateurs et des médecins.

conversion de saint Paul et celle du Béarnais lui ont paru
offrir un assez joli à-propos, un mélange agréable et un
amalgame épicé. C'est en effet une *olla podrida* d'un haut
goût.

Quand le cardinal eut fini, « Monsieur de Lyon se leva
et fit signe de la main qu'il voulait parler ; par quoi, après
que tout le monde eut sonorement et théologalement
toussé, craché et recraché, pour l'ouïr plus attentivement,
à cause de la réputation de son éloquence, il discourut
ainsi, ou environ... » Il félicite les ligueurs du succès de
leur entreprise. — Ce discours contient mainte allusion
aux mœurs très dissolues de l'archevêque... — Passons
tout droit à la péroraison : « Or, ce qui importe le plus à
nos affaires pour le présent, c'est de bastir une loi fondamentale par laquelle les peuples français seront tenus de
se laisser coiffer, embéguiner, enchevêtrer et mener, à
l'appétit de messieurs les cathédrants, voire se laisseront
écorcher jusqu'aux os, et curer leur bourse jusqu'au fond,
sans dire mot ni s'enquérir pourquoi... Surtout continuons
les Confrairies du nom de Jésus et du Cordon : car ce sont
de bons colliers pour menues gens ; de quoi nous char-
geons l'honneur et conscience de nos bons Pères Jésuites.
Et leur recommandons aussi nos espions, afin qu'ils con-
tinuent de faire tenir sûrement de nos nouvelles en Espagne, et reçoivent aussi les mandats secrets de Sa Majesté
Catholique, pour les faire tenir aux ambassadeurs, agents,

curés, couvents, marguilliers et maîtres des confrairies; et qu'en leurs particulières confessions ils n'oublient pas de défendre, sur peine de damnation éternelle, de désirer la paix, et encore plus d'en parler, ains (mais) de faire opiniâtrer les dévots chrétiens au sac, au sang et au feu, plutôt que de se soumettre au Béarnais, quand bien il irait à la Messe ! » C'est-à-dire quand bien même il se convertirait de la religion réformée à la religion catholique; ce qu'il fit en effet pour la seconde fois [1], en prononçant avec sa désinvolture gasconne le fameux mot : « Paris vaut bien une messe ! »

« Après que le dit sieur archevêque eut fini son épiphonème en grande émotion de corps et de voix, il demanda permission tout bas à madame de Montpensier de se retirer pour changer de chemise, parcequ'il s'était échauffé en son harnais. »

Aors le recteur, M. Roze, prend la parole. Son discours, éloge ironique de l'Université de Paris pendant les désordres de la Ligue, est semé, comme celui de l'écolier limousin dans Rabelais, de *vocables latins translatés en français* par les terminaisons seulement. Il raille ceux qui veulent mettre une souveraine espagnole à la tête de la France, en mariant l'infante au duc de Guise [2] : « Quittez

---

1. La première fois avait été pour échapper au massacre de la Saint-Barthélemy, alors que, jeune huguenot, il se trouvait au Louvre, à la cour de Catherine de Médicis, avec les autres jeunes princes.
2. Fils du Balafré.

donc cette vaine espérance de gynécocratie (*règne d'une femme*, contraire à la loi salique), et croyez que les petits enfants s'en moquent déjà et courent à la moutarde [1]. — Le recteur Roze, tête un peu folle, se met à dévoiler, en enfant terrible, les intrigues du duc de Mayenne, qui traitait d'un côté avec le roi d'Espagne, de l'autre avec le Béarnais pour l'endormir, de l'autre avec le Pape contre le Béarnais, de l'autre avec la Savoie, et aussi avec l'Allemagne; amusant, leurrant tout le monde, il le croyait du moins, et espérant amener la Ligue, de guerre lasse, à le couronner, lui, roi de France. Ce qu'il y a d'assez plaisant, pourvu qu'on se prête à la fiction, c'est qu'il s'adresse à Mayenne lui-même, et que, parlant à sa personne, il lui démêle les écheveaux de sa politique enchevêtrée; il en débrouille les contradictions, les mensonges et les sophismes, nœud par nœud, avec une liberté gaillarde que ne paraît pas du tout gêner son titre de recteur ni celui d'ancien évêque, tant elle est dans les mœurs du temps! Il lui échappe, à propos de l'Infante, des épithètes un peu vives et des métaphores très colorées. — Au travers de toute cette gaieté, perce le grand sens politique des auteurs de la *Satyre* : « Quand nous vous aurions élu roi, dit-il à Mayenne, vous auriez affaire au Béarnais, qui sait mille tours de Basque et qui ne dort que quand il veut et à l'heure qu'il veut. » Il vous jouerait sous jambe

---

1. Avec laquelle, pendant [le carnaval, ils barbouillaient par derrière les passants, en criant : A la chienlit !

et vous culbuterait bientôt... Cependant M. Roze en dit
tant, qu'à la fin il fatigue son auditoire et, ne pouvant plus
se faire écouter, est forcé de s'asseoir, au milieu du
bruit

Quand « la rumeur commence un peu à se racoiser »,
le sieur de Rieux, député pour la Noblesse, « quoique sa
grand'mère vendît du beurre », mais tout fraîchement
anobli par la vertu mirifique du Catholicon, et vêtu d'une
cape à l'espagnole, succède au recteur. — Il devait être
pendu plus tard, comme pillard militaire : ce qui fait dire
ici qu'avant de parler, « il mit deux ou trois fois la main à
la gorge qui lui démangeait ». — Celui-là fait la théorie
de la guerre comme il la comprend, maraudeuse, rava-
geuse, impitoyable. Après quoi, il ouvre un avis : puisqu'il
y a quatre ou cinq prétendants, et qu'on ne sait auquel
entendre, il se propose lui-même pour roi ; cela les mettra
d'accord. C'est déjà l'idée de Mayenne ; et ç'avait été
déjà celle du Balafré, Henri de Guise, avant que Henri III
ne le fît tuer. — Rieux, c'est le soudard sans conscience,
qui espère pêcher en eau trouble un trône.

Après toutes ces parodies satiriques, le député du Tiers
État, d'Aubray, prend enfin la parole. Son discours est
le plus considérable, soit par l'étendue, — pas moins de
cent pages, — soit par la force et la variété des arguments et des raisons. Il les développe et les accumule
avec une éloquence familière, où le bon sens éclate en

fusées, en vives images, en tours populaires. Le courant est d'une abondance et d'une simplicité pleines de sens ; parfois le ton s'élève, sans effort. Le discours de d'Aubray, c'est en quelque sorte l'avènement du Tiers État aux affaires, par la parole comme par les faits, par le patriotisme comme par l'intelligence, le travail et l'activité. L'échevin Claude d'Aubray était un des hommes courageux qui, avec le prévôt des marchands Le Charron, étaient allés, le jour de la Saint-Barthélemy, vers midi, trouver le roi Charles IX, pour lui demander de faire cesser le massacre. Six ans après, en 1578 et 79, on le retrouve prévôt des marchands à son tour. D'Aubray est royaliste, regrettant Henri III, il ne s'en cache point, et l'excusant du mieux qu'il peut, mais appelant désormais hautement le seul roi possible, Henri IV.

Il développe ce qui était alors la politique nationale; à savoir : une monarchie française, pour échapper à la domination étrangère, soit espagnole, soit papale. Au service de cette cause il apporte beaucoup d'idées, d'esprit, de traits ; il entasse les arguments de toute sorte, puis les pousse et les fait crouler sur les ligueurs ; il flagelle tous ces prétendants, « brigueurs ou brigands de la royauté » ! Il déplore l'état de la France : « O Paris, qui n'es plus Paris, mais une spélunque (caverne) de bêtes farouches, une citadelle d'Espagnols, Wallons et Napolitains, un asyle et sûre retraite de voleurs, meurtriers et assassinateurs, ne veux-tu jamais te ressentir de ta di-

gnité et te souvenir qui tu as été, au prix de ce que tu
es ? Tu endures qu'on pille tes maisons, qu'on te rançonne
jusqu'au sang, qu'on emprisonne tes sénateurs, qu'on
chasse et bannisse tes bons citoyens et conseillers, qu'on
pende, qu'on massacre tes principaux magistrats?... Qui
se peut vanter maintenant d'avoir de quoi vivre pour trois
semaines, si ce n'est les voleurs qui se sont engraissés de
la substance du peuple et qui ont pillé à toutes mains les
meubles des présents et des absents? Nous voilà réduits
au lait et au fromage blanc, comme les Suisses ! Nos banquets sont d'un morceau de vache pour tous mets : bien
heureux qui n'a pas mangé de chair de cheval ou de chien,
et bien heureux qui a toujours eu du pain d'avoine !... Où
est la majesté du Parlement, jadis tuteur des rois et mé-
diateur entre le peuple et le prince? Vous l'avez mené en
triomphe à la Bastille, et traîné l'autorité et la justice cap-
tives, plus insolemment et plus honteusement que n'eussent fait les Turcs ! Vous avez chassé les meilleurs, et
n'avez retenu que la racaille passionnée et de bas courage !
Encore, parmi ceux qui ont demeuré, vous ne voulez pas
souffrir que quatre ou cinq disent ce qu'ils pensent, et les
menacez de leur donner un billet comme à des hérétiques
ou Politiques ! Et néanmoins vous voulez qu'on croye que
ce que vous en faites n'est que pour la conservation de la
Religion et de l'État !... Mais la Religion catholique et romaine est le breuvage qui nous infatue et endort, comme
une opiate bien sucrée et qui sert de médicament narcotique

pour stupéfier nos membres, lesquels, pendant que nous dormons, nous ne sentons pas qu'on nous coupe, pièce à pièce, l'un après l'autre, et ne restera que le tronc, qui bientôt perdra tout le sang, et la chaleur, et l'âme!... Que fait ici monsieur le Légat, sinon pour empêcher la liberté des suffrages, et encourager ceux qui lui ont promis de faire merveilles pour les affaires de Rome et d'Espagne? Lui, qui est Italien et vassal d'un prince étranger, ne doit avoir ici ni rang ni séance. Ce sont ici les affaires des Français, qui les touchent de près, et non celles d'Italie et d'Espagne! D'où lui viendrait cette curiosité, sinon pour profiter à notre dommage? Ah! monsieur le Légat, vous êtes découvert, le voile est levé!... vous venez ici pour tirer la laine du troupeau! Mais nous voulons sortir, à quelque prix que ce soit, de ce mortel labyrinthe!... Nous n'aurons plus ces sangsues d'exacteurs et maltôtiers! Nous n'aurons plus ces chenilles qui sucent et rongent les belles fleurs des jardins de France et s'en peignent de diverses couleurs, et, en un moment, de petits vers rampants contre terre, deviennent grands papillons, volants, peinturés d'or et d'azur!... » Que si le Béarnais est huguenot, il a promis de se convertir et tiendra sa promesse. Au surplus, lors même qu'il persisterait dans sa croyance, le Pape a le droit de l'excommunier, non de lui enlever son royaume, sa légitime succession à la Couronne. « Quelle loi, quel chapitre, quel Évangile, nous enseignent de déposséder les hommes de leurs biens, et

les rois de leurs royaumes, pour la diversité de religion ?
L'excommunication ne s'étend que sur les âmes, et non
sur les corps et les fortunes. Innocent troisième, exal-
tant le plus hautement qu'il peut sa puissance papale, dit
que, comme Dieu a fait deux grands luminaires au ciel,
savoir est le soleil pour le jour et la lune pour la nuit,
ainsi en a-t-il fait deux en l'Église, l'un pour les âmes,
qui est le Pape, qu'il accompare au soleil, et l'autre pour
les corps, qui est le Roi. Ce sont les corps qui jouissent
des biens, et non pas les âmes : l'excommunication donc ne
les peut ôter, car elle n'est qu'un médicament pour l'âme,
pour la guérir et ramener à santé, et non pour la tuer ! Elle
n'est pas pour damner, mais pour faire peur de damnation !... Il y a longtemps que l'axiome est arrêté *que les Papes
n'ont aucun pouvoir de juger des royaumes temporels.* »

Cette fermeté de pensée et cette netteté de langage ne
font-elles pas plaisir à voir et à entendre ? Voilà le bon
sens gallican, la juste séparation du spirituel et du temporel, la limite précise du pouvoir des papes, dont relèvent
les âmes seules, et encore celles-là uniquement qui le
veulent ; mais non pas les corps, ni les biens, ni les cou-
ronnes, ni les royaumes !

Mais, sachez-le bien, continue d'Aubray, ce qu'ils vous
font entendre de la Religion n'est qu'un prétexte, un mas-
que !... Et ce point lui fournit un nouveau développement,
d'une éternelle vérité. Nous regrettons de devoir abréger,
et de ne pouvoir tout citer.

Au surplus, poursuit l'orateur de la bourgeoisie et du Tiers État, qu'est-ce qu'on reproche au Béarnais? Ses galanteries? « Ce n'est pas imperfection qui puisse empêcher les actes de vertu. Au contraire, jamais brave guerrier ne fut, qui n'aimât les dames et ne voulût acquérir de l'honneur pour se faire aimer d'elles. C'est pourquoi Platon souhaitait d'avoir une armée toute composée d'amoureux, disant qu'ils seraient invincibles... Aussi les poètes, bons naturalistes et grands maîtres en la science des mœurs, ont toujours fait le dieu Mars ami de Vénus. Qu'on considère tous les grands capitaines et monarques du monde, il ne s'en trouvera guère de sobres en ce métier. L'empereur Titus, qui est proposé pour un des plus vertueux, des plus sages et des plus doux princes qui aient jamais porté sceptre, n'aimait-il pas éperdûment la reine Bérénice? sans que jamais toutefois ses amours lui fissent préjudice ou apportassent retardement à ses affaires. Il faut concéder aux princes quelque relâche et récréation d'esprit après qu'ils ont travaillé aux affaires sérieuses... Il n'est possible que l'âme soit toujours tendue en ces graves et pesantes administrations, sans quelque rafraîchissement et diversion à d'autres pensées plus agréables et plus douces. »

Tout cela n'est-il pas charmant et bien français? D'où vient en effet que la mémoire d'Henri IV est restée si populaire? Est-ce à cause de sa politique réparatrice? Est-ce à cause de « ce grand dessein », par lequel il rêvait, dit-on, de pacifier, s'il eût vécu, l'Europe entière? Est-ce pour les sentiments que lui attribue le souhait légendaire et platonique de « la poule au pot » ? Je ne dis pas non. Mais, croyez-en un bon Français de France, c'est surtout pour les qualités que célébrait la chanson populaire du Vert Galant [1]. Voilà le mot que d'Aubray paraphrase ; il fait l'apologie du vert galant, et là-dessus il est intarissable : Ceux qui le blâment, dit-il encore, souvent font pis et ont de plus graves défauts; le Béarnais fait donc très bien de suivre son instinct amoureux. « S'il a quelque inclination à aimer les choses belles, il n'aime que les excellentes, comme il est excellent en jugement à connaître le prix et valeur de toutes choses. Encore ce petit détour ou passe-temps lui est-il comme un exercice de vertu, dont il use le plus souvent au lieu de la chasse et de la vénerie, sans laisser, parmi ces ébats, de reconnaître les avenues de son armée, de remarquer l'assiette des villes et places où il passe, la nature des personnes qu'il rencontre, des lieux et contrées qu'il traverse; et curieusement apprend les passages et gués des rivières, et retient les distances des villes et bourgades, marque en quels endroits il serait commode de camper son armée quand elle y passerait, et toujours s'enquiert et apprend quelque chose du fait

1.
Vive Henri quatre!
Vive ce roi vaillant!
Ce diable à quatre
A le triple talent
De boire, de battre
Et d'être un vert galant!

de ses ennemis (de ce que font ses ennemis), n'ayant jamais pris de tels ébats qu'il n'ait eu en main un ou deux desseins sur quelques places rebelles. — Mais il aurait beau être continent, sage, tempéré, morne, grave et retiré ! vous y trouveriez toujours que redire. Quand on s'est mis une fois à haïr un homme, on interprète en mauvais sens tout ce qu'il fait, et même le bien qu'il fait. Il aurait beau s'abstenir de tous plaisirs, et ne faire que prier Dieu et donner l'aumône ! vous diriez que ce serait feinte et hypocrisie. »

Pour conclure, d'Aubray exhorte Mayenne, le Lieutenant général du royaume, à céder la place au roi légitime, puisqu'il n'est là que pour la lui garder. — On sait quelle fut, dans la réalité, la réponse du duc de Mayenne : il chassa d'Aubray de Paris. Ce ne fut pas, toutefois, violemment ; mais par une lettre doucereuse et entortillée, que voici :

« Monsieur d'Aubray, je vous prie de croire que je n'ai jamais rien cru de vous que ce que je dois croire d'un gentilhomme d'honneur et qui autant mérite en cette cause que nul autre, un chacun sachant assez les devoirs que vous avez rendus en cette ville durant le siège et depuis, en toutes les occasions qui se sont présentées ; et en mon particulier je le connais, et confesserai toujours vous avoir de l'obligation. C'est pourquoi vous ne devez entrer en opinion que je voulusse seulement penser à chose qui vous

doive importer à votre réputation ni des vôtres ; vous
conjurant que veuilliez vous accommoder à la prière
que je vous fais pour quelque temps d'aller prendre du
repos chez vous, n'étant ce que je fais qu'au dessein que
j'ai toujours eu d'empescher la ruine du public, en conservant la Religion. Cette lettre de ma main vous en fera foy,
et du désir que j'aurai toujours de vous aimer et honorer
comme mon père ; n'entendant pour cela pourvoir à votre
charge ni faire chose qui vous doive offenser.

» Sur ce, je prie Dieu qu'il vous ait en sa sainte et digne
garde.

» Votre plus affectionné et parfait ami,
» CHARLES DE LORRAINE. »

Ainsi, il ne pourvoit pas à son remplacement, il ne le
révoque point de ses fonctions de prévôt des marchands,
mais il le bannit en douceur ; il l'honore comme son père,
et le met à la porte. Cette lettre fait voir que la réalité
souvent dépasse en imprévu la fiction la plus plaisante.

Et cependant quel merveilleux pamphlet que la *Satyre
Ménippée!* Quelle série de tableaux comiques, d'iro-
nies formidables, de harangues tour à tour drôlatiques
et éloquentes! Après toutes ces pantalonnades rabelai-
siennes, quelle bordée d'arguments vigoureux ou fins, et
de hautes raisons patriotiques! C'est là ce qui battit en
brèche la Ligue et prépara les voies à Henri IV. Lui-
même le reconnaissait bien ; il disait, après son avène-

ment : « La *Ménippée* a fait autant, pour le triomphe de ma cause, que les victoires d'Arques et d'Ivry. »

Grâce à ce pamphlet célèbre, c'était donc le parti des Politiques, la Bourgeoisie nationale, qui l'emportait sur le parti de l'étranger, en abattant l'hydre à trois têtes, lorraine, espagnole, et romaine.

La cause du parti catholique et ultramontain fut perdue en France par son alliance avec l'Espagne, comme déjà en Angleterre, sous le règne de Marie Tudor, l'alliance de l'Espagne qui voulait s'emparer de la Couronne de ce pays par le mariage de la reine avec Philippe II avait achevé de perdre cette même cause. L'avènement de Henri IV au trône de France fut la victoire du parti vraiment national et gallican sur le parti doublement ultramontain, d'au-delà des Alpes et d'au-delà des Pyrénées; le règne d'Élisabeth, en Angleterre, avait été de même une réaction du parti national et anglican contre le parti catholique et espagnol.

Les diverses pièces dont se composa peu à peu *la Ménippée* coururent sous le manteau, au fur et à mesure des circonstances qui les firent naître[1]. Le texte accuse

---

[1]. Quelle fut la date de la publication totale? Les uns affirment qu'il en circulait des copies dès l'ouverture de la conférence de Suresnes, à la suite de laquelle Henri IV abjura, en 1593. — D'autres prétendent, chose peu vraisemblable, qu'il n'en circula point de copie avant l'impression, et que la première édition imprimée se fit à Tours, seulement après le sacre du Roi, au mois d'août 1594; Henri IV était entré dans Paris le 22 mars de la même année. — Selon Michelet; « le *Catholicon* parut avant le siège de Rouen » (1591-1592).

avec évidence des morceaux de différentes dates, les uns avant, les autres après la conversion du Béarnais; le plus grand nombre avant. Par ces diverses pièces, lancées l'une après l'autre, les hommes de cœur, de bon sens et d'esprit, dont nous avons donné les noms, contribuèrent, chacun pour sa part, à déjouer les intrigues multiples et les conspirations entrecroisées qui menaçaient l'indépendance nationale et l'existence même de la France, à stigmatiser les excès et les crimes de la Ligue, à démasquer les ambitions des prétendants, à les tuer par le ridicule, l'arme la plus puissante dans notre pays.

Ces braves gens, la fleur du parti des Politiques, survécurent peu à leur victoire. Dès 1596, Florent Chrestien mourut, à l'âge de soixante-six ans; puis Pierre Pithou, la même année. La vie de Rapin et celle de Passerat se prolongèrent un peu davantage. Gillot seul survécut au-delà du règne de Henri IV, jusqu'en 1619.

En résumé, *la Ménippée* demeure un des plus grands titres d'honneur de la vieille bourgeoisie française, dont rien ne peut arrêter la langue dans les occasions décisives, « étant aussi peu en la puissance de toute faculté terrienne, dit un autre bourgeois du temps, L'Estoile, d'empescher le peuple français de parler, que d'enfouir le soleil en terre ou l'enfermer dedans un trou. »

Chaque fois que la théocratie ultramontaine fait quelque nouvelle tentative pour dominer dans notre pays, le bon sens national accourt à la rescousse : peuple et bourgeoisie sont d'accord pour défendre l'indépendance française et repousser les entreprises cléricales. Aujourd'hui encore, que voyons-nous? les ambitieux d'outremonts, et leurs alliés de ce côté-ci des Alpes, ne demanderaient pas mieux, s'ils pouvaient, que de recommencer la Sainte Ligue, et cela avec la même sincérité religieuse qu'autrefois, car dans cette Ligue renaissante on noterait ce phénomène curieux : des protestants, des juifs et des athées, combattant au premier rang, côte à côte avec les Jésuites! Les Jésuites, en effet, sont encore les chefs de cette Ligue nouvelle, aussi bien que de l'ancienne, et ils essayent comme autrefois d'enrôler avec eux les femmes. Mais le peuple et la bourgeoisie mettent bon ordre à ces conspirations, étant toujours bien unis en ce point. Tous nos gouvernements aussi, à toutes les époques, soit du régime ancien, soit du régime nouveau, soit Royauté, soit République, tous, excepté le second Empire, ont eu et gardent pour maxime : sauvegarder l'indépendance nationale. Les Jésuites en seront donc, cette fois encore, pour leurs frais, et les lois triompheront de leur cabale. En vain ils crient à la persécution et au martyre : personne n'est dupe de cette tragi-comédie. En vain ils essayent de souffler le feu et de rallumer la guerre civile : heureusement, le fanatisme d'aujourd'hui n'a plus la puissance d'autrefois. La faction fait ce qu'elle peut ; elle en vient aux grossiers expédients d'un paganisme de décadence,

qui mériterait bien une autre Ménippée ; les entreprises
de miracles se multiplient, accueillis d'abord par le blâme,
puis par la connivence des évêques, qui, après les avoir
désavouées, finissent par y prendre part et en devenir les
complices : étant les pasteurs, ils suivent le troupeau! On
a vu quatorze prélats s'embarquer dans cette ridicule
honte ! « Que diable allaient-ils faire dans cette galère ? »
Les Notre-Dame se multiplient, se font concurrence l'une
à l'autre et se disputent les chalands. On bat la grosse
caisse devant l'église, on vante de nouveau la vertu
du double et triple Catholicon ! A la place des deux charlatans de *la Ménippée*, nous avons ceux de Lourdes
et de la Salette. Et ces Pères de l'Eglise d'un nouveau
genre, devenus les compères de l'Eglise, se rallient publiquement, *in extremis*, à la béatification d'une demoiselle
galante, surprise avec un officier, condamnée en police
correctionnelle, mais reconnue par eux être décidément
« l'Immaculée Conception » en personne, — à supposer
que ce nom ait un sens pour d'autres que la petite
Bernadette et le petit Maximin. Quoi de plus? Le Pape
lui-même se voit forcé d'y consentir ! Y eut-il jamais
pareil monceau d'inepties? En vérité je vous le dis, une
Église réduite à en venir là est bien malade. Les Jésuites,
créés jadis soi-disant pour la défendre, l'ont asservie, puis
absorbée. Ces grossières inventions, ces remèdes empiriques, ces médecines de cheval ne la sauveront pas. Et,
au lieu de continuer à végéter avec estime pendant quel-

ques siècles encore, elle mourra sans gloire beaucoup
plus tôt. Tous ces béats et toutes ces béates ont beau
vouloir enrôler Dieu dans leur sédition anti-française,
lui chantant à tue-tête leur refrain :

> Sauvez Rome et la France,
> Au nom du Sacré-Cœur !...

Rome d'abord, la France après, — ils n'obtiendront
rien de ce qu'ils espèrent. Pour Rome, c'est elle-même
qui se tue ; quant à la France, c'est elle-même qui se
sauve, ce qui est le plus sûr salut. Elle sait arrêter les
complots de toute cette Ligue nouvelle qui, sous prétexte
de restaurer la paix religieuse en France et en Europe,
fait une guerre déclarée à tous les principes sur lesquels
reposent les institutions de notre pays et celles de toutes
les sociétés modernes.

Allons, allons ! décidément, malgré les prédications furibondes des congrégations et de leurs suppôts, malgré la
résistance aux lois, la parodie des barricades et l'affecta-
tion du martyre, une nouvelle *Ménippée* n'est pas nécessaire : aucun pamphlet ni aucune comédie n'atteindrait
jamais à la réalité grotesque de cette Union conservatrice
et jésuitique.

CHAPITRE X

L'assassinat de Henri IV interrompit sa grande œuvre.
Pendant les quatre années de régence qui suivirent,
l'anarchie reprit le dessus. Lorsque le nouveau roi,
Louis XIII, atteignit sa majorité, il fallut chercher un
remède au désordre des finances, aux dilapidations : c'est
alors que l'on convoqua de nouveau, en 1614 et en 1615,
à Paris, les États généraux. Nul ne savait que ces États
de 1615 dussent être les derniers, pour ainsi dire, de la
monarchie. Il arriva que, l'orgueil de Louis XIV n'ayant
pu se ployer à ce contrôle de ses sujets, qui l'eût assujetti
lui-même, et l'usage s'en étant perdu, il n'y eut plus
ensuite d'États généraux, que ceux de 1789.

Ce fut à l'assemblée de 1614 que, d'un côté, le Tiers
État commença à trouver mauvais d'être traité avec
moins de considération que les deux autres Ordres, et
que, d'autre part, la Noblesse commença à dire tout haut

qu'il l'était trop bien encore. Quelques-unes des scènes auxquelles ce conflit donna lieu méritent d'être rappelées.

« Je remarquai, dit un député du Tiers État de Nivernais, que le Chancelier, parlant à messieurs du Clergé et de la Noblesse, mettait la main à son bonnet carré et se découvrait, ce qu'il ne fit point lorsqu'il parlait au Tiers Etat [1]. » — L'orateur de la Noblesse s'écria dans sa harangue : « Elle reprendra sa première splendeur, cette Noblesse tant abaissée maintenant par quelques-uns de l'Ordre inférieur, sous prétexte de quelques charges ! Ils verront tantôt la différence qu'il y a d'eux à nous ! »

Sous prétexte de quelques charges ! — Or la presque totalité des offices de judicature et d'administration civile, jusqu'aux plus élevés même, jusqu'à ceux qu'on a désignés depuis par le nom de ministères, étaient, dès cette époque, occupés par des roturiers. Pareillement, dans l'administration des finances, les fonctionnaires de tout rang étaient pris parmi les bourgeois instruits qu'on appelait hommes de *robe longue*. Ces charges étaient devenues héréditaires dans la bourgeoisie, moyennant le paiement d'un droit annuel, vulgairement nommé la *paulette* [2]. « Le haut

---

1. *Relation des États généraux de* 1614, par Florimond Rapine, du Tiers État de Nivernais.
2. En 1604, Charles Paulet, secrétaire de la Chambre du Roi sous Henri IV, donna l'idée de lever, sur chaque office de finance ou de magistrature, un impôt, qui était de la soixantième partie du prix de cette charge. Non seulement on le payait lorsqu'on en prenait possession, mais, tous les neuf ans, tous les magistrats du royaume devaient payer de nouveau ce droit, qui assurait l'hérédité de leurs charges à leurs familles. Paulet, qui avait trouvé l'idée de cet impôt, en fut le premier fermier. Un nommé *Palot* prit la ferme de la *paulette* après

prix des charges en écartait la Noblesse, dont une partie était pauvre, et l'autre grevée de substitutions; et cela arrivait au moment même où, plus éclairés, les Nobles comprenaient la faute que leurs aïeux avaient faite en s'éloignant des offices par aversion de l'étude et en les abandonnant au Tiers État [1]. »

Sur les observations qui furent faites à ce sujet, le Tiers État, très noblement, adhéra, contre son intérêt, à la demande de suspension de cette taxe moyennant laquelle les offices étaient héréditaires, et compléta généreusement ce vote par un autre, pour l'abolition de la vénalité des charges. En revanche, exigeant des deux autres Ordres sacrifice pour sacrifice, il les requit de solliciter conjointement avec lui deux choses : 1° la réduction des tailles, devenues accablantes pour le peuple; 2° de surseoir au paiement de toutes les pensions accordées sur le trésor ou sur le domaine. La Noblesse et le Clergé voulurent qu'on disjoignît ces deux propositions, qui les dépouillaient eux-mêmes, d'avec celles qui dépouillaient le Tiers État.

Mais le Tiers État tint bon, et, par la bouche de Jean Savaron, lieutenant général de la sénéchaussée d'Auvergne, défendit éloquemment les droits de la justice et les intérêts du peuple. Ses discours irritèrent la Noblesse :

Paulet. « D'où vient, dit Estienne Pasquier, cette grande cherté des offices? De cette ennemie de l'Estat, *Paulette-Palotte*, qui, à la façon du chancre, mine et mange insensiblement toutes les familles de ce royaume. » (*Lettr.*, t. III, p. 49.)

1. Augustin Thierry.

elle résolut de se plaindre au Roi et pria le Clergé de se joindre à elle. Le Clergé y consentit, mais auparavant envoya un de ses membres vers l'assemblée du Tiers État lui exposer les griefs de la Noblesse et l'inviter, pour l'amour de la paix, à lui donner quelque satisfaction.

Savaron, après que le député eut parlé, se leva et dit avec loyauté, mais avec fermeté « que, ni de paroles, ni de fait, ni de volonté, il n'avait offensé messieurs de la Noblesse; qu'au surplus, avant de servir le Roi comme officier de justice, il avait porté les armes ; de sorte qu'il avait moyen de répondre à tout le monde, en l'une et en l'autre profession. »

Cependant le Tiers État, afin d'éviter une rupture qui eût empêché les travaux de l'Assemblée, consentit à faire porter à la Noblesse des paroles d'accommodement. Ce fut par un nouvel orateur, le lieutenant civil de Mesmes. Mais, au lieu d'apaiser la querelle, il eut le malheur de la ranimer, étant venu à dire « que les trois Ordres étaient trois frères, enfants d'une commune mère, la France : que le Clergé était l'aîné, la Noblesse le puîné, et le Tiers État le cadet ; que le Tiers État avait toujours reconnu la Noblesse comme élevée de quelque degré au-dessus de lui ; mais qu'aussi la Noblesse devait reconnaître le Tiers État comme son frère, et ne pas le mépriser au point de ne le compter pour rien ; qu'il se trouvait souvent dans les familles que les aînés ruinaient les maisons et que les cadets les relevaient. »

Ces paroles, fort sensées pourtant, excitèrent un nouvel orage parmi la Noblesse. Elle se plaignit aux députés ecclésiastiques de ce que l'envoyé du Tiers État, venu sous leur garantie, avait apporté, au lieu de réparation, de nouvelles injures plus graves que les premières. On résolut d'aller sur-le-champ porter plainte au Roi.

L'audience ne fut accordée qu'au bout de deux jours. L'orateur de la Noblesse, le baron de Senecey, parla avec dédain de ce troisième Ordre, « composé du peuple des villes et des champs : ces derniers, quasi tous homma-gers et justiciables des deux premiers Ordres; ceux des villes, bourgeois, marchands, artisans, et quelques offi-ciers; » puis il continua : « Ce sont ceux-ci qui, mécon-naissant leur condition, sans l'aveu de ceux qu'ils repré-sentent, veulent se comparer à nous! J'ai honte, Sire, de vous dire les termes qui de nouveau nous ont offensés : ils comparent votre État à une famille composée de trois frères ; ils disent l'Ordre ecclésiastique être l'aîné, le nôtre le puîné, et eux les cadets ; et qu'il advient souvent que les maisons ruinées par les aînés sont relevées par les cadets. En quelle misérable condition sommes-nous tombés, si cette parole est véritable? Ainsi, non contents de se dire nos frères, ils s'attribuent la restauration de l'État; à quoi comme la France sait assez qu'ils n'ont aucunement participé, aussi chacun connaît qu'ils ne peuvent en aucune façon se comparer à nous, et serait insupportable une entreprise si mal fondée ! Rendez-en, Sire, le jugement, et, par une déclaration pleine de justice, faites-les rentrer en leur devoir. »

A ce discours déjà étrange, les autres députés de la Noblesse ajoutèrent, en se retirant, des mots tels que ceux-ci : « Nous ne voulons pas que des fils de cordonniers et de savetiers nous appellent frères ! Il y a, de nous à eux, autant de différence qu'entre le maître et le valet. »

Le Tiers État, sans s'émouvoir de ces propos plus que de raison, décida que son orateur serait non seulement avoué, mais remercié, et se remit au travail des Cahiers.

Bientôt après, le Chancelier (qui était, comme on dirait aujourd'hui, le premier ministre ou le président du Conseil) promit, au nom du Roi, que le chiffre des pensions serait annuellement réduit d'un quart, et que les moins justifiées seraient supprimées. C'était une victoire pour le Tiers État.

Des scènes pareilles eurent lieu à l'Assemblée de 1615 : un membre du Tiers État de Limousin, le sieur de Chavailles, ayant négligé de saluer, au sortir de la séance, messire de Bonneval, député de la Noblesse, celui-ci lui dit : « Holà ! petit galant, vous passez devant moi sans me saluer ! Je vous apprendrai votre devoir ! » Et, en même temps, il le frappa de sa canne : la canne se brisa sur la tête du sieur de Chavailles.

Chavailles était non seulement député aux États, mais lieutenant général à Uzerches : en sa personne, était

atteinte, avec le Tiers, la Justice royale. Le Tiers demanda
au Roi des poursuites contre le coupable : l'affaire fut
déférée au Parlement. Le Tiers prenait si bien fait et
cause pour Chavailles, que six de ses collègues furent
désignés pour aller trouver monsieur le premier président
et lui demander justice de « ce crime de lèse-majesté ».
Le 11 mars 1615, le Parlement condamna, par contu-
mace, le sieur de Bonneval à 2000 livres de dommages-
intérêts envers Chavailles et « à avoir la tête tranchée ».
Le 16 mars, l'arrêt fut exécuté *en effigie*, au bout du
pont Saint-Michel. Le Tiers État se déclara satisfait.

Dans cette scène et dans les précédentes, où l'on voit
le Tiers État, ayant conscience de sa force croissante,
tenir tête à la coalition de ses adversaires privilégiés, ne
croit-on pas déjà entendre le dialogue d'Oronte et d'Al-
ceste ?

Mais, mon petit monsieur, prenez-le un peu moins haut!

dit au Tiers État l'insolente Noblesse ; et le Tiers État de
répondre, comme le Misanthrope à l'homme de Cour :

Ma foi! mon grand monsieur, je le prends comme il faut.

Ces différends à peine terminés, une querelle plus
grave divisa de nouveau les trois Ordres, mettant encore
d'un côté le Tiers État, de l'autre le Clergé et la Noblesse.
Il s'agissait de l'indépendance de la Couronne devant
l'Église, principe qu'avaient proclamé, trois cent douze ans

auparavant, aux États de 1302, les représentants de la
Bourgeoisie convoqués pour la première fois solennellement par Philippe le Bel.

En compilant son Cahier général sur les Cahiers provinciaux, le Tiers État prit dans le Cahier de l'Ile-de-
France et plaça en tête de tous les chapitres un article
contenant ce qui suit : « Le Roi sera supplié de faire
arrêter, en l'assemblée des États, pour loi fondamentale
du royaume, qui soit inviolable et notoire à tous, que,
comme il est reconnu souverain en son État, ne tenant sa
couronne que de Dieu seul, il n'y a puissance en terre,
quelle qu'elle soit, spirituelle ou temporelle, qui ait aucun
droit sur son royaume pour en priver les personnes sacrées
de nos rois, ni dispenser ou absoudre (délier) leurs sujets
de la fidélité et obéissance qu'ils lui doivent, pour quelque
cause ou prétexte que ce soit. Tous les sujets, de quelque
qualité et condition qu'ils soient, tiendront cette loi pour
sainte et véritable, comme conforme à la parole de Dieu,
sans distinction équivoque ou limitation quelconque ;
laquelle sera jurée et signée par tous les députés des
États et dorénavant par tous les bénéficiers et officiers
du royaume... Tous précepteurs, régents, docteurs et prédicateurs seront tenus de l'enseigner et publier [1]. »

Le Clergé essaya, avec le concours de la Noblesse,
d'obtenir du Tiers État qu'il retirât cet article, dont le
sens, sous couleur monarchique, était profondément na-

---

1. *Relation de Florimond Rapine*, p. 285.

tional, consacrant une fois de plus le droit de l'Etat dans
celui de la Royauté et déclarant en termes non équivoques
l'indépendance inaliénable et la souveraineté de la société
civile. Ses démarches furent vaines : le Tiers État ne
voulut ni retirer ni modifier son article. C'est qu'il s'agissait en effet de la question vitale posée depuis plusieurs
siècles et qui récemment encore avait éclaté de nouveau
dans la guerre de la Ligue; c'est qu'il s'agissait du duel
éternel entre deux principes inconciliables : celui de la
royauté *légitime par son propre droit*, et celui de la
royauté *légitime par l'orthodoxie*. « Le débat de cette
question, que le règne de Henri IV n'avait point résolue [1]
et à laquelle sa fin tragique donnait un intérêt sombre
et pénétrant, fut, par une sorte de coup d'État, enlevé à
a discussion des trois Ordres et évoqué au Conseil ou
plutôt à la personne du Roi. Sur l'invitation qui lui en
fut faite, le Tiers État remit au Roi le premier article de
son Cahier [2]. »

Quelques jours après, le président de la Chambre du
Tiers État et les douze présidents des bureaux furent
mandés au Louvre. Quoique Louis XIII fût majeur, la
reine-mère, stylée par le Clergé, prit la parole et dit à la
députation : que, l'article concernant la souveraineté du
Roi ayant été évoqué à Sa Majesté, il n'était plus besoin

1. Henri IV n'avait régné qu'en vertu d'une transaction avec ses
sujets catholiques.
2. Augustin Thierry, VII.

de le remettre au Cahier ; que le Roi le regardait comme présenté et reçu, et qu'il en déciderait, au contentement du Tiers État.

Le Tiers État comprit qu'on voulait éluder : son émotion fut vive. Trois jours durant, il discuta s'il se conformerait aux ordres de la reine ; enfin il s'arrêta à ceci : que le texte de l'article ne serait point inséré dans le Cahier général, mais que sa place y resterait formellement réservée. En effet, sur les copies authentiques du Cahier, à la première page, après le titre : *Lois fondamentales de l'État*, se trouvait un espace vide, avec cette note : « Le premier article, extrait du procès-verbal de la Chambre du Tiers État, a été présenté au Roi, par avance du présent Cahier et par commandement de Sa Majesté, qui a promis de le répondre. »

Cette réponse ne vint point. Une reine gouvernée par des étrangers ajourna la question d'indépendance de la Couronne et du pays. Ainsi que le remarque Augustin Thierry, ce ne fut qu'au bout de soixante-sept ans que les droits de l'État, proclamés cette fois dans une assemblée d'évêques, furent garantis par un vote solennel, obligatoire pour tout le Clergé de France. Mais la célèbre déclaration de 1682 n'est, dans sa partie fondamentale, qu'une reproduction presque textuelle de l'article ajourné du Cahier de 1615, et c'est au Tiers État que revient ici l'honneur de l'initiative, un des titres les plus glorieux de son histoire. Cette déclaration est ainsi conçue : « Nous déclarons que les rois et les souverains ne sont soumis à aucune puissance ecclésiastique par l'ordre de Dieu dans les choses temporelles; qu'ils ne peuvent être déposés, ni directement ni indirectement, par l'autorité des chefs de l'Église; que leurs sujets ne peuvent être dispensés de la soumission et de l'obéissance qu'ils leur doivent, ni absous (déliés) du serment de fidélité; et que cette doctrine, nécessaire pour la tranquillité publique et non moins avantageuse à l'Église qu'à l'État, doit être inviolablement suivie, comme conforme à la parole de Dieu, à la tradition des saints Pères et aux exemples des saints [1]. »

L'opinion publique rendit hommage à la fermeté de la Chambre du Tiers État de 1615, et le vengea suffisamment. Pendant que le Pape félicitait le Clergé et la Noblesse d'avoir aidé la Reine à jouer le peuple, le bon sens parisien lança ce quatrain prophétique :

O Noblesse! ô Clergé! les aînés de la France!
Puisque l'honneur du Roi si mal vous maintenez,
Puisque le Tiers Etat en ce point vous devance,
Il faut que vos cadets deviennent vos aînés.

Le Cahier du Tiers État de 1615 est un vaste programme de réformes, dont les unes furent exécutées par les grands ministres du xviiᵉ siècle, et les autres se firent attendre jusqu'à l'an de délivrance 1789 [2].

Le principal représentant ou président du Tiers État,

1. Déclaration du 19 mars 1682.
2. Voyez Augustin Thierry, p. 146 à 149.

dans cette assemblée remarquable, avait été le prévôt des
marchands, Robert Miron. Le Clergé était présidé par le
cardinal de Joyeuse; la Noblesse, comme on vient de le
voir, par le baron de Senecey, de la maison de Bauffremont,
fils de celui qui avait présidé la Noblesse en 1576. Robert
Miron sut faire entendre des paroles d'une fermeté fière
et d'une poignante éloquence. Il résuma la situation des
trois Ordres et les réformes à opérer, critiquant vivement
les fautes et les excès de la Noblesse, les désordres de la
Justice; il concluait en réclamant la stricte exécution des
lois : car « la gloire des princes ne consiste pas tant,
disait-il, à faire multitude d'ordonnances qu'à les bien
faire exécuter. » Il parla du peuple avec l'énergie d'un
homme qui en était et qui en connaissait les souffrances.
« C'est miracle, dit-il, qu'il puisse fournir à tant de de-
mandes ! Aussi s'en va-t-il accablé. La nourriture de
Votre Majesté, de tout l'État ecclésiastique, de la Noblesse
et du Tiers État, est assignée sur ses bras. Sans le labeur
du pauvre peuple, que vaudraient à l'Église les dîmes, les
bénéfices et les grandes possessions ? à la Noblesse, ses
belles terres, et ses grands fiefs ? au Tiers État, ses maisons, ses rentes et ses héritages ? »

On voit ici que, dans ce nom de Tiers État, il ne comprenait pas le peuple, mais seulement la bourgeoisie.
Cependant l'orateur de la Noblesse, dans la même
assemblée, comprenait sous ce terme les représentants
des campagnes comme ceux des villes. Cela dépen-

daít du moment et du point de vue où l'on se plaçait.

« Il faut passer plus outre, continue Robert Miron : qui est-ce qui donne à Votre Majesté les moyens d'entretenir la dignité royale, de fournir aux dépenses nécessaires de l'État, tant dedans que dehors le royaume? qui est-ce qui donne les moyens de lever les gens de guerre, que le laboureur? Les tailles, le taillon, ordonnés en France pour l'entretènement des gens de guerre, les font mettre sus (donnent les moyens de les lever) et ils ne sont pas sitôt en pied, qu'ils écorchent le pauvre peuple, qui les paye! »

Après les plaintes et la commisération, venaient les avertissements, et même les menaces : « Si Votre Majesté n'y pourvoit, il est à craindre que le désespoir ne fasse connaître au pauvre peuple que le soldat n'est autre chose que le paysan portant les armes; et que le vigneron, quand il aura pris l'arquebuse, d'enclume qu'il est, ne devienne marteau!... » C'étaient là, certes, des paroles hardies, sous une monarchie absolue. Elles donnent la mesure de la force que se sentait le Tiers État, et elles font comprendre aussi comment le fils du Roi à qui l'on avait osé les faire entendre, étant devenu Roi à son tour, n'assembla jamais les États, et nota pour lui-même dans ses Mémoires la pensée de secrète révolte et d'absolue indépendance que nous avons citée.

Robert Miron passait ensuite aux abus des droits seigneuriaux : « Défendez, Sire, les corvées, qui chargent le peuple autant que les tailles. Un pauvre homme est contraint de laisser ses semailles, d'abandonner son août, et d'aller à la corvée pour le gentilhomme... Combien de gentilshommes ont envoyé des gens d'armes chez leurs voisins, et quelquefois en leurs propres villages, pour se venger d'eux, ou de corvées non faites, ou de contributions non payées! Il s'est vu, depuis quelque temps, une seule compagnie de gens d'armes avoir ravagé quasi la moitié de la France; et, après avoir tout consommé, s'en retourner chacun en sa maison, enrichi de la substance du pauvre peuple, sans avoir donné un coup d'épée! De sorte, Sire, qu'à bien considérer tous les États (chacun des trois Ordres) de votre royaume, on trouvera les vertus de nos pères entièrement taries en nous!... La gangrène du vice a tantôt gagné les plus nobles parties du corps!... Qui pourvoira à ces désordres? Sire, il faut que ce soit vous! c'est un coup de Majesté! Vous avez assez de moyens de le faire. Votre pauvre peuple, qui n'a plus que la peau sur les os, qui se présente devant vous tout abattu, sans force, ayant plutôt l'image de morts que d'hommes, vous en supplie au nom du Dieu éternel qui vous a fait pour régner, qui vous a fait homme pour avoir pitié des hommes, qui vous a fait père de votre peuple pour avoir compassion de vos enfants! »

A ces éloquentes paroles, le Roi répondit par de vagues promesses de faire examiner les Cahiers contenant les doléances de son peuple, puis engagea les députés à se séparer après quatre mois de session, qui avaient dû, disait-il, les fatiguer, et fit fermer la salle des séances : dès le lendemain, elle était dégarnie et les bancs enlevés.

L'émotion fut grande parmi les députés du Tiers. Ils déclarèrent qu'ils n'entendaient point se séparer avant d'avoir accompli leur tâche. Mais, le 24 mars, le président du Tiers et les présidents des provinces furent mandés au Louvre, où le Chancelier leur dit, devant le Roi, qu'on ne pouvait répondre en quelques jours au grand nombre d'articles contenus dans les Cahiers, qu'on examinerait chaque article à loisir, et, les ayant leurrés de nouvelles promesses, les renvoya enfin.

Ils avaient demandé la convocation décennale des États : la prétention n'était pas excessive ; cette demande fut comme non avenue.

Il résulta de ces déceptions successives que le Tiers se dégoûta des États généraux, de ce système prétendu représentatif, dans lequel son lot ordinaire était de succomber sous la coalition des deux autres Ordres, ou de voir ses vœux éludés par la Cour, que menait l'Église ; et il s'ensuivit qu'il préféra désormais aux États les simples assemblées de Notables et l'action lente des Parlements.

Toujours est-il que le Tiers État, même en n'obtenant pas tout ce qu'il demandait, avait gagné bien du terrain. A ces États de 1614 et 1615, la Noblesse, commençant à se sentir débordée par la bourgeoisie, ne se borne plus à défendre ce qui lui restait d'influence ; elle essaye de renouer l'ancienne tradition qui avait confié d'abord aux hommes d'épée les offices de justice; après s'être laissé supplanter par le Tiers État dans les cours souveraines et dans tous les postes d'honneur, elle tente d'y reprendre sa place et son rang. Non seulement elle revendique les emplois de la guerre et de la cour; mais elle demande que les gentilshommes obtiennent dans les parlements le tiers des offices pour le moins; qu'il y ait pour eux des places réservées, à tous les degrés de la hiérarchie civile, depuis les hautes charges de l'État jusqu'aux fonctions municipales. — Ce n'est pas tout : par un curieux revirement, la Noblesse, afin d'avoir accès aux sources de richesse où la bourgeoisie puise sa force, demande d'être autorisée à pouvoir, sans déroger, faire le grand trafic. Ainsi c'est maintenant la Noblesse qui ambitionne l'avantage de faire le négoce, jadis dédaigné par elle. Le Tiers État, par esprit de monopole, réclame contre cette prétention : il veut que le commerce reste interdit aux gentilshommes. On opposait donc privilège à privilège, au lieu d'accueillir cette idée nouvelle, qui, bien que née de l'intérêt particulier, non d'une vue élevée et vraiment noble, était cependant une idée de progrès et de liberté pour tous. L'ordonnance de 1626, inspirée par Richelieu, montra plus de libéralisme : elle donna satisfaction au vœu exprimé par la Noblesse à cet égard. « Pour convier, dit-elle, nos sujets, de quelque qualité et condition qu'ils soient, de s'adonner au commerce et trafic par mer, et faire connaître que notre intention est de relever et hono-

rer ceux qui s'y occuperont, nous ordonnons que tous
gentilshommes qui, par eux-mêmes ou par personnes
interposées, entreront en part et société dans les vais-
seaux, denrées et marchandises d'iceux, ne dérogeront
point à Noblesse »…. Tenant la balance égale pour tous,
l'ordonnance ajoutait : « Et que ceux qui ne seront Nobles,
après avoir entretenu cinq ans un vaisseau de deux à trois
cents tonneaux, jouiront des privilèges de Noblesse… »
Ainsi, par la force des choses, les classes tendaient à se
mêler et à échanger leurs privilèges.

Mais, tandis que la Noblesse baissait, la bourgeoisie
montait. Pendant longtemps, les représentants du Tiers
État, admis comme par grâce après les deux premiers
Ordres dans les assemblées d'États généraux, n'avaient
eu permission d'y prendre la parole, eux les anciens serfs,
qu'à genoux et tête nue, tandis que les deux autres Ordres,
Noblesse et Clergé, parlaient couverts et assis ou debout.
Mais, à mesure que, par sa puissance de travail et son
aptitude aux affaires, le Tiers se rendit nécessaire et
acquit le sentiment de sa force, quittant cette posture
humiliée, il sembla dire, comme le Cid :

Nous nous levons alors !…

Et les Ordres privilégiés, d'eux-mêmes, renoncèrent en
partie à leurs privilèges, non par amour de l'équité, mais
par intérêt, ne pouvant se passer de l'aide et des lumières
de ces roturiers parvenus.

CHAPITRE XI

Ascension de la bourgeoisie. — Misère du peuple.

Le Béarnais, devenu roi de France, s'était attaché à
flatter la bourgeoisie, à qui il devait en partie le trône, et
à lui confirmer tous ses privilèges. Pour guérir les plaies
de la guerre civile, il avait développé l'industrie, le commerce, le travail sous toutes ses formes. « Si tost qu'il
fut maistre de Paris, on ne vit que maçons en besogne. »
Il planta partout des mûriers. Sully, quoique rechignant
d'abord, imita enfin son exemple. On élève des vers, on
tisse la soie. Le Roi donne aussi l'impulsion au commerce
avec le dehors. Il s'occupe des colonies d'Amérique :
dès 1598, il nomme le sieur de La Roche « lieutenant
général du Roy ès pays de Canada et autres » ; puis un
sieur Chauvin ; puis le commandeur de Chasles, gouverneur de Dieppe ; ensuite le sieur de Monts : par eux la
France commence à prendre pied sur le Nouveau Monde.

dans lequel les Normands, pêcheurs de morue, et les
marins rochelois et basques étaient arrivés, sans le savoir,
longtemps avant Christophe Colomb, avant Sébastien
Cabot lui-même. — Un Dieppois, Samuel Champlain fonde
Québec. — Le Roi institue, d'autre part, une compagnie
des Indes orientales, pareille à celle qui commençait à
faire la fortune de la Hollande.

Ces traditions de Henri IV et de Sully furent reprises
par Richelieu. Esprit élevé, politique, il honora de toutes
les manières le travail, soit des mains, soit de l'esprit,
et, quoique enfant de la Noblesse, favorisa pour la
dompter au profit de la monarchie, c'est-à-dire de l'unité
nationale, l'avènement du Tiers État. Comprenant que
dans l'industrie et dans le commerce résident les principaux éléments de la prospérité publique, il fit en sorte
que cette double carrière fût de plus en plus entourée de
considération et d'honneur. D'autre part, rasant les châteaux, repaires de tyrannie, de brigandage, comme
avaient fait, de siècle en siècle, Charles V, Louis XI,
Henri IV, il donna ainsi satisfaction aux antiques et justes
ressentiments de la bourgeoisie et du peuple.

Il est vrai qu'en même temps il comprima les vieilles
libertés des villes et des provinces, dans le ferme dessein
de créer une centralisation puissante. De sorte que les
classes mêmes à qui devaient profiter le nivellement des
existences nobiliaires et l'ordre imposé à tous furent moins
frappées de l'avenir préparé pour elles, moins sensibles à

l'excellence du but, qu'indignées de la violence des moyens
et choquées par l'excès de l'arbitraire [1]. »

Après la mort de ce grand ministre, et après celle de
Louis XIII, qui le suivit de près dans la tombe, la France,
grâces au droit divin et à l'hérédité monarchique, tomba
entre les mains d'un enfant de quatre ans, d'une femme
espagnole et d'un cardinal italien. A la bibliothèque de
Pétersbourg, on montre une feuille de papier sur laquelle
le petit roi Louis XIV, instruit par eux, a écrit six fois de
suite en grandes lettres :

L'hommage est dû aux Rois.

Ils font tout ce qui leur plaît.

On aperçoit où de pareilles maximes devaient conduire un jeune prince, de quelque bon sens naturel qu'il
pût être doué. Après les troubles de la Régence et de la
Fronde, son orgueil n'oublia jamais les humiliations qu'il
avait subies en se voyant forcé de fuir devant ses sujets
et de se sauver à Saint-Germain; mais tout ce qu'il fit
pour lui seul, en vue d'affermir son autorité et de rendre
son pouvoir plus absolu que n'avait jamais été celui d'aucun de ses prédécesseurs, profita à l'élévation de la Bourgeoisie par l'abaissement de la Noblesse. Voulant détruire
l'indépendance des seigneurs, il attira la Noblesse à la
Cour, afin de changer en courtisans ce qui restait de
châtelains féodaux. Richelieu avait, comme Tarquin,

---

1. Augustin Thierry, *Tiers État*, VIII.

abattu les têtes des pavots superbes ; le Roi-soleil, aux
rayons dévorants, dessèche et corrompt la Noblesse :
sans en abattre les têtes, il les abaisse ; il les flétrit, en
fait litière, pendant que la bourgeoisie prend force et
monte par-dessus. C'est la victoire du travail, préparant
peu à peu celle de l'égalité. Tandis que la Noblesse se
ruine et se ronge dans la servitude de la Cour, cette
bourgeoisie issue du peuple s'enrichit, s'élève, se rend
nécessaire pour le débrouillement des affaires, des finances et de la justice ; enfin, autant que les temps le per-
mettent, gouverne pendant que le Roi règne, et prélude
ainsi, par sa force propre, aux régimes constitutionnels
futurs.

Le Roi, d'ailleurs, favorisait ces roturiers, dont le bon
sens plaisait au sien, et, les élevant par-dessus les seigneurs, réduisait ceux-ci à n'être qu'un vain ornement de
sa Cour. En dehors de lui-même et de son autorité, qu'il
considérait comme presque divine, au milieu des pompes
de sa monarchie Louis XIV était niveleur à sa manière :
à ses yeux, le mérite personnel avait des droits supérieurs
à ceux de la naissance. Dans son intérêt propre, qu'il
confondait avec celui de l'État, il ouvrait de plus larges
routes à l'avancement des hommes nouveaux. Cela indi-
gnait certains gentilshommes entichés de leur noblesse
plus ou moins ancienne, par exemple le duc de Saint-
Simon, dont la bile s'échauffe en toute occasion à la vue de
cette ascension de « vils roturiers », qui se mêlent d'avoir

du talent et de devenir ministres. En vingt endroits de ses *Mémoires*, il s'emporte contre « ce long règne de vile bourgeoisie ». Dès le début de sa propre biographie, venant à conter comment il fut obligé, lui « qui était né », d'entrer d'abord dans un régiment de cadets, il explique la politique du Roi à cet égard : « Peu à peu, il réduisit tout le monde à servir et à grossir sa Cour, ceux-là même dont il faisait le moins de cas. Qui était d'âge à servir n'osait différer d'entrer dans le service. Ce fut encore une autre adresse pour ruiner les seigneurs et les accoutumer à l'égalité et à rouler pêle-mêle avec tout le monde, en sorte que les gens nés pour commander aux autres demeurèrent dans les idées et ne se trouvèrent plus dans aucune réalité... Sous prétexte que tout service militaire est honorable, et qu'il est raisonnable d'apprendre à obéir avant de commander, il assujettit tout, sans autre exception que des seuls princes du sang, à débuter par être cadets dans ses gardes-du-corps, et à faire tout le même service des simples gardes-du-corps, dans les salles des gardes et dehors, hiver et été, et à l'armée [1]. »

Il n'y avait plus, pour les grades, aucune préférence nécessaire de la grande Noblesse à la petite, ni de la Noblesse à la roture ; l'ancienneté de service créait le droit à l'avancement, et, sauf les cas de mérite signalé ou de faveur particulière, on suivait l'ordre du tableau. C'est tout cela qui révolte le duc et pair ; c'est sur tout cela

1. Saint-Simon, *Mémoires*, t. XIII.

qu'il grince de rage en secret, dans son manuscrit à triple serrure; au reste toujours épiant un regard du Roi, et toujours espérant, mais vainement, un rayon de cette faveur qui seule sauvait parfois les anciens privilèges. « Grands et petits, connus et obscurs, furent donc forcés d'entrer et de persévérer dans le service, d'y être un vil peuple en toute égalité, et dans la plus soumise dépendance du ministre de la guerre, et même de ses commis. »

Ailleurs, il s'indigne également de « l'élévation de la plume et de la robe » et de « l'anéantissement de la Noblesse, par degrés, jusqu'au prodige qu'on voit et qu'on sent aujourd'hui; ce que ces gens de plume et de robe ont bien su soutenir, en aggravant chaque jour leur joug; en sorte que les choses sont arrivées au point que le plus grand seigneur ne peut être bon à personne, et qu'en mille façons différentes il dépend du plus vil roturier [1]. »

Autres crimes encore plus irrémissibles aux yeux du fils d'un favori de Louis XIII : les maréchaux, qu'ils fussent nobles ou non, passaient avant les ducs; les ministres, quoique roturiers et bourgeois, n'avaient au-dessus d'eux que les princes du sang, et, chose plus criante encore, leurs femmes étaient admises à la table du Roi!... « De là, les secrétaires d'État et les ministres en vinrent successivement à quitter le manteau, puis le rabat; après, l'habit noir, ensuite l'uni, le simple, le modeste; enfin, à s'habiller comme les gens de qualité;

1. Saint-Simon, *ibid.*

de là, à en prendre les manières, puis les avantages, et, par échelons, admis à manger avec le Roi! Et. leurs femmes, d'abord sous des prétextes personnels, comme madame Colbert, longtemps avant madame de Louvois; enfin, des années après elles, toutes, à titre du droit des places de leurs maris, manger, et entrer dans les carrosses, et n'être en rien différentes des femmes de la première qualité [1]! »

C'est ainsi, en effet, que la bourgeoisie continuait de s'élever par son travail, et la Noblesse de baisser, par son inertie et sa frivolité. Dès lors commençait à se dessiner ce qui devait apparaître plus tard en pleine lumière, au grand soleil de la Révolution et de la justice, à savoir : que le Tiers État, c'était la Nation, moins la Noblesse et le Clergé. La Bruyère, dans *les Caractères de ce siècle* [2], a bien saisi et marqué ce contraste : « Pendant que les grands négligent de rien connaître, je ne dis pas seulement aux intérêts des princes et aux affaires publiques, mais à leurs propres affaires; qu'ils ignorent l'économie et la science d'un père de famille, et qu'ils se louent eux-mêmes de cette ignorance; qu'ils se laissent appauvrir et maîtriser par leurs intendants; des citoyens s'instruisent du dedans et du dehors d'un royaume, étudient le gouvernement, deviennent fins et politiques, savent le fort et le faible de tout un État, songent à se mieux placer, se pla-

1. Saint-Simon, *ibid.*
2. Chapitre IX, *Des grands.*

cent, s'élèvent, deviennent puissants, soulagent le prince
d'une partie des soins publics [1]. Les grands, qui les
dédaignaient, les révèrent : heureux s'ils deviennent leurs
gendres [2] ! »

C'est, je crois, la première fois que ces deux mots et
ces deux faits — des *citoyens*, devenus fins et *politiques*
— font leur apparition dans la langue et la littérature françaises, grâce à la plume d'un écrivain neuf, observateur
attentif et curieux, accoutumé à noter ce qui le frappe
dans la réalité qui l'entoure. Voilà un signe avant-coureur
des temps nouveaux. Cependant il faudra attendre près
d'un siècle pour voir reparaître ce mot « citoyen », arboré
avec fracas par le « citoyen de Genève ».

D'autre part, La Bruyère ne manque pas de noter aussi
le faste de la bourgeoisie parvenue, de sorte qu'il nous en
présente tour à tour l'un et l'autre profil. « Les empereurs
n'ont jamais triomphé à Rome si mollement, si commo-
dément, ni si sûrement même, contre le vent, la pluie, la
poudre et le soleil, que le bourgeois sait à Paris se faire
mener par toute la ville. Quelle distance de cet usage à
la mule de leurs ancêtres!... Il y avait même plusieurs
magistrats qui allaient à pied à la Chambre ou aux En-
quêtes, d'aussi bonne grâce qu'Auguste autrefois allait de

---

1. C'est-à-dire deviennent ministres.
2 Allusion au duc de La Feuillade, qui demanda et obtint en mariage la fille de Chamillard, laquelle n'était, dit-on, rien moins que
belle Les grands avaient trouvé un nom pour ces sortes de mésal-
liances : ils appelaient cela *redorer leur blason*, ou, plus insolemment
encore, *fumer leurs terres*.

son pied' au Capitole. L'étain, dans ce temps, brillait sur
les tables et sur les buffets, comme le fer et le cuivre dans
les foyers; l'argent et l'or étaient dans les coffres... »

Il est nécessaire d'entrer dans quelques détails sur
l'étrange administration de ce long règne, pour faire comprendre quelle était, d'autre part, la misère du peuple.
Assez longtemps l'histoire officielle a célébré « Louis le
Grand », l'éclat de ses conquêtes, le faste de sa cour, toute
cette magnificence théâtrale, échafaudée sur des abîmes;
l'histoire vraie est venue enfin, qui a fait voir le dessous
de tant de merveilles, les coulisses de ce grand théâtre,
l'envers de cette mythologie. De patients investigateurs
ont révélé en détail la vie et du Roi et du peuple sous
ce règne, le plus brillant de la monarchie absolue. Les
prodigalités du prince, pour ses plaisirs, ses bâtiments,
ses guerres, deviennent quelque chose d'effroyable lorsqu'on voit qu'elles ont pour source et pour ressource la
misère du peuple qui meurt de faim. Ce que La Bruyère,
dans sa terrible eau-forte des Paysans, avait dû se contenter d'indiquer d'une manière générale en quelques
traits incisifs, d'autres de nos jours ont pu le développer
au complet, province par province [1]. Si l'on trouve, à la
longue, quelque monotonie dans l'énumération de tant de
misères, cette monotonie elle-même n'a-t-elle pas sa tragique éloquence, quand on réfléchit que le peuple a sup-

---

1. Eugène Bonnemère, A. Feillet, Chéruel, etc.

porté pendant trois quarts de siècle (pour ne parler que de ce règne) l'amas prodigieux de ces calamités dont le simple récit bientôt vous accable? N'est-il pas utile, nécessaire à la justice et à la vérité, que tant de textes entassés forcent la conviction des esprits les plus durs, les plus distraits, ou les plus rebelles, les plus entichés d'absolutisme? Car il y a des hommes qui, selon la parole éloquente de Lamartine, « ont dans l'âme un tel besoin de servitude, que, ne pouvant plus adorer le tyran, ils adorent du moins la mémoire de la tyrannie. »

En plein dix-septième siècle et en pleine monarchie absolue, la plupart des vieux abus de la féodalité pesaient encore sur les campagnes, et il n'était si chétif hobereau qui, sur ses terres, ne réclamât de vive force ses droits seigneuriaux [1]. C'étaient toujours les *genpillhommes* de Rabelais, dévorant les vilains, que dévorait aussi par tous ses maltôtiers le *dèmoboros basileus* [2]. Ces abus n'étaient un peu réprimés, de loin en loin, que par des tribunaux exceptionnels, qui se nommaient les *Grands Jours*, comme qui dirait les Grandes Assises. Les États généraux de 1614 avaient demandé, mais en vain, que les Grands Jours fussent tenus tous les trois ans dans les différentes provinces du royaume par les juges des divers Parlements. Ce fut seulement vingt ans après ces États que les Grands Jours furent tenus, et cela à Poitiers [3],

1. Eugène Bonnemère, *Histoire des Paysans*, VI, 5.
2. Homère, *Iliade*, I, « Roi mangeur de peuple ».
3. Les *Grands Jours* existaient déjà au xve siècle. Les parlements en

pour punir les exactions de la Noblesse dans le Poitou, la Touraine, l'Anjou, le Maine, l'Angoumois et l'Aunis. Et enfin, une trentaine d'années après, en 1665, eurent lieu les Grands Jours d'Auvergne, les derniers qui furent tenus, et dont Fléchier a fait le curieux et effrayant tableau.

Richelieu avait légué à Mazarin la France puissante et redoutée au dehors, mais énervée et mourant de faim au dedans. Quel que pût être le génie d'un ministre, l'administration de ce grand pays, sous le régime du *bon plaisir*, n'était que le désordre organisé. Le royaume se divisait, comme on sait, en deux sortes de pays : les pays d'États, qui étaient censés se taxer eux-mêmes, et les pays d'élection, qui étaient taxés par le souverain. Vingt-cinq Intendants, dits de finance et de justice, se partageaient la France. L'autorité militaire était exercée par trente-sept Gouverneurs, dont chacun perpétuait l'arbitraire féodal. Pour maintenir cependant l'autorité centrale, et aussi pour créer des positions à des gens de qualité que le Roi

tinrent un certain nombre au xvie, et il y en avait eu déjà à Poitiers, mais antérieurement aux États de 1614 et 1615. Les Grands Jours ne constituaient pas, à proprement parler, des tribunaux spéciaux : c'étaient des assises tenues par une commission, choisie au sein d'un parlement et que ledit parlement envoyait dans une localité située en un point assez éloigné de son ressort, afin de hâter l'expédition des affaires de la Justice. L'éloignement de ces localités ayant ajourné presque indéfiniment l'évocation des causes devant le parlement en son siège, ou l'influence de quelques seigneurs puissants s'opposant à ce que l'on sévît devant ce siège contre des crimes et des violences qui se perpétuaient au loin, c'est à raison de ce dernier motif que les Grands Jours s'occupèrent souvent de ce qu'on appelait le *grand criminel* et prirent quelque peu le caractère de juridiction criminelle spéciale, comme ont été en certaines occasions les *chambres étoilées*. Le Parlement de Paris tint des Grands Jours à Tours, à Clermont, etc.

voulait favoriser, on établissait à côté du Gouverneur un
fonctionnaire rival qui portait le titre de Lieutenant général
du Roi. Dans certains gouvernements, on en comptait
quatre ou cinq, de familles puissantes. Les villes de quelque importance avaient, en outre, des Gouverneurs de
place. Tous ces fonctionnaires, que l'État ne salariait
point et qui vivaient directement sur les contribuables,
ne servaient qu'à multiplier les conflits et à rendre très
difficile la marche régulière des affaires [1]. Outre les États
provinciaux, on comptait douze Parlements, dix-huit ar-
chevêchés. Et aucun lien n'existait entre ces diverses auto-
rités, financières, militaires, religieuses, administratives
ou policières. C'étaient autant de petites féodalités sur-
vivantes.

La gestion des deniers publics était confiée, d'une part,
au Conseil du Roi, près duquel le Contrôleur général des
finances remplissait quelque peu les fonctions de commis-
saire spécial pour les finances et ce qui s'y rattachait, et
aux Intendants de province, émanation de ce Conseil;
d'autre part, aux juridictions financières, telles que Cour
des Aides, Chambre des Comptes, Bureaux des Finances,
Tribunaux d'Élection, *Tribunaux de Gabelle*, etc. Puis
venaient deux ordres d'agents : les fermiers généraux et
les receveurs généraux; les uns et les autres étaient, à
l'égard de l'État, ce que, par exemple, aujourd'hui dans
les ponts et chaussées et l'administration des travaux

1. Eug. Bonnemère, *La France sous Louis XIV*.

publics, sont les entrepreneurs qui soumissionnent les
travaux. Les fermiers généraux prenaient à bail les gabelles, grandes et petites, le tabac, les traites, les octrois des
grandes villes, les aides du plat pays, et quelques autres
taxes de ce genre ; les receveurs généraux percevaient
principalement la taille et la capitation. Tous pêchaient en
eau trouble. Vers la fin du règne, Desmarets essaya de
porter la lumière dans ce chaos, en créant des charges
d'inspecteurs qui avaient pour mission de vérifier les opérations des gens de finances ; mais l'effet admirable fut
que ceux-ci achetèrent ces charges, qui se vendaient
comme toutes les autres, et ainsi ce furent eux-mêmes qui
se trouvèrent chargés de contrôler leurs propres opérations.

Le nombre des fermiers généraux, qui avait été longtemps de quarante, s'éleva peu à peu jusqu'à soixante.
Ces places devaient, légalement, être mises en adjudica-
tion ; en réalité, tout s'arrangeait entre le Contrôleur général des finances et les hommes de son choix, c'est-à-dire
ceux qui lui versaient le plus gros pot-de-vin à chaque
renouvellement de bail. Ce pot-de-vin, connu sous le nom
bizarre de *croupe*, n'était nullement dissimulé : on le
regardait comme un des émoluments légitimes de la place
de ministre, et le ministre lui-même en fixait le chiffre.
Ensuite venaient les pots-de-vin, ou les épingles, stipulés
en faveur des seigneurs, des dames de la cour, de tous
ceux en un mot que le Roi ou le ministre voulaient en gra-

tifier[1]. Mazarin avait trouvé avantageux et commode de
mettre les tailles en parti[2], c'est-à-dire d'en confier le
recouvrement à des maltôtiers, qui, au prix de quelques
avances, prenaient à leur compte les impôts, se chargeant
d'en opérer la rentrée par tous les moyens : le plus ordinaire était d'obtenir que la Cour mît à leur disposition des
compagnies de soldats, qui, tout en pressurant les contribuables pour le compte du traitant, les volaient et
les pillaient pour leur propre compte; de telle sorte que
ceux qui les commandaient faisaient vite fortune[3]. Ainsi
ce qu'on serait tenté de prendre pour exagération scénique
ou pour boutade satirique, dans *Turcaret* et dans *Gil-
Blas*, n'est qu'une peinture en raccourci de ce qui se voyait
depuis au moins un siècle. On se rappelle que Gil-Blas,
devenu enfin secrétaire d'un premier ministre, lui ancien
laquais, prend un laquais à son tour, Scipion, nature analogue à la sienne, garçon d'humeur commode, indifférente,
n'ayant pas horreur de l'honnêteté, non plus que de la friponnerie si l'occasion s'en présente ; mais ce n'est certes
pas Gil-Blas qui lui en voudra pour si peu ! Lui-même, en
effet, quoique arrivé après tant d'aventures à ce poste
éminent, n'est pas encore devenu très délicat. Le ministre

---

1. Eugène Bonnemère, *Louis XIV*.
2. « Partis ou sociétés pour la levée de certains impôts. » (*Dictionnaire de Littré*.) *Partisan*, membre d'un de ces partis.

> Quelque gros partisan m'achètera bien cher.

dit le poisson, dans la fable de La Fontaine, V, 3.
3. Eugène Bonnemère, Chéruel, etc.

son patron ne l'est guère plus que lui et ne songe qu'à
s'enrichir par tous les expédients qui se présentent. Le
ministre vole, Gil-Blas vole, Scipion vole, et ainsi de suite :
c'est une échelle de friponneries, l'échelle sociale de cette
époque. De même ou à peu près, Frontin, dans *Turcaret*,
résume en ces mots la situation : « J'admire le train de la
vie humaine ! Nous plumons une coquette, la coquette
mange un homme d'affaires, l'homme d'affaires en pille
d'autres ; cela fait un ricochet de fourberies, le plus plaisant du monde ! » — Oui, très plaisant en vérité, surtout
pour le peuple, qui fournissait tout, de sa substance, de
son sang, de sa vie ! — Ainsi la manière dont les taxes
étaient levées et perçues, encore plus que l'excès des
taxes elles-mêmes, épuisait le peuple, ruinait les provinces. C'était une pillerie universelle. En vain Colbert
essaya d'y mettre ordre ; de ses prescriptions sur l'assiette
et la perception des tailles, il en fut comme de la plupart
de ses autres ordonnances : fort belles sur le papier, elles
restèrent lettres mortes. A mesure qu'on voit grandir le
pouvoir despotique du roi, parallèlement on voit croître
la puissance à mal faire de tous les agents qu'il emploie [1].
Chacun d'eux, arbitrairement, dégrève ses amis riches ou
aisés, aux dépens du pauvre monde, qui paye pour tous.
Par exemple, deux ans après la mort de Colbert, Foucault,
alors intendant à Poitiers, écrit à son père, le 3 novembre 1685 : « J'ai diminué la paroisse de M. Pussort

1. Bonnemère, *La France sous Louis XIV*.

(oncle de Colbert), qui est la plus soulagée de toutes. Ses métayers ne payent presque plus de tailles. » A quoi le père, en homme avisé, répond : « Il est à propos que M. Pussort soit informé du bon office; mais il faut que ce soit par un autre que par vous, et que son fermier lui en donne avis. Il a son frère, M. Hersan, qui est trésorier de France au bureau de Poitiers : il faudrait voir si vous ne pourriez rien pour lui. Il faut tâcher de conserver son amitié par toutes les voies. » Saint-Simon rapporte que Turenne, « par la connivence de M. Colbert son ami », ajouta aux privilèges de ses terres, les fit délivrer de tous logements et passages des gens de guerre, enfin les affranchit de tout pouvoir des Intendants et des maltô-tiers. Duclos, dans ses *Mémoires*, raconte le fait sui-vant : « Courtin, intendant de Picardie, ménagea telle-ment les terres du duc de Chaulnes son ami, qu'il s'aperçut enfin qu'il avait surchargé de 40 000 livres d'autres pa-roisses. Il les paya et demanda son rappel. Sur les in-stances qu'on lui fit pour rester, il répondit qu'il ne voulait ni se ruiner ni passer sa vie à faire du mal. » Voilà les Intendants jugés, par qui? Par un d'entre eux, et appa-remment un des plus honnêtes. Quelques-uns, comme celui-là, essayaient soit de se retirer d'une carrière trop glissante, soit de redresser quelques iniquités, ou de porter remède à ce qui restait d'abus féodaux [1] : car il

---

1. Voir, pour ces honorables exceptions, la *Correspondance des Con-trôleurs généraux des Finances avec les Intendants de province*, publiée

y a dans tous les temps des hommes justes, et on peut les compter ; mais le système était si imparfait qu'il offrait mille occasions d'injustice et de friponnerie.

Il existe un formidable dossier de la misère en France aux dernières années du dix-septième siècle : c'est la collection des Mémoires que les Intendants rédigèrent en 1698 à la demande du duc de Bourgogne, l'élève de Fénelon. Le jeune prince voulait connaître la situation de ce peuple qu'il semblait destiné à gouverner un jour ; mais Louis XIV vécut trop vieux, et son petit-fils mourut trop jeune. Ces volumineux Mémoires n'ont été publiés que par extraits dans ces derniers temps ; ils ne sont connus dans leur ensemble que par l'analyse du comte de Boulainvilliers, laquelle ne remplit pas moins de huit volumes. Selon la juste remarque de M. Eugène Bonnemère, les tableaux tracés par les Intendants doivent évidemment adoucir plutôt que charger la réalité, « puisqu'en leur qualité d'instruments directs du despotisme royal ils étaient le plus souvent les auteurs d'une partie des maux qu'ils signalaient. » Eh bien, ces tableaux font frémir. On y voit que plusieurs parties de ce grand royaume, par le poids des impôts, la levée des milices, le passage des soldats, les ravages de la guerre, avaient perdu le tiers et parfois la moitié de leur population.

Plusieurs circonstances malheureuses semblaient s'être

par A. de Boislisle, t. I (1683 à 1699), Paris, in-4, 1874. — Et les publications faites, sur l'administration de divers Intendants, par d'Arbois de Jubainville, par Legrand, député de Valenciennes, etc.

réunies pour accroître la misère du peuple dans l'année même où l'on rédigeait ces Mémoires : de fortes gelées survenues au mois de mai avaient détruit toute la récolte des vignes; des pluies continuelles en juillet et en août diminuèrent notablement la récolte des céréales et fournirent aux accapareurs de blés l'occasion de renouveler leurs odieuses spéculations. Le blé monta à 30 livres le setier. Des commissaires furent envoyés dans les provinces pour déjouer et punir les manœuvres de ces entrepreneurs de disette; on renouvela, on multiplia les arrêts qui les condamnaient; ce fut vainement : le gouvernement despotique, si absolu, se trouvait impuissant à empêcher aucun mal, comme à faire aucun bien. Les monopoleurs achetaient le blé en herbe, audacieusement, par-devant notaire. La famine, qui avait déjà sévi en 1662 et en 1693, sévit de nouveau, et cette fois pour ne plus cesser jusqu'à la fin du règne. On se voit forcé de mettre des gardes aux portes des boulangers, pour les défendre contre le pillage armé. La misère remplit Paris et la banlieue de maraudeurs et de voleurs; on n'est presque plus en sûreté, même dans sa maison. « Aussi n'osait-on plus se hasarder à marcher ni trop matin, ni trop tard, parce que le désespoir où étaient ces affamés les rendait capables de tout... [1]. »

Le Roi, pendant ce temps, bâtit des châteaux, multiplie les fêtes, les prodigalités de toutes sortes : le luxe de Versailles et de Marly semble insulter à la détresse publique.

1. *Annales de la Cour et de Paris*, II, 252, 254.

« Le 12 juin, à Marly, dit le *Journal de Dangeau* de cette
année même, le Roi s'amusa, l'après-dînée, à aller voir
une fontaine nouvelle, qui sera plus belle qu'aucune qui
soit ici. Le Roi fait faire aussi un mail sur les hauteurs,
auprès des gerbes de la rivière ; il veut que rien ne manque
ici de tout ce qui peut divertir les courtisans [1]. » — Divertir les courtisans, voilà le point ! Amuser ce peuple d'oi-
sifs, qui a pour unique fonction d'adorer le maître. Cinq
semaines après, madame de Maintenon se plaint tout bas
de ce qu'on fait encore un corps de logis : « Marly sera
bientôt un second Versailles. Je n'ai pas plu dans une
conversation sur les bâtiments. Ma douleur est d'avoir
fâché sans fruit. Il n'y a qu'à prier et à souffrir ! Mais le
peuple, que deviendra-t-il [2] ? » Lorsqu'elle se hasardait à
demander au Roi de l'argent pour les pauvres, il répondait :
« Un roi fait l'aumône en dépensant beaucoup. » — Nous
connaissons, pour l'avoir vue reparaître pendant dix-huit
ans, cette étrange économie politique, qui consiste à dé-
penser follement le fruit du travail de tous, pour satisfaire
les fantaisies de quelques-uns.

C'était le gaspillage en haut, et le pillage à tous les degrés. Lorsque 50 millions entraient dans les caisses du
Trésor, c'est que plus du double de cette somme était sorti
de la bourse des contribuables : la moitié restait dans les
mains et dans les poches des publicains de toute sorte.

1. *Journal*, VI, 665.
2. Lettre du 19 juillet 1698.

Saint-Simon qualifie en termes énergiques « l'énormité de
quatre-vingt mille fripons de gabelous qui ne vivaient et
ne s'enrichissaient que de leurs rapines, aux dépens du
peuple. » Déjà, en 1665, lorsque le Roi avait fait appeler à
Paris le chevalier Bernini pour travailler aux dessins et
plans du nouveau Louvre, le célèbre artiste italien avait
été stupéfait du désordre des finances et avait laissé
échapper une boutade qui inspira peut-être ensuite à l'auteur de *Turcaret* et de *Gil-Blas* les traits que nous citions
tout à l'heure. Voici la fusée de l'Italien : « Le Roi dit :
Je vole mes sujets. — Le ministre dit : Je vole le Roi. —
Le tailleur (le fermier des tailles) dit : Je vole le ministre.
— Le soldat dit : Je vole tout le monde. — Le confesseur
dit : Je les absous tous. — Et le diable dit : Je les emporte
tous. »

Avec ce pillage et ce gaspillage, on ne savait qu'imaginer
pour remplir les coffres de l'État et la cassette royale, qui
se vidaient sans cesse. Un des expédients financiers de la
monarchie était celui-ci : on changeait fréquemment le
titre et la valeur des monnaies. Par exemple, en août 1693 :
« Les louis, dit Dangeau, qui ne valent plus que 11 livres
10 sous, diminueront encore de 5 sous au commencement
du mois prochain. » Telle était la combinaison annoncée;
mais, au 29 septembre, on en présente une autre : « Les
monnaies ne diminuent point de prix; les louis vaudront
toujours 11 livres 10 sous, et les écus 3 livres 2 sous; mais,
en les portant à la monnaie, on en aura 11 livres 15 sous,

et 3 livres 3 sous. On y mettra une marque nouvelle : après quoi, les louis vaudront 13 livres, et les écus 3 livres 8 sous. Par la supputation que l'on fait de l'argent qui est dans le royaume, cette affaire vaudra au Roi trente à quarante millions [1]. »

A deux semaines de là, le 15 octobre, tout est changé encore. « On a publié un arrêt, ces jours passés, qui porte que les louis d'or vaudront 11 livres 14 sous, et les écus d'argent 3 livres 3 sous, jusqu'à la fin de ce mois. Les nouveaux louis d'or, qui commencent un peu à paraître, vaudront 14 francs, et les écus blancs 3 livres 12 sous [2]. »

Allez maintenant, faites du commerce, et essayez de gagner de l'argent pour acquitter les charges qui pèsent sur vous, — quand il est impossible de prévoir ce que vaudra la monnaie dans quinze jours, et quand les banqueroutes partielles de Sa Majesté, irresponsable, peuvent amener votre banqueroute totale, dont vous répondrez, vous !

Autre expédient, non moins honnête : le Roi vend, chaque année, des privilèges de bourgeoisie ou des titres de Noblesse, savonnettes à vilains, et en vient jusqu'à faire expédier en blanc des lettres d'anoblissement. Pendant que la marchandise devient Noblesse, la Noblesse devient marchandise. Est-ce tout ? Non. Le Roi, de temps à autre,

1. *Journal de Dangeau.*
2. *Ibid.*

fait payer une seconde fois aux bourgeois gentilshommes ces vains honneurs. En 1698, par exemple, il annule d'un trait de plume tous les titres acquis depuis quatre-vingt-douze ans, « si l'on ne veut les conserver au moyen de nouvelle finance, *tous ces titres ayant été acquis par surprise*, » dit l'édit de réformation.

Ainsi, tandis que dans d'autres pays, tels que l'Angleterre, ce sont les personnages illustres qui, par politique, se font affilier aux corps de métiers, en France, sous la monarchie absolue, c'est la bourgeoisie, née du peuple, qui, pour son argent, entre dans la Noblesse, et la paye plutôt deux fois qu'une. Et c'est le Roi de France qui bat monnaie avec ces prétendus honneurs, vendus et revendus !

Il vend aussi des exemptions d'impôts ; et puis, au bout de quelque temps, il annule, ici encore, ce qu'il a vendu, afin de le revendre. Qu'est-ce qu'une parole royale, sous le régime du bon plaisir et du Droit divin? De même que c'est le bon plaisir de Dieu, la Grâce, qui fait le salut et la justice, de même le Dieu sur terre qui s'appelle Roi fait l'honnêteté à sa guise et à son usage ; le commun des martyrs est sujet à des lois ; la probité a ses obligations pour la bourgeoisie et le peuple, pour les gens de rien ; mais Royauté est au-dessus de loyauté : ces petits empêchements ne sont pas faits pour elle ; tenir sa parole, cela est bon pour les gens « qui ne sont pas nés » ! Les États de Bretagne, voulant soulager leurs provinces écrasées

d'impositions, en avaient payé le rachat au prix énorme de
5 200 000 livres. Le Roi prit l'argent; mais, l'année suivante (1675), se jouant de sa parole, il rétablit tous les
impôts dont il venait de vendre si cher le retrait. Là-
dessus, non seulement les paysans, mais les bourgeois,
se révoltèrent : Nantes, Rennes et d'autres grandes villes
trouvèrent qu'il n'y avait plus rien à ménager; le soulè-
vement fut général : les plus emportés coururent aux
armes, ou allèrent briser à coups de pierres les vitres du
Gouverneur et des autres représentants du Roi ; les plus
réfléchis rédigèrent un *Code paysan*, que M. Bonnemère
a cité et dont on peut voir les principaux traits dans son
ouvrage [1]. Mais l'insurrection, cette fois encore, quelque
juste qu'elle pût être, fut cruellement réprimée.

Outre la vente régulière des offices et charges publiques,
le Roi, à chaque instant, crée des fonctions, soit inutiles,
soit bizarres, dont il vend les titres à beaux deniers comp-
tants :.à côté de tel fonctionnaire qui n'a déjà pas grand'-
chose à faire, le Roi en crée deux autres, alternatifs et
triennaux, qui doivent le suppléer, chacun à son tour; cela
est établi par édit « perpétuel et irrévocable, scellé du sceau
royal, afin que ce soit chose ferme et stable à toujours. »
L'année d'après, le Roi vend aux cités le rachat de ces
fonctions, et les cités doivent rembourser en outre les
titulaires qui les ont achetées. Pour la seule ville d'Angers,
on trouve à peu d'années de distance douze ou quinze

1. *Histoire des Paysans*, II, p. 250 à 252.

exemples de ces édits de vente et de rachat. Il s'agit
non seulement de maires, échevins, jurats et conseillers,
mais de greffiers, sergents, archers, hérauts, hocquetons,
massarts, valets de ville, trompettes, tambours, fifres,
portiers ou gardiens d'hôtels de ville ; tous également
alternatifs et triennaux (mars 1709). Puis viennent les
jurés-crieurs d'enterrements, les contrôleurs-visiteurs de
beurre frais, essayeurs de beurre salé, contrôleurs aux
empilements de bois, langueyeurs de porcs en titre d'office [1]. Les marchés et les ports de mer se couvrent d'une
nuée d'officiers du Roi, qui, prélevant un impôt sur la
marchandise, protègent chèrement le vendeur et l'ache-
teur. Il y avait aussi de ridicules charges de cour :
tel seigneur était « capitaine des chiens écossais chassant
le lièvre pour les plaisirs de Sa Majesté » ; un autre avait
la charge du « vol pour pies chez le Roi ». Il y avait les
« hâteurs du rôt du Roi », les « embrocheurs de la
Reine », etc.

Et ce n'était pas le Roi seul qui vendait des immunités
et qui battait ainsi monnaie. De proche en proche on suivait son exemple. « Il y a un certain chevalier d'honneur,
dit la grande Mademoiselle dans ses Mémoires : c'est une
charge assez extraordinaire ; les gens de feu mon père
étaient habiles à en créer de toutes les façons pour avoir
de l'argent. » Un riche propriétaire possédait la charge de

---

1. Voyez le *Traité de la Police*, t. II et III, passim. — E. Bonnemère,
Dangeau, VIII, 35. — Lallemand, VI, 138.

Musette du Poitou, ayant acheté au prix de 3000 livres
cette bizarre position sociale, pour s'exempter de payer
7 à 800 livres d'impositions annuelles [1]. Ces choses-là,
par un côté, font rire; mais, par l'autre, elles faisaient
pleurer. Et, lorsque le nouveau Contrôleur général Pontchartrain se vantait de battre monnaie avec de la cire et
du parchemin, il jetait en réalité le peuple sous le pres-
soir, pour en extraire la dernière goutte de sueur et de
sang, « jusques au pus », selon l'énergique expression
de Saint-Simon. — « Toutes les fois que Votre Majesté
crée une place, disait Pontchartrain au maître, Dieu
crée tout exprès un imbécile pour l'acheter. » — Pas
si imbécile cependant! car ceux qui acquéraient ainsi des
charges ridicules achetaient à vil prix, par ce moyen, pour
eux et leur famille, l'exemption des tailles, aides, corvées, logements militaires et autres charges publiques très
réelles, dont le fardeau, de plus en plus accablant, ne
pesait par suite que sur les plus pauvres, qui, se trouvant
déjà dans l'impossibilité de les acquitter, devaient solder,
encore par surcroît, les salaires de ces fonctionnaires
parasites. Quelle accumulation d'iniquités!

En se livrant à ces fantaisies et à d'autres semblables, le
Roi s'imaginait qu'il travaillait au bonheur de ses peuples.
Ouvrez le *Recueil des anciennes Lois et Ordonnances
françaises* [2], et, au tome **XX**, page 484, vous lirez ces

1. E. Bonnemère, *Histoire des Paysans.*
2. Dressé par Isambert de Crusy et Taillandier; recueil fort utile,
mais très loin d'être complet.

lignes : « L'usage des perruques ne contribuant pas moins
à l'ornement de l'homme qu'à sa santé, nous avons créé
des lettres de maîtrise dans toutes les villes du royaume,
afin que le public pût être mieux servi, et avec fidélité... »
Et, pour mieux garantir encore cette fidélité des perru-
quiers, le Roi créa aussi des contrôleurs de perruques,
auxquels il accorda un bail de neuf ans, moyennant
210 000 livres à payer chaque année. Ces créations gro-
tesques avaient donc des résultats très effectifs. Mais avec
quoi payait-on tout cela? Avec la substance et la vie des
plus misérables.

C'est du fond de cette misère qu'un petit nombre
d'hommes, par leur intelligence, leur énergie et leur travail, émergeaient, s'élevaient, se rendaient nécessaires,
conquéraient leur place au soleil. Il en était d'eux comme
de ces enfants que les barbares du Nord plongeaient dans
l'eau glacée, à leur naissance : ceux qui n'en mouraient pas
en sortaient plus drus et plus forts; c'étaient les conquérants futurs des vainqueurs du monde. Ainsi trempés dans
la misère, quelques fils de ces paysans mourants de faim
devenaient des bourgeois cossus, des financiers et des ministres. La Bruyère, on l'a vu, a saisi sur le vif cette croissance de la bourgeoisie, cette naissance des *citoyens* par
le travail; le mot est éclos sous sa plume, des faits qui
poussaient sous ses yeux.

Les aristocraties antiques dédaignaient le commerce,
comme œuvre servile et basse, développant l'immoralité.

La féodalité eut le même mépris, le commerce paraissant incompatible avec les facultés guerrières. Mais, à mesure que le travail, comme une plante vivace entre les ruines, poussa dans les interstices des guerres, peu à peu des idées nouvelles se développèrent avec lui ; le commerce, source de l'industrie, se révéla comme un puissant instrument de richesse. Les marins, qui aux premiers temps n'avaient été que des pirates, devinrent des messagers de civilisation. La richesse donnant la puissance, les Nobles commencèrent à ne plus mépriser cette force nouvelle et à daigner en solliciter leur part. Pendant que les bourgeois se faisaient gentilshommes, certains gentilshommes se faisaient bourgeois, pour retrouver l'opulence et les honneurs. Presque toute la gloire du siècle de Louis XIV lui vient en effet de la bourgeoisie, de cette race roturière, issue du peuple. Ainsi les armoiries du Roi-soleil tiennent du peuple leurs rayons. Presque tous les ministres de ce règne, Bouthillier, Bailleul, Servien, Guénegaud, Fouquet, Michel Le Tellier, Le Tellier de Louvois, Le Tellier de Barbezieux, Jean-Baptiste Colbert, Colbert de Seignelay, Colbert de Croissy, Colbert de Torcy, Arnaud de Pomponne, Phélipeaux de La Vrillière, Phélipeaux de Châteauneuf, Le Péletier, Desmarets, Chamillard, sans compter les chanceliers choisis dans la magistrature, sortent tous de la bourgeoisie et de la plèbe. Plusieurs des noms illustrés par les armes, Fabert et Catinat dans l'armée de terre, Duquesne et Duguay-Trouin dans l'armée de mer, sont également des roturiers. Roturiers encore, excepté cinq seulement [1], tous les grands noms de la littérature de ce siècle illustre : Corneille, Pascal, Arnauld, Nicole, Molière, Racine, La Fontaine, Boileau, Bossuet, Bourdaloue, Fléchier, La Bruyère, Massillon. Roturiers aussi les grands artistes, peintres, statuaires ou architectes : Nicolas Poussin, Lesueur, Claude Lorrain, Philippe de Champagne, Lebrun, Puget, Mansart, Claude Perrault. Celui qu'on appelle Louis le Grand doit à ces génies plébéiens la meilleure part de sa grandeur.

Une part cependant lui reste, qu'il ne faut ni exagérer ni restreindre : c'est de les avoir parfois suscités, directement ou indirectement. « Non seulement Louis XIV, conseillé par Colbert, fixa le sort des gens de lettres en instituant pour eux des pensions régulières ; mais, de lui-même, il fit plus, il les honora dans ses bienfaits : il leur assigna une place à la Cour, et mit leur association libre, l'Académie, au rang des grands corps de l'État [2]. » Il étendit ses libéralités aux étrangers. On a peut-être, de nos jours, trop rabaissé ces pensions, dont la signification, comme marque de bienveillance et d'estime, importait plus que le chiffre, outre qu'il ne faut pas juger ce chiffre

1. Ces cinq exceptions sont : La Rochefoucauld, madame de La Fayette, madame de Sévigné, Fénelon et Saint-Simon.

2. Aug. Thierry, *Tiers État*. L'Académie, depuis la mort de Richelieu, était sous le patronage officiel du Chancelier ; vers 1672, le Roi s'en déclara personnellement le protecteur, et lui donna le droit de venir le haranguer dans les occasions solennelles, comme faisaient le Parlement et les autres Cours supérieures. C'était un grand honneur alors, il ne faut pas juger tout cela avec nos idées d'aujourd'hui.

d'après la valeur d'aujourd'hui. Parmi les créations du
Roi, il faut noter l'Académie des Sciences, l'Académie
des Inscriptions et belles-lettres, les Académies de Peinture, de Sculpture et d'Architecture, l'Académie royale de
Musique ou Opéra, l'Académie de France à Rome, l'École
des Langues orientales, l'Observatoire, l'enseignement du
Droit à Paris. Que l'initiative privée ait eu part à quelques-
unes de ces œuvres, que Colbert ait été l'inspirateur de
la plupart de ces belles institutions, certes nous ne le con-
testons point ; mais n'est-il pas équitable aussi d'en tenir
compte dans une certaine mesure à un jeune roi qui sut
accueillir l'idée de tant d'œuvres excellentes et qui tint
à honneur de les favoriser, en approuvant les propositions
de son ministre ?

Ce Colbert fut en quelque sorte, dans le siècle de
Louis XIV, la plus haute personnification de la bourgeoisie
élevée si haut par le travail. Fils de commerçants marchands de draps à Reims, il avait fait un long apprentissage des affaires, d'abord chez ses parents, puis à Paris,
ensuite à Lyon. Après cela, il avait été successivement
clerc de notaire, puis clerc chez un procureur au Châtelet,
ensuite commis à un bureau de recette financière ; après
cela, secrétaire particulier de Mazarin, et enfin intendant
de sa maison. Le cardinal, en mourant, le recommanda
au Roi ; Colbert fut, en réalité, pendant vingt-deux ans,
ministre de Louis XIV, sous des titres divers[1], et donna

1. D'abord simple « intendant de finance et de justice », puis « atta-

une haute impulsion à la prospérité de son règne. S'inspirant des idées de Richelieu, pour la mémoire duquel il professait une sorte de culte, dès son entrée au Conseil il reprit les plans de ce grand ministre, et le citait à toute occasion. Le Roi parfois l'en plaisantait, et, quand il s'agissait d'une affaire importante : « Ah ! disait-il, voilà Colbert qui va nous dire : Sire, le grand cardinal de Richelieu... »

Ce que le cardinal avait accompli au dehors et n'avait pu qu'ébaucher au dedans, Colbert considéra comme un devoir patriotique de le continuer, avec une constance de travail admirable, développant tous les éléments de la puissance financière, industrielle et commerciale de la France, et cela sans avoir d'abord ni le titre et le prestige, ni les droits de premier ministre, sous un prince le plus jaloux de son autorité personnelle, et le plus ombrageux en ce point, qui fut jamais.

Le principal moyen d'influence de Colbert était de donner au Roi comme à tout le monde l'exemple de l'activité. « Rien de plus étrange que le contraste des figures et des caractères, dans cette association au même travail, qui liait l'un à l'autre Louis XIV et Colbert : le Roi, jeune et brillant, fastueux, prodigue, emporté vers le plaisir, ayant au plus haut degré l'air et les goûts d'un gentilhomme; le

ché à la Surintendance des finances », lorsque le procès fut fait au Surintendant Fouquet. Après la destitution de celui-ci, la Surintendance des finances fut abolie, et on remplaça cette charge par celle de « Contrôleur général des Finances », dont le premier titulaire fut Colbert. Le pouvoir du Contrôleur général était beaucoup plus limité que celui du Surintendant, auquel avait appartenu l'omnipotence financière.

ministre, joignant aux fortes qualités de la classe moyenne,
à l'esprit d'ordre, de prévoyance et d'économie, le ton et
les manières d'un bourgeois. Vieilli avant l'âge dans des
devoirs subalternes et des travaux assidus, Colbert en avait
gardé l'empreinte : son abord était difficile, sa personne
sans grâce, ses traits austères jusqu'à la dureté. Cette
rude enveloppe couvrait une âme ardente pour le bien public, avide d'action et de pouvoir, mais encore plus dévouée
qu'ambitieuse.[1] » Il soutint pendant toute sa vie ce travail
prodigieux. Dans les instructions qu'il laissa écrites de sa
main pour son fils aîné, on trouve cette phrase : « Mon
fils doit bien penser et faire souvent réflexion sur ce que
sa naissance l'aurait fait être, si Dieu n'avait pas béni mon
travail et si ce travail n'avait pas été extrême. » Colbert
était aussi économe que le jeune Roi était prodigue ; mais il
savait donner avec empressement pour ce qui était utile
à la gloire de la France. Dans une lettre au Roi, il lui
dit : « Je déclare, en mon particulier, à Votre Majesté
qu'un repas inutile de 3000 livres me fait une peine
incroyable ; mais, lorsqu'il est question de millions d'or
pour la Pologne, je vendrais tout mon bien, j'engagerais
ma femme et mes enfants, et j'irais à pied toute ma vie,
pour y fournir, s'il était nécessaire. » Voilà des paroles
généreuses, qui répondent victorieusement aux critiques
que l'on a pu faire en ne tenant pas compte des circonstances et des difficultés.

1. Aug. Thierry, *Tiers État*, ch. IV.

Colbert donna l'essor au génie national dans toutes les voies de la civilisation, développa à la fois toutes les activités, l'énergie intellectuelle et les forces productives de la France. Il prit pour règle de distinguer en deux classes les conditions des gens : celles qui tendent à se soustraire au travail, source de la prospérité de l'État, et celles qui, par la vie laborieuse, tendent au bien public. Voici comment il s'en explique dans un discours prononcé le 10 octobre 1665, relativement à un projet de révision générale des Ordonnances : « Observer de rendre difficiles toutes les conditions des hommes qui tendent à se soustraire au travail, qui va au bien général de tout l'État ; ces conditions sont : le trop grand nombre des officiers de justice, le trop grand nombre de prêtres, de moines et religieuses ; et ces deux dernières conditions non seulement se soulagent du travail, qui irait au bien commun, mais même privent le public de tous les enfants qu'ils pourraient produire pour servir aux fonctions nécessaires et utiles. Pour cet effet, il serait peut-être bon de rendre les vœux de religion un peu plus difficiles et de reculer l'âge pour les rendre valables ; même de retrancher l'usage des dots et des pensions de religieuses ; et de faciliter et rendre honorables et avantageuses autant qu'il se pourra toutes les conditions des hommes qui tendent au bien public, c'est-à-dire les soldats, les marchands, les laboureurs et gens de journée. » N'est-ce pas là le langage du bon sens, de la raison, de la justice ? Colbert, en exprimant de telles idées il y a deux

cents ans, n'était-il pas bien en avance sur son siècle ? Bien
des gens, aujourd'hui encore, ne manqueraient point de
l'injurier pour de tels discours, et de le déclarer là-dessus
ennemi de la religion, de Dieu, de la société, de la liberté
de conscience, de l'ordre et de la paix publique.

Dans le chaos de l'administration financière de l'ancien
régime, dont nous avons essayé de donner quelque idée,
ce grand et courageux ministre, n'oubliant point son origine roturière, « s'imposa la tâche d'asseoir l'impôt, non
sur les privations du peuple, mais sur un accroissement
de la richesse commune, et il réussit, malgré d'énormes
obstacles, à augmenter le revenu de l'État en réduisant les
charges des contribuables [1]. » Il donna une puissante impulsion aux arts et aux manufactures, en même temps
qu'à l'industrie et au commerce. Ce fut, il est vrai, selon
les habitudes monarchiques, en réglementant toutes choses,
en accordant des privilèges, en établissant des prohibitions, mais aussi en introduisant des industries étrangères
dont il payait à grand prix les ouvriers et les artistes.
M. Levasseur, dans sa belle *Histoire des Classes ouvrières
en France*, explique très bien comme quoi il était difficile
et peut-être impossible en ce temps-là de procéder autrement. La grande industrie ne pouvait pas naître dans les
étroites corporations du moyen âge ; hors des corporations
elle ne pouvait vivre que défendue par la protection royale

---

1. Aug. Thierry, Forbonnais, Pierre Clément, Henri Martin, Dareste
de la Chavanne. — Et les Ordonnances de Colbert lui-même.

contre la jalousie des métiers. Il fallait ou abolir toute
corporation, ce que Colbert ne songeait pas à faire, ou
élever privilège contre privilège, monopole contre monopole : c'est ce qu'il fit. Le titre de *manufacture royale*
était une sorte de palladium, qui mettait l'industrie à l'abri
des saisies, des procès et des attaques de tout genre. La
manufacture royale ne relevait ni des jurés ni des syndics;
elle relevait directement de la Royauté, qui la soutenait
de son argent, de ses édits et de ses faveurs, accordant
des immunités nombreuses aux ouvriers et aux patrons. Ils
n'étaient pas obligés de travailler pour le Roi; il suffisait
qu'ils travaillassent *par privilège du Roi.* Pour obtenir
ce privilège, il n'était pas nécessaire d'avoir fait quelque
grande invention; il suffisait d'introduire en France une
industrie étrangère, ou même de donner une forme nouvelle, une impulsion plus vive à quelque industrie indi-
gène qui languissait. L'industriel, protégé contre la jalouse
surveillance des corps de métier, pouvait conduire plus
librement ses opérations, avoir de plus vastes ateliers,
appliquer plus de capitaux à son travail. Voilà comment,
avec les manufactures de Colbert, la grande industrie
prit racine dans le royaume.

A la vérité, si le privilège eut son utilité relative, ce ne
fut que pour un temps. Il en fut de même pour la protection douanière : Colbert se trompa lorsqu'il crut qu'on
entretenait l'abondance à l'intérieur en empêchant la sortie
des subsistances. Cette erreur d'un grand esprit fut par-

tagée et l'est encore aujourd'hui par beaucoup d'autres.
Robert Peel, après l'avoir partagée aussi, eut la gloire de
s'en affranchir et d'attacher son nom définitivement à la
liberté des céréales. En toutes choses, la liberté seule est
féconde. Les règlements et les prohibitions sont moins
une digue contre la fraude qu'une entrave au progrès.
Mais Colbert subissait la suite des préjugés du moyen âge,
le poids des usages invétérés. Il n'était pas cependant,
par instinct, défavorable à la liberté. Ainsi, il écrivait
en 1669 : « Il faut laisser faire les hommes, qui s'appliquent
sans peine à ce qui convient le mieux ; c'est ce qui apporte
le plus d'avantages. »

En résumé, l'œuvre de ce bourgeois de génie fut immense. Comment se fait-il que ce grand ministre, à la fin
d'une vie si laborieuse et si dévouée, ait recueilli non
l'amour, mais la haine, de ce peuple dont il était sorti et
pour lequel il avait travaillé, toute sa vie, de si grand cœur?
C'est que l'on fit honneur au Roi du bien qu'avait fait le
ministre, et que l'on imputa à celui-ci les maux dont le Roi
avait été cause ; c'est que les monarques absolus ont trop
de facilité à suivre les entraînements de leur bon plaisir;
c'est que, la passion de la gloire militaire et des conquêtes
ayant remplacé, dans l'âme du Roi, celles des travaux utiles
et des arts de la paix, le mauvais génie de Louvois sup-
planta dans la faveur du prince le bon génie de Colbert :
de là une série de guerres injustes, qui ruina de nouveau
les finances et qui réduisit enfin le Contrôleur général aux

lourds impôts et aux mauvais expédients d'autrefois; de sorte qu'il encourut l'impopularité de mesures qu'il avait désapprouvées et qu'il avait prises malgré lui pour soutenir l'État penchant. Et sa mémoire fut maudite, quand elle eût mérité d'être bénie pour les œuvres qui lui appartenaient en propre. Après sa mort, le mal ne fit que croître, et les années de décadence succédèrent aux années de grandeur.

C'est ainsi que certains enfants du peuple et de la bourgeoisie travailleuse s'élevaient du fond des ténèbres et montaient peu à peu dans la lumière; mais le plus grand nombre des anciens serfs à peine affranchis de nom, la presque totalité du menu peuple des campagnes demeuraient plongés dans la misère la plus profonde. Tout le monde connaît le tableau poignant de La Bruyère : « On voit certains animaux farouches, des mâles et des femelles, répandus par la campagne, noirs, livides et tout brûlés de soleil, attachés à la terre, qu'ils fouillent et qu'ils remuent avec une opiniâtreté invincible; ils ont comme une voix articulée; et, quand ils se lèvent sur leurs pieds, ils montrent une face humaine; et, en effet, ils sont des hommes. Ils se retirent, la nuit, dans des tanières, où ils vivent de pain noir, d'eau et de racines. Ils épargnent aux autres hommes la peine de semer, de labourer et de recueillir pour vivre, et méritent ainsi de ne pas manquer de ce pain qu'ils ont semé. »

La modération calculée de cette humble réclamation finale, en faveur de ces malheureux, par qui tous les autres existent, ne fait que donner plus de force à la sourde indignation qui gronde, là, sous l'ironie. Dans ces lignes formidables perce déjà le cri de l'humanité et de la justice, qui va retentir, un siècle après, et se répercuter dans tout l'univers.

Par l'état où se trouvaient encore les paysans en plein dix-septième siècle, on peut juger de celui dans lequel ils avaient végété jusqu'alors. Un autre noble cœur, Vauban, que le duc de Saint-Simon a qualifié du nom de patriote, créé exprès pour lui, n'est pas moins émouvant en sa précision terrible, lorsqu'il analyse la misère de presque toutes les classes de la société de ce temps. « Par toutes les recherches que j'ai pu faire depuis plusieurs années que je m'y applique, j'ai fort bien remarqué, dit-il, que dans ces derniers temps, près de la dixième partie du peuple est réduite à la mendicité, et mendie effectivement ; que, des neuf autres parties, il y en a cinq qui ne sont pas en état de faire l'aumône à celle-là, parce qu'eux-mêmes sont réduits, à très peu de chose près, à cette malheureuse condition ; que, des quatre autres parties qui restent, les trois sont fort malaisées, et embarrassées de dettes et de procès ; et que, dans la dernière, où je mets tous les gens d'épée et de robe, ecclésiastiques et laïques, toute la noblesse haute, la noblesse distinguée et les gens en charge militaire et civile, les bons marchands, les bourgeois rentés et les plus accommodés, on ne peut pas compter sur cent

mille familles [1]. » Un mot en dira plus que bien des pages.
on estime que, de 1689 à 1715, six millions d'hommes
moururent de faim.

Faut-il rappeler la lettre de Fénelon à Louis XIV,
en 1692 ou 93 ?... « Cependant vos peuples, que vous
deviez aimer comme vos enfants, et qui ont été jusqu'ici
si passionnés pour vous, meurent de faim. La culture
des terres est presque abandonnée; les villes et les campagnes se dépeuplent; tous les métiers languissent et ne
nourrissent plus les ouvriers. Tout commerce est anéanti.
Par conséquent, vous avez détruit la moitié des forces
réelles du dedans de votre État, pour faire et pour défendre
de vaines conquêtes au dehors... Le peuple même (il faut
tout dire), qui vous a tant aimé, qui a eu tant de confiance
en vous, commence à perdre l'amitié, la confiance, et même
le respect. Vos victoires et vos conquêtes ne le réjouissent
plus : il est plein d'aigreur et de désespoir; la sédition
s'allume peu à peu de toutes parts. Ils croient que vous
n'avez aucune pitié de leurs maux, que vous n'aimez que
votre autorité et votre gloire... » Telles sont les paroles
hardies adressées au Roi par le précepteur du duc de Bourgogne, héritier présomptif du trône.

Ces nobles et généreux esprits, Fénelon, Vauban,
Boisguillebert encore [2], pour s'être émus des misères du

1. *Projet d'une Dîme royale* (1707). *Collect. des principaux Écono-
mistes*, t. I, p. 34.
2. *Le Détail de la France sous Louis XIV*, 1695-1699 ; augmenté et
complété en 1707.

peuple et y avoir cherché quelque remède, avaient été dis-
graciés. On les appelait esprits chimériques, parce qu'ils
avaient souci de l'humanité et de la patrie. Cependant les
lettres de madame de Maintenon elle-même justifient par
des faits nombreux leurs réclamations émouvantes. A
plus forte raison les pamphlets publiés soit au dedans, soit
au dehors, étalaient-ils les souffrances du peuple épuisé.
Dès l'année 1690, des cris s'étaient élevés contre les abus
de la monarchie absolue, dans quinze Mémoires sur le
gouvernement de Louis XIV, imprimés à l'étranger, avec
ce titre : *Les Soupirs de la France esclave qui aspire
après sa liberté*. L'auteur anonyme y dénonçait en termes
véhéments et indignés la misère du peuple, l'oppression
de l'Église, de la magistrature, de la Noblesse et des villes.
S'élevant contre la doctrine de la monarchie absolue, il
réclamait, au nom des droits du peuple, la convocation
des États généraux... On attendit cette convocation quatre-
vingt-dix-neuf ans encore ! Cependant le peuple succombait sous les impôts et la corvée. Celle-ci devenait de plus
en plus lourde. Tocqueville en explique les raisons : « Jusqu'à la fin du règne de Louis XIV, les grands chemins ne
furent point entretenus, ou le furent aux frais de tous
ceux qui s'en servaient, c'est-à-dire de l'État et de tous les
propriétaires riverains ; mais, vers ce temps-là, on commença à les réparer à l'aide de la seule corvée, c'est-à-dire
aux dépens des seuls paysans. Cet expédient pour avoir
de bonnes routes sans les payer parut si heureusement

imaginé, qu'en 1737 une circulaire du Contrôleur général
Orry l'appliqua à toute la France. Les Intendants furent
armés du droit d'emprisonner à volonté les récalcitrants
ou de leur envoyer des garnisaires [1]. » Partout l'arbitraire
et la violence. Voilà, sans compter d'autres plaies, soit
cachées, telles que les prisons d'État, soit publiques, telles
que les persécutions religieuses, quels étaient les dessous
ou les côtés affreux et, si l'on peut ainsi parler, les parties honteuses et horribles de cette monarchie si glorieuse.

A la mort du « grand roi », l'État devait, en billets au
porteur actuellement exigibles, 710 millions; les intérêts
de la dette publique s'élevaient à 86 millions; ces deux
dettes réunies formaient un capital de plus de trois milliards. Il y avait en caisse, pour acquitter tout cela et pour
vivre, 7 à 800 000 livres [2].

C'est donc à la banqueroute imminente que la monarchie du droit divin et du bon plaisir, par ses guerres, ses
galanteries et ses folles prodigalités, avait enfin réduit les
finances de la France, si bien relevées par Colbert.

Ainsi, tandis que la monarchie, décidément plus coû-
teuse qu'utile, n'était plus au niveau de sa tâche, la bourgeoisie arrivait au niveau de la sienne; le Tiers Etat, avant
la fin du siècle, allait se trouver prêt à saisir le pouvoir en
déchéance; ce nouvel organe politique et social, après
avoir développé lentement son germe dans l'organisme
ancien, allait lui succéder.

1. *L'ancien Régime et la Révolution.*
2. E. Bonnemère, *Louis XIV.*

CHAPITRE XII

On raconte qu'un naturel de l'Océanie, visitant un de
nos champs de bataille et voyant tant d'hommes massacrés,
demanda au général vainqueur : « Est-ce que vous et les
vôtres pourrez venir à bout de manger tout cela ? » Et, le
général s'étonnant, le bon sauvage lui reprocha la cruauté
qu'il y avait à tuer des hommes et en si grand nombre,
quand ce n'était pas pour les manger.

La guerre, en effet, se conçoit aux premiers temps, par
la nécessité de vivre. Aujourd'hui encore, il arrive que
des marins perdus sur l'Océan tirent au sort à qui sera
mangé. C'est la fatalité darwinienne, le combat pour la vie :
nécessité n'a point de loi. Mais la faim est la seule excuse
de l'anthropophagie ; et la guerre, autre que défensive,
dans la phase de civilisation où nous sommes parvenus,
manque d'excuse absolument, aux yeux de la raison.

Heureusement, de même que du travail servile l'homme
a tiré son émancipation, de même un temps viendra où,

par le développement toujours croissant des intérêts, ce sera. le travail encore qui éliminera la guerre, dernier reste de la barbarie -d'où la servitude était née. Il est possible qu'au sein de cette barbarie, la guerre ait eu d'abord des effets favorables, en tuant les faibles au profit des forts, pour lesquels elle était le moyen de survivre, par conséquent l'instrument du progrès; mais, dans l'ère de civilisation meilleure où nous sommes arrivés, la guerre est plus désastreuse qu'utile. Le combat pour la vie se continue toujours; seulement c'est par le travail ardent, opiniâtre, par l'activité dévorante, par la lutte des intérêts concurrents, soumis aux inéluctables lois de la force des choses. Primitivement, tout pivotait sur la guerre; aujourd'hui, tout gravite vers la paix. Le commerce, mettant en contact les hommes qui diffèrent de mœurs et de croyances, chrétiens, juifs, musulmans, bouddhistes, libres penseurs, leur enseigne, sans qu'ils y songent, la tolérance mutuelle; et de cette guerre d'une nouvelle espèce résulte peu à peu la fraternité. De l'égoïsme naît l'altruisme, attachante antinomie.

« La transformation des peuples, devenus industriels et commerçants, de belliqueux et conquérants qu'ils étaient, a plus fait peut-être pour la paix et la liberté du monde, en rapprochant les nations, en les mêlant, en enchevêtrant, en solidarisant leurs intérêts, en dissipant les préventions injustes et les aveugles hostilités, que n'ont pu faire, par leurs efforts et leurs travaux, la philosophie et la politique.

Les peuples vivaient auparavant par la guerre et le butin,
ils vivent aujourd'hui par la production et l'échange; ils
se dévoraient tour à tour, ils s'enrichissent mutuellement.
C'est le grand fait de la civilisation moderne [1]. »

L'arbitrage international finira par s'imposer aux adora-
teurs de la force et préviendra les effroyables tueries et
la destruction des richesses publiques.

Entre les deux termes extrêmes, la barbarie violente et
la civilisation pacifique, se place l'histoire des armées,
particulièrement de l'armée française, dans le sujet qui
nous occupe : l'ascension continuelle du peuple.

Le mot *armée* ne paraît pas dans la langue française
avant le règne de François Ier; antérieurement, pour désigner une troupe réglée, on disait *ost* ou *host* (qui se pro-
nonçait *ô*): d'où resta, jusque sous le règne de Henri IV,
la dénomination de « maréchal de l'host ». Cependant, de
François Ier-à Louis XIV, le mot *armée* finit par passer en
usage.

A l'époque mérovingienne, après le partage des terres
conquises par les Francs, le service militaire resta inhérent
à la possession de ces terres, qu'il fallait défendre. Les
conditions du service étaient diverses, selon que l'on possédait des *alleux* ou de simples *bénéfices*. Les comtes et
seigneurs avaient le droit de lever des troupes sur leurs

1. Allocution du Président de la République française, M. Jules
Grévy, aux délégués de la Conférence postale internationale, au Palais
de l'Elysée, le 15 octobre 1880. ·

domaines et en usaient soit dans leurs guerres privées, soit, plus tard, pour le service du principal seigneur, le Roi. Lorsqu'il avait une guerre à soutenir, il convoquait le *ban*, c'est-à-dire les possesseurs de fiefs et leurs hommes. S'il s'agissait d'une guerre générale, il convoquait en outre l'*arrière-ban*, c'est-à-dire les milices communales. Jusque sous les Capétiens, il existait autant d'armées que de souverainetés ; chaque seigneur levait la sienne : il y avait l'armée du comte d'Anjou, l'armée du duc d'Aquitaine, du comte d'Auvergne, du duc de Bourgogne, du comte de Champagne, du comte de Flandre, du duc de Normandie, des comtes de Valois, de Chartres, de Vermandois, de Ponthieu, de La Marche, d'Angoulême, de Toulouse, de Périgord, du vicomte de Limoges, des seigneurs de Bigorre, de Comminges, etc. Les barons du domaine royal étaient presque aussi indépendants que les grands vassaux. Louis le Gros, on l'a vu, passa la plus grande partie de sa vie à guerroyer contre ses barons, contre le comte de Mont-Morency, le comte de Melun, et autres.

Tant que dure le régime féodal, le service militaire est une charge de la propriété terrienne : chaque fief est taxé à un nombre d'hommes proportionné à l'étendue des domaines.

La force militaire se compose principalement de cavalerie. — Cavalerie, chevalerie, c'est tout un. — Les valets des hommes d'armes sont les seuls gens de pied : serfs pour la plupart, à peine armés, chargés du bagage de

leurs seigneurs, ces malheureux sont comptés pour bien
peu de chose et ne jouent, dans l'armée comme sur la
glèbe, qu'un rôle conforme à leur état, ne servant guère
qu'à relever leurs maîtres désarçonnés dans la mêlée, ou
bien à achever les ennemis abattus par eux. C'est pourtant
dans cette domesticité armée qu'il faut voir l'origine modeste de notre glorieuse et solide infanterie [1]. A la guerre,
l'infanterie est l'instrument de la force et de la durée.
Elle est à la fois l'agent principal du combat et le point
d'appui de tous les autres agents du combat [2]. Or l'infanterie, par ses origines et ses sources, soit dans le passé,
soit dans le présent, est foncièrement peuple, et peuple
rural. Puis, à l'élément plébéien, s'ajoute l'élément bourgeois, sorti de la même origine, les milices communales :
elles achèvent de s'organiser régulièrement en même
temps que les communes elles-mêmes, à l'époque de Louis
le Gros. Une Ordonnance datée du commencement de
son règne en règle l'organisation et les exercices. Elles se
composaient des bourgeois les plus aisés, ou d'hommes
levés à leurs frais. Ils marchaient sous la bannière paroissiale, soit pour défendre leurs privilèges, soit pour soutenir le Roi contre les seigneurs. Les communes ainsi
émancipées ne reconnaissaient aucune autorité intermédiaire entre elles et le Roi. A son premier appel, elles
devaient mettre leurs troupes en campagne. Cette insti-

1. A. Charpentier, officier d'infanterie, *Études sur l'Armée française*.
2. Général Trochu, *L'Armée française*.

tution des milices régulières fut un grand progrès. Par les milices communales, l'élément bourgeois, populaire, se mêlant à la Chevalerie sur un autre pied que les valets et gens des domaines, pénètre dans l'armée et fait brèche au régime féodal : car la commune, composée de roturiers, est considérée collectivement comme une personne Noble, qui ne relève que du Roi et exerce par elle-même l'administration et la justice. Bientôt la suprématie guerrière de la Noblesse sera balancée par l'importance de plus en plus grande de la bourgeoisie militaire, qui se formera aux combats sous la bannière royale [1].

Au moment de la paix, les milices se dispersaient : c'était l'habitude féodale. Enfin les rois voulurent avoir à leur disposition une force qui ne dépendît ni des seigneurs ni des villes : Philippe-Auguste (1180-1223) eut l'idée de prendre à sa solde des mercenaires qui, pour cette raison, se nommèrent *soldats*, ou *soudoyers*, ou *soudards*, et furent rassemblés en *grandes compagnies*. La Noblesse, consentant peu à peu à transformer en subsides d'argent le service personnel qui avait fait sa gloire, laisse le champ libre à ces aventuriers. C'était déjà par ce moyen qu'avait eu lieu en 1066 la conquête de l'Angleterre : Guillaume avait offert une forte solde et le pillage de ce grand pays à tout Normand robuste qui s'embarquerait avec lui : vilains et Nobles accoururent, et tel qui était

1. Voir Auguste Vitu, *Histoire civile de l'Armée*, livre IV.

laboureur dans son pays devint en Angleterre riche et puissant chevalier [1].

D'autre part, ce fut sous le règne guerrier de Philippe-Auguste que s'organisèrent les célèbres corporations d'arbalétriers qui jouèrent un rôle important dans les batailles féodales : confréries d'élite, auxquelles le roi accordait des privilèges et qu'il prenait sous sa protection, à la charge d'être à son tour soutenu par elles dans les luttes contre les seigneurs. Le nombre des arbalétriers dans chaque ville étant limité, les places vacantes devenaient l'objet de l'ambition et de l'émulation de tous. Le grand-maître des arbalétriers avait le commandement supérieur de tous les hommes à pied, aventuriers ou gens de milice, et prenait rang après les maréchaux de France. Il avait en même temps la direction des *engigneurs* [2], des ouvriers, des pionniers, de tous les hommes enfin chargés des travaux de guerre et de l'exécution des machines de jet et de percussion.

Les croisades développèrent sur une grande échelle l'enrôlement soldé; la raison en est facile à saisir : dans le droit féodal, il n'y avait aucune obligation de service

---

1. Voir Augustin Thierry, *Histoire de la conquête de l'Angleterre par les Normands*, t. I, *passim*.

2. *Engigneurs* ou *engeigneurs*, faiseurs d'engins, ou machines, ou pièges, d'où est venu le mot *ingénieur*, soit par corruption, soit par un inconscient retour à l'étymologie : car *engin* lui-même venait d'*ingenium*. *Engeigner*, prendre au piège, se retrouve dans ces deux vers de La Fontaine :

> Tel, comme dit Merlin, cuide (croit) engeigner autrui,
> Qui souvent s'engeigne lui-même.

militaire hors du royaume; les seigneurs qui voulaient
emmener leurs hommes en Terre Sainte furent donc
obligés de les défrayer de tout et de leur donner une
solde. Cette habitude se propagea, et le service des fiefs
acheva de se transformer en service salarié. Les princes
s'accoutumèrent à compléter leurs armées par des en-
rôlements mercenaires, faits soit dans leur propre pays,
soit à l'étranger. Cela ôta aux armées leur caractère
national. La plupart des grandes affaires s'entrepre-
naient par expéditions d'aventuriers à gages.

Philippe le Bel, ayant à faire la guerre aux Flamands,
crut devoir encore plus que ses prédécesseurs soudoyer
des troupes étrangères. Philippe de Valois et plusieurs
autres princes firent de même. Les rois de France prirent
successivement et parfois simultanément à leur service
diverses bandes de différentes nations, dont l'activité, quoique mercenaire, leur fut souvent utile et alla, dans quelques occasions, jusqu'au dévouement héroïque : Écossais,
Anglais, Irlandais, Italiens, Corses, Allemands, — Suisses
principalement, — Savoyards, Piémontais, Albanais,
Grecs, Flamands, Wallons, Espagnols, Basques, Danois,
Suédois, Hongrois, Croates, Polonais, se signalèrent sous
les différents règnes. Les derniers Suisses soldés par la
royauté française, et qui très loyalement la défendirent
jusqu'à la fin, ont disparu en 1830 avec la branche aînée
des Bourbons.

Sous Philippe le Bel, on voit presque partout le service

personnel remplacé par une subvention au Roi. En 1303,
tous les Nobles et tous les roturiers ayant un revenu de
vingt livres en terre durent servir en personne pendant
quatre mois ou se racheter, le Noble en payant la moitié
de son revenu, le roturier le cinquantième de ses biens.
Philippe le Bel voulait surtout de l'argent : aussi « les
commissaires sur le fait des aides » reçurent-ils l'ordre
« de montrer au peuple comment, par cette voie de finer
(financer), ils seraient hors du péril de leurs corps, des
grands coûts de chevaux et de leurs dépens, et pourraient
entendre (donner leur attention) à leurs marchandises, et
les biens de leur terre administrer [1]. »

Voilà comment l'impôt se substitua peu à peu au service militaire, et comment, en enrôlant les compagnies
soldées, la royauté s'affranchit du prétendu hommage des
seigneurs, qui était en réalité un assujettissement pour
elle autant que pour eux. Elle se réserva le droit exclusif
d'organiser des compagnies de gens de guerre ; les compagnies libres furent formellement interdites par l'Ordonnance de 1439, qui, après avoir établi l'unité de l'armée,
prit soin d'établir aussi l'unité de l'impôt : privant les seigneurs du droit de lever des troupes, elle leur interdisait
également le droit de lever des subsides, leur défendant
soit d'entraver la perception de l'impôt royal, soit d'y
rien ajouter.

S'il arrivait qu'à la fin d'une guerre on n'eût pas de

1. Ordonnance du 20 janvier 1303. *Ordonn.*, t. I, p. 370.

quoi continuer à payer tous ces soldats, on les licen-
ciait. Mais alors ils se répandaient par le pays, pillant
le peuple des campagnes, qui les nommait *routiers* ou
écorcheurs. Charles V, pour remédier à ces désordres,
conçut l'idée d'une armée permanente, projet qui ne devait
être réalisé que par Charles VII; mais ce fut Charles V
qui, en 1372, sous l'inspiration de Du Guesclin, institua la
maréchaussée, gardienne de la tranquillité publique. Par
une autre Ordonnance, due sans doute à la même inspiration, il distingua de nouveau, et mieux qu'on ne l'avait
fait jusqu'alors, le ban et l'arrière-ban; l'armée ainsi se
trouva composée de deux éléments : troupes royales permanentes, et milices temporaires.

Pour résumer ce qui précède :

1° Service féodal personnel,

2° Service féodal par argent,

3° Milices communales,

4° Troupes soldées temporaires,

5° Troupes soldées permanentes,

telles sont les phases successives du développement de
l'armée en France jusqu'à l'époque où nous sommes parvenus.

On voit comment le système féodal avait fait place peu
à peu à un autre, composé d'éléments divers, assez désor-
donnés encore, mais qu'il ne faut pas cependant mépriser, eu égard aux temps et aux résultats. En réalité,
les Anglais ont été chassés par les *bandes*, les *compagnies*

franches, qui prirent la place des armées féodales dont l'impuissance s'était montrée à Poitiers et à Azincourt. Ces bandes, dans lesquelles entraient beaucoup d'étrangers et qui furent le noyau des armées permanentes, étaient commandées par des gentilshommes, ou par des gens comme les *francs-archers* choisis dans le peuple par les officiers du Roi [1]. Le peuple y entrait, conséquemment, pour une bien plus grande part que dans les armées féodales, qui avaient aussi une portion de milice soldée et où se trouvaient bien des gens des communes, quand on levait, comme l'avaient fait Philippe le Bel, Charles le Bel et Philippe de Valois, le ban et l'arrière-ban. C'est seulement à partir du roi Jean que, la levée du ban et de l'arrière-ban se convertissant décidément en une levée d'impôts, ces appels généraux tombèrent en désuétude. Le ban et arrière-ban ne s'appliqua plus alors qu'aux possesseurs de fiefs [2].

Un des plus grands organisateurs de l'armée fut le roi Charles VII. Après que son royaume eut été sauvé par Jeanne d'Arc, il voulut le mettre dorénavant à l'abri d'un péril extrême : il reprit et continua l'idée de Charles V. La première Ordonnance pour constituer une armée permanente paraît en 1445 : il y est dit qu'on lèvera une taille spéciale dont le produit sera affecté à la solde d'un certain nombre de gens de guerre placés sous les ordres du Roi,

1. Voir Boutaric, *Institutions militaires de la France avant les armées permanentes*, pages 308 et suivantes.
2. *Ibid.*

pour protéger à la fois le territoire contre les invasions et
la propriété privée contre les brigandages. La milice de
Charles VII comprenait une cavalerie Noble, c'étaient les
compagnies d'ordonnance, et une infanterie roturière,
c'étaient les *compagnies de francs-archers :* institution
qui ne faisait du reste que renouveler celle des troupes
communales de Louis le Gros et donner plus d'extension
à celle des compagnies d'arbalétriers de Philippe-Auguste.
Il fut enjoint à chaque paroisse de cinquante feux de
choisir un homme habile à tirer de l'arc, qu'elle armerait
et équiperait à ses frais, et qui serait toujours prêt à marcher pour le service du Roi, moyennant une solde de
quatre francs par mois [1]. De plus, il était exempt de toutes
tailles et charges quelconques. C'est pourquoi l'on nomma
ces hommes francs-archers, comme on avait dit francs-
bourgeois pour la même raison, lors de l'établissement
des communes. Dans l'un comme dans l'autre fait se
révèle l'alliance tacite de la Royauté avec les communes
contre la Féodalité.

Cette création de Charles VII ne fut pas vue de bon œil
par la Noblesse. Le roi s'arrogeant le pouvoir de disposer
des petits vassaux des fiefs, sans recourir à l'intermédiaire
des seigneurs, cela blessait leur droit. Puis leur orgueil
se trouvait offensé en voyant la classe roturière admise
de plus en plus au maniement des armes. Les souvenirs
d'Azincourt, de Crevant, de Verneuil, leur faisaient entre-

---

1. *Recueil des Ordonnances,* XIV.

voir qu'un jour viendrait où il faudrait partager avec le peuple, formé en troupe d'infanterie, les bénéfices aussi bien que les dangers et la gloire de la guerre [1].

L'invention de la poudre et des armes à feu hâta cette révolution et, « en rendant les périls égaux pour tous, porta un coup mortel à la Chevalerie : désormais les fines armures et la dextérité dans le maniement de la lance ou de l'épée ne suffisaient plus, et tout homme qui n'avait pas peur de la mort pouvait valoir un baron sur le champ de bataille [2]. » Cette invention eut, dans la série des faits militaires, la même importance que l'invention de l'imprimerie dans la série des faits intellectuels : l'une et l'autre hâtèrent l'émancipation du peuple et l'avènement de l'égalité. La balle chassée par la poudre s'en va trouer au loin l'armure des barons invulnérables jusqu'alors aux fourches des Jacques; bientôt le canon, abattant les murailles des châteaux forts, les renverse dans leurs fossés, et en aplanit l'escalade : n'est-ce pas la science elle-même, au-

1. A. Charpentier, *L'Armée française.*
2. *Ibid.* — Un auteur arabe, que l'on a traduit en latin, Abu-Abdalla-Ebna-Alkhatif, dans son Histoire d'Espagne, dit, sous la date de notre année 1312, en parlant du roi de Grenade : « *Ille, castra movens, multo milite urbem hostium Baza obsedit, ubi machinam illam maximam, naphta et globo instructam, admoto igne, in munitam arcem cum strepitu explosit.* » L'histoire du Languedoc présente, sous la date de 1345, une quittance donnée à la trésorerie de la Sénéchaussée de Toulouse en échange d'une *fourniture de canons de fer, et de poudre pour le service des canons.* La nouvelle invention était donc connue et en usage à l'époque de Charles VII; mais les Français, par esprit chevaleresque, refusèrent pendant longtemps de se servir de ces armes nouvelles, qui tuaient de loin; les Anglais n'avaient pas hésité à faire usage de l'artillerie dès la bataille de Crécy, en 1346; les Français ne s'y décidèrent qu'au xvie siècle, et l'emploi des arquebuses ne commença à se généraliser que sous François Ier.

teur de cet engin nouveau, n'est-ce pas elle qui monte à l'assaut des burgs, frayant les voies à la justice sur les ruines de la féodalité? Émouvantes antinomies : c'est dans le cloître pacifique qu'un moine a inventé cette force de guerre, et plus tard elle-même contribuera, par la perfection toujours croissante des engins meurtriers chez les peuples rivaux, à ramener entre eux la paix. La science crée d'abord de quoi détruire, et par là détruira un jour ce qui détruit.

Charles VII avait partagé les forces militaires nouvellement organisées en quatre districts ayant chacun un chef qui portait le titre de capitaine général. Ces quatre chefs étaient dirigés par un officier qui s'appelait premier capitaine général, lequel avait action immédiate, s'il le jugeait utile, sur toutes les troupes commandées par ses quatre subordonnés. Chaque capitaine général tenait au moins quatre mille hommes de troupes régulières, puisqu'il avait sous ses ordres huit capitaines *subalternes* qui commandaient chacun cinq cents hommes.

Un nombre inespéré de volontaires afflua dans les rangs de la nouvelle armée. A la fin du règne de Charles VII, l'effectif des forces de la France s'élevait à soixante-cinq mille hommes, dont dix-huit mille de cavalerie. Leur dépense annuelle coûtait à l'État quarante-quatre millions de notre monnaie [1].

---

1. Charpentier, *l'Armée*.

On doit, selon la remarque de Mazas, regarder le mode
d'organisation adopté par Charles VII comme le changement le plus notable qui se soit opéré dans notre système
militaire. Il fut pour les armées françaises ce que les institutions de Marius avaient été pour les armées romaines :
et, de même que la République n'eut plus à déplorer de
désastres semblables à ceux de la Trébie, de Trasimène et
de Cannes, de même on ne connut plus en France, jusqu'en 1815 et en 1870, de revers aussi cruels que ceux
de Crécy, de Poitiers et d'Azincourt. Bientôt même, la
France reprit une supériorité si marquée sur l'Angleterre,
que celle-ci fut obligée de demander comme une faveur
le renouvellement de la trève.

Louis XI, avec ses grands desseins et son esprit politique, ne manqua pas de développer l'armée, particulièrement l'infanterie et l'artillerie. Il ne comptait pas
moins de six mille canonniers, ouvriers *engigneurs*, dans
une armée de soixante mille hommes. Il fit également
des innovations dans la maison militaire royale et créa la
compagnie des *Cent-Gentilshommes*, qui furent le premier essai des compagnies françaises de gardes-du-corps.
En même temps, il prit une décision hardie : ce fut d'abolir
les petites armées seigneuriales qui, censées commises
seulement au guet et à la garde des châteaux, sans être
astreintes à un service continuel, recevaient une petite
paye pour être prêtes à marcher au premier ordre du sei-

gneur. Le Roi, faisant garder par ses troupes les places qui importaient à la sûreté du royaume, pensa qu'il était inutile et même dangereux que les seigneurs particuliers fissent garder leurs châteaux ; que ce droit, qui avait pu avoir son utilité autrefois, n'était plus qu'une occasion de révolte et un prétexte à vexations. Il fut donc ordonné que, pour toutes les places qui n'étaient pas frontières, ceux qui étaient sujets au guet et à la garde en seraient affranchis en payant seulement cinq sols par année. Par là le peuple se vit délivré d'une multitude de petits tyrans particuliers, dont la domination était d'autant plus dure qu'elle était toujours sans contrôle [1]. Ce fut un des coups les plus décisifs portés par Louis XI à la puissance féodale. Il purgea aussi le pays des bandes qui le ravageaient : tous les hommes d'armes se virent contraints d'entrer dans les cadres d'une milice régulière, astreinte en temps de paix à des garnisons fixes, soumise à la discipline et à la hiérarchie. Le principe d'une armée permanente, maintenue à un effectif constant, payée de mois en mois, fut rigoureusement adopté par le Roi et par Tristan l'Hermite qui avait préparé le travail et pourvu à tous les moyens d'exécution. Le triage des routiers restés en France se fit sans résistance : les hommes qu'on élimina furent désarmés et reconduits jusqu'aux frontières de leurs pays respectifs. D'autre part, le Roi réorganisa les francs-archers, qui ne lui furent pas inutiles dans ses

1. A. Charpentier, *l'Armée*.

guerres contre les seigneurs, notamment contre les ducs
de Bourgogne et de Bretagne, mais qui, décimés peu à
peu dans diverses affaires, furent anéantis, le 7 août 1479
à la bataille de Guinegate, sous les piques de l'infanterie
flamande. Il ne chercha point à les rétablir. Il avait réfléchi : cette organisation, qui plaçait sous la main de
quatre chefs influents la plus grande partie des forces du
royaume, donnait à ces chefs une importance périlleuse.
Il reconstitua donc définitivement l'armée sur de nouvelles bases, en la plaçant tout entière sous sa main et
sous son autorité directe. L'ordonnance de 1480 porte en
substance que le Roi lèvera dix mille hommes d'infanterie française à sa solde, au moyen d'un nouvel impôt,
et six mille Suisses : ce qui équivalait à l'ancien effectif
de seize mille hommes des francs-archers. Les officiers
de ces six mille Suisses, les vainqueurs de Granson, de
Morat et de Nancy, servirent d'instructeurs aux Français. Le Roi, ayant établi un camp près de Pont-de-
l'Arche, à quelques lieues de Rouen, y vint de sa personne et fit commencer sous ses yeux les exercices.

En même temps que l'instruction et la discipline, il ré-
forma sévèrement l'administration militaire. Le 16 mars
1476, un jugement rendu à Tours contre un maréchal de
France, messire Rouault, convaincu de concussion, portait
« *que le maréchal avait fait tenir de faux rôles des gens*
de guerre et commis plusieurs exactions, pour lesquelles

il était condamné en vingt mille livres, privé de ses char-
ges, et banni du royaume. »

Le roi mit fin aussi à certaines habitudes des guerres
féodales, qui s'étaient conservées jusqu'alors ; par exemple,
à ce qu'on appelait *la prouesse :* les hommes d'armes, sur
le champ de bataille, s'acharnaient volontiers après un
seul ennemi, parfois pour le tuer, plus souvent dans l'espérance de le faire prisonnier et d'en tirer rançon ; cela
parfois compromettait le succès du combat et le sort de
l'armée. Le Roi ordonna que tous les prisonniers fussent
mis en commun au butin général, qui serait partagé
entre les combattants après la bataille : cela coupait court
aux calculs de la cupidité privée, dissimulée sous la
prouesse ; mais une telle nouveauté eut sans doute quelque peine à s'établir, si l'on en juge par la lettre suivante
que le Roi écrivit au grand Sénéchal de Saint-Pierre :

« Monsieur le grand Sénéchal, je vous prie que remon-
triez à M. de Saint-André que je veux être servi à mon
profit, et non à l'avarice. Tant que la guerre dure, mettez
les prisonniers au butin : et, ceux que vous verrez qui me
pourront nuire, je vous prie qu'ils ne soyent point déli-
vrés... Je veux que tout soit au butin : par ce moyen,
les capitaines auront tous ces prisonniers les plus gros
pour un rien qui vaille ; c'est ce que je demande, afin
qu'ils tuent une autre fois tout, et qu'ils ne prennent plus
ni hommes, ni chevaux, ni pillage ; et jamais nous ne per-
drons bataille. Je vous prie, monsieur le grand Sénéchal

mon ami, parlez à ces capitaines à part, et faites que la chose vienne ainsi que je la demande. Dites à M. de Saint-André qu'il ne fasse point du floquet ni du restif, car c'est la première désobéissance que j'aye jamais eue de capitaine. Je lui osterais bientôt la teste de dessus les épaules. Mais je crois qu'il ne désobéira pas. »

Il était difficile de ne pas obéir à qui parlait ainsi.

Ce fut grâces à son armée ainsi reconstituée et gouvernée que Louis XI vint à bout des grands vassaux, et accrut le territoire du royaume, auquel il ajouta le comté de Roussillon, les deux Bourgogne, l'Artois, la Picardie, la Provence, l'Anjou et le Maine. Cette armée, quoique bien défectueuse encore, devint le modèle de celles des autres États.

En présence de ce développement des milices roturières, la Chevalerie, mal contente, se retirait dans ses terres et dans ses châteaux, sentant son rôle s'amoindrir; Louis XI lui porta un dernier coup en instituant une chevalerie nouvelle, une chevalerie honoraire plutôt qu'active, celle des Ordres militaires. Le 1er août 1469, il établit solennellement l'Ordre de Saint-Michel [1]. Il donna un nouveau

1. Cet ordre était composé de trente-six chevaliers, avec un chancelier, un trésorier, un greffier et un héraut, tous élus à la pluralité des voix. Le Roi en était le chef et avait deux voix; mais, en cas de partage, elles pouvaient en valoir trois. Louis de Luxembourg, le Connétable de Saint-Pol, beau-frère du Roi, qui depuis fut une des illustres victimes de la politique de Louis XI, étaient du nombre des premiers chevaliers. — Les principales conditions pour recevoir un chevalier étaient qu'il fût gentilhomme de nom et d'armes, et sans reproche. Trois causes pouvaient en faire perdre le titre : l'hérésie, la trahison, ou la fuite dans quelque bataille ou rencontre. Il se tenait, tous les

prestige au métier des armes en rehaussant l'éclat des
dignités militaires. Les maréchaux de France devinrent,
sous son règne, les plus hauts dignitaires de l'armée [1].

Dans le siècle qui suivit le règne de Louis XI, la Noblesse, sentant le pouvoir lui échapper, chercha à se rapprocher de la Royauté et, de féodale, se fit militaire : la
guerre redevint son domaine. Mais la Royauté eut grand
soin de rompre les traditions anciennes, en empêchant
les barons de marcher à la tête de leurs vassaux. Ce fut,
non de la naissance, mais du Roi, que le seigneur reçut
désormais le droit de commander : son indépendance
était irrévocablement perdue ; il ne pouvait plus chercher l'influence que dans la gloire des armes ou dans
les richesses patrimoniales. C'est pourquoi la Noblesse
« forma le dessein de devenir l'auxiliaire du pouvoir royal
et le soutien de ce trône qu'elle ne pouvait plus dominer :
elle avait été Noblesse de fief, elle devenait Noblesse d'épée,
en attendant qu'elle se transformât en Noblesse de Cour [2]. »

___

ans, un chapitre, où l'on examinait la vie et les mœurs de chaque
chevalier en particulier, en commençant par le dernier reçu et finissant
par le Roi, qui voulut être soumis à l'examen comme les autres. Le
chevalier sortait de l'assemblée pour laisser toute liberté à la discussion ; on le faisait ensuite rentrer, pour louer ou blâmer sa conduite.
— Duclos, *Histoire de Louis XI.*

1. Ils étaient originairement les premiers écuyers du Roi sous le
Connétable ; mais leur dignité fut militaire avant la sienne, parce qu'ils
devinrent lieutenants du Sénéchal de France avant que le Connétable
n'eût succédé à la place et aux fonctions du Sénéchal. Toutefois la dignité
de maréchal de France n'était pas alors à vie, comme elle l'est devenue
dans la suite. Il n'y en avait d'abord que deux, Charles VIII en eut
quatre. On n'en trouve que trois au plus sous le règne suivant ; François Iᵉʳ en fit cinq. Leur nombre a varié depuis. — Charpentier, *Études
sur l'Armée.*

2. G. Picot, *Histoire des États généraux*, t. I, p. 324.

L'armée réorganisée par Louis XI ne resta pas inactive sous son successeur : Charles VIII la précipita sur l'Italie, où l'appelait Louis le More. Le jeune Roi, d'humeur plus guerroyante que son père, rêvait peut-être la reconstitution de l'empire de Charlemagne. La Noblesse quitte ses manoirs, où l'avait reléguée la sombre politique du feu Roi, et accourt près du prince dont elle va partager les aventures et la gloire. Après les chevaliers aux brillantes armures, s'avancent à rangs serrés huit mille Suisses, auxquels le nouveau Roi a confié la garde de deux cents pièces de canon attelées, la plus formidable artillerie qu'on eût jamais vue. Après ces deux troupes d'élite, pour compléter le chiffre de soixante mille hommes, marche confusément la foule des aventuriers, français, bretons, provençaux, « restes impurs des armées demeurées sans occupation depuis le mariage du Roi avec Anne de Bretagne et la réunion des grands fiefs à la Couronne. L'insuffisance des troupes régulières et permanentes force toujours la Royauté à recourir à ce moyen extrême quand s'ouvrent les hostilités. Quelques bandes d'archers génois et gascons, la seule organisation nouvelle de ce règne, méritent à peine d'être signalées dans cette foule [1]. » Ces aventuriers renouvelaient les désordres des *écorcheurs* de la fin du xive siècle et du commencement du xve. Brantôme, tout en reconnaissant qu'ils n'étaient pas inutiles à la guerre, décrit la terreur qu'ils inspiraient, aux

1. A. Charpentier, *Études sur l'Armée.*

paysans encore plus qu'aux ennemis, et en fait un tableau étrange : « La pluspart, gens de sac et de corde, méchants garniments, échappés de justice, marqués de la fleur de lys sur l'épaule, essorillés et cachant cette mutilation par de longs cheveux hérissés, barbes horribles, tant pour cette raison que pour se rendre effroyables aux ennemis ; d'ailleurs habillés à la pendarde, portant chemises longues, qui leur duraient plus de trois mois sans changer, montrant poitrines velues, pelues, et, à travers leurs chausses bigarrées et déchiquetées, la chair de leurs cuisses. »

Louis XII s'efforça de mettre quelque discipline dans ces bandes, dont on ne savait pas encore se passer, leur assura une solde régulière, afin de pouvoir avec plus d'autorité leur interdire le pillage, qu'elles avaient considéré jusqu'alors comme un de leurs privilèges, et mit à leur tête quelques gentilshommes, qu'il décida malaisément à se faire fantassins. Le chevalier Bayard, un des premiers, consentit, non sans peine, à donner cet exemple patriotique. Louis XII dut en partie à ces sages mesures les succès qu'il obtint en Italie, notamment les victoires d'Agnadel et de Ravenne, remportées sans les Suisses, ou malgré eux, sur les meilleures troupes d'Italie et d'Espagne.

Pendant la suite des guerres d'Italie, l'infanterie s'augmente de jour en jour, recevant dans ses rangs les hommes d'armes démontés ou ruinés, les lances rompues, *lanze spezzate*, comme disaient les Italiens [1].

Les préjugés chevaleresques de la Noblesse allaient s'affaiblissant peu à peu, et l'on voyait des cadets de famille s'enrôler dans les bandes pour y porter la pique. Le contact de ces jeunes gentilshommes excitait l'émulation des soldats roturiers. Brantôme le reconnaît, quoiqu'avec insolence : « Ah ! qu'il s'est vu sortir de très bons soldats de ces goujats ! » Le témoignage de ce perroquet de cour, en sa brutalité dédaigneuse, n'en a que plus de prix : car il n'est pas suspect de partialité populaire. Celui de Montluc, dans ses *Commentaires*, ne l'est pas non plus : « J'en ai vu parvenir, dit-il, qui ont porté la pique à 6 francs de paye, et faire des actes si belliqueux, et se trouver si capables, qu'il y a en a eu prou (beaucoup), qui étaient fils de pauvres laboureurs, qui se sont avancés plus avant que beaucoup de Nobles, pour leur hardiesse et vertu. »

En résumé, l'armée française, à dater du xvi⁰ siècle, ayant ajouté à une cavalerie nombreuse et brillante et à une artillerie formidable cette infanterie régulière, se trouva définitivement constituée avec tous ses éléments. Décidément les « gens de pied », armés d'une simple pique, l'emportaient sur la chevalerie bardée de fer. Ce fait symbolisait en quelque sorte la décadence de la féodalité. Plus d'une fois, dans les sièges des villes, on

---

1. Le nom de *Lanspessade*, ou *Anspessade* s'est conservé jusqu'au milieu du dix-huitième siècle, pour désigner des soldats de première classe, tenant rang intermédiaire entre les caporaux et les simples fantassins. — A. Charpentier, *l'Armée*.

avait vu les hommes d'armes à cheval, voulant ressaisir
le prestige qu'ils sentaient près de leur échapper, mettre
pied à terre et rivaliser d'ardeur avec les fantassins pour
planter sur les remparts l'étendard victorieux. Louis XII,
attentif à cette transformation de l'esprit militaire et des
mœurs guerrières, engagea un certain nombre de gentilshommes à descendre de cheval pour former le noyau
d'une infanterie qu'il espérait rendre attrayante au peuple
en y attirant les Nobles. Ce fut pour répondre à ses vues
que Bayard se décida, par dévouement, à aider le Roi
dans cet essai d'organisation et entraîna par son exemple
quelques gentilshommes qui consentirent à quitter la lance
et à prendre le mousquet comme lui.

Sous François Ier, les soldats furent armés non plus
seulement de piques, mais les uns de hallebardes, les
autres d'arquebuses. Celui qui se distinguait par une action d'éclat recevait un anneau d'or, qu'il portait au doigt;
et, s'il se signalait par de nouveaux faits d'armes, il pouvait arriver jusqu'au grade de lieutenant et dès lors était
anobli.

Ce fut sous Charles IX que l'on institua les régiments, et les mestres de camp chefs des régiments. Les
mestres de camp obéissaient ou étaient censés obéir au
colonel général; mais en réalité, dans les conjonctures
pressantes, ils avaient les pouvoirs les plus étendus et
l'initiative la plus complète. Les régiments ne comprenaient pas toute l'armée royale; ils ne se composaient

que d'infanterie ; la cavalerie et l'artillerie restaient formées en compagnies et en bandes , comme sous François Ier et sous Henri II. Ces bandes ne furent enrégi-
mentées que beaucoup plus tard et successivement, avec
certains privilèges accordés à l'ancienneté des éléments
dont elles s'étaient formées, laquelle constituait pour elles
une sorte de noblesse militaire.

Richelieu fut le premier à enrégimenter la cavalerie et
les dragons. Il donna de grands développements à l'infanterie, et créa un corps nombreux d'infanterie de marine,
qui prit rang parmi les vieux régiments. Ne laissant
échapper aucune occasion de rabattre la haute Noblesse,
il fit des Ordonnances en faveur de la petite, classe modeste autant que brave, que la Royauté prit sous sa protection et qui vint grossir les rangs de ses défenseurs.
Il établit une nouvelle classe de régiments privilégiés qui
devaient avoir le pas sur ceux des gentilhommes, régiments de province recrutés par l'État dans toutes les
parties de la France et portant, au lieu des noms de leurs
mestres de camp, ceux des pays qui fournissaient la plus
grande partie des hommes dont ils étaient composés. Il
introduisit dans l'armée le principe démocratique, par la
possibilité donnée à chacun de s'élever à tous les grades.
«Le soldat, par ses services, pourra monter aux charges
et offices des compagnies, de degré en degré, jusques à
celui de capitaine, et plus avant s'il s'en rend digne[1]. »

1. Ordonnance de 1629, art. 229.

En un mot, il développa par tous les moyens, dans l'effectif de l'armée, l'élément populaire. En 1638, les trois cinquièmes des officiers français sortaient de la bourgeoisie et du peuple [1].

Au moment où mourut ce grand ministre, le nombre des régiments d'infanterie seulement s'élevait au chiffre de cent trente-neuf, — parmi lesquels on comptait trois régiments des gardes, un régiment écossais, six allemands, deux irlandais, cinq suisses, deux lorrains et un italien.

Mazarin augmenta le nombre de ces corps étrangers, principalement des régiments italiens, et, se rappelant qu'il avait porté l'épée et qu'avant de venir en France il avait été capitaine d'infanterie dans la Valteline, il se nomma lui-même colonel général de ces régiments, ce qui excita les railleries des officiers agacés de voir à leur tête un chapeau rouge.

On sait que l'objet primitif de *la taille*, au moyen-âge [2],

---

1. D'autre part, au lieu des États généraux, il préféra, comme Henri IV, convoquer les Notables. Par là les princes, les ducs, les seigneurs, se voyaient exclus des affaires publiques, qui étaient contrôlées par des magistrats, des marchands ou des gens de petite noblesse, roturiers enrichis. Ainsi, de l'une et de l'autre manière, en ne se proposant que l'unité du pouvoir absolu, il travaillait sans le savoir à l'avènement de la démocratie.

2. Celui qui possède un homme en possède également les biens : il a donc le droit de les tailler, c'est-à-dire d'en prendre une partie. Voilà ce que signifiait *la taille* : c'était une part prise par le seigneur sur les biens du serf, du manant, ou du vilain. Les Nobles n'étaient pas sujets à la taille, même de la part du suzerain : car, bien que vassaux, par nature les Nobles sont libres. Les gens d'Église n'y étaient pas soumis non plus. Les pauvres qui mendiaient en étaient également exemptés. Mais les malheureux qui ne mendiaient point payaient pour

avait été de permettre à la Royauté d'acheter des soldats
qui dispensassent les Nobles et leurs vassaux du service militaire ; au xviie siècle l'obligation du service militaire fut de nouveau imposée, sous le nom de *milice*, et
cette fois encore elle pesa sur le peuple seul, et presque
uniquement sur le paysan.

Des guerres quasi continuelles illustrèrent et affligè-
rent pendant un demi-siècle le règne de Louis XIV.
Le mousquet, qui datait du siècle précédent et qui
avait succédé à l'arquebuse, fut perfectionné ; on fit l'essai
des premiers fusils à silex ; on inventa la baïonnette.
Par suite, on abandonna la pique et le corselet [1]. Louvois, ministre de la guerre pendant trente ans, est le
grand réorganisateur de l'armée sous ce règne. Il développe l'artillerie et met dans les arsenaux seize cents
pièces de canon, institue les régiments de bombardiers et
de hussards, les compagnies de grenadiers [2], de mineurs,
enfin les écoles de cadets, — idée très démocratique, qui
excite, comme on l'a vu, la colère du duc de Saint-Simon.

---

tous les autres. Lorsque la taille, au lieu d'atteindre homme par homme,
était imposée aux villages par maison ou feu, elle prenait le nom de
fouage.

1. « Corps de cuirasse léger, que portaient les piquiers. » — *Dictionnaire de l'Académie.*

2. Les premières grenades à la main avaient été lancées au siège
d'Arles en 1536, et depuis lors cette dangereuse fonction était confiée
à des volontaires qu'on appelait *enfants perdus.* Louvois institua
d'abord dans chaque compagnie quatre soldats d'élite qu'il nomma
grenadiers et à qui il fit une haute paye. Les hommes qui furent l'objet
de cette distinction se signalèrent dans les campagnes de Flandre et de
Franche-Comté par des traits d'audace extraordinaires. Aussi les grenadiers devinrent à la mode et se multiplièrent rapidement.

A la paix des Pyrénées, le Roi, comprenant la nécessité
de diminuer les charges de l'État afin de soulager un peu
ses peuples, réduisit à quarante-huit les cent quatorze
régiments d'infanterie, reste des cent trente-neuf de Richelieu : encore faut-il comprendre dans ces quarante-
huit les gardes françaises et suisses, un régiment écossais, un régiment allemand et un régiment italien. Tous
les autres furent licenciés ; vingt-sept seulement furent
réduits en compagnies de garnison. Il supprima la charge
de colonel général de l'infanterie, qui, devenue héréditaire dans la famille des ducs d'Épernon, était ar-
rivée, par une suite d'empiètements successifs, à posséder de tels privilèges, que le Roi n'avait presque plus
d'autorité sur les troupes à pied : il profita donc de la
mort du dernier titulaire, Bernard de Nogaret, en 1661,
pour abolir cette charge gênante et se réserver à lui-
même tous les droits et privilèges de l'ancien colonel
général. Par suite, les mestres de camp prirent le titre
de colonel, qui accrut leur autorité et leur responsabilité.
Une ordonnance de 1667 créa, dans le même dessein,
des offices de brigadiers pour la cavalerie, et, l'année suivante, on étendit cette institution à l'infanterie. Les brigadiers, en cette origine, étaient officiers généraux et
remplirent, jusqu'en 1788, les fonctions attribuées aujourd'hui aux généraux de brigade. Ils pouvaient parvenir
à ce grade sans passer par celui de colonel : idée libérale
à l'égard du peuple, mais qui n'était pas pour plaire aux

seigneurs. Voici quelles furent les raisons de cette institution. Pendant les quartiers d'hiver, lorsque le colonel
était à Versailles, tout le poids du commandement dans
ses détails les plus compliqués retombait sur le lieutenant-colonel. A vrai dire, la plupart des colonels ne commandaient leurs régiments qu'en temps de campagne : il
en résulta que, le reste du temps, les exigences aristocra-
tiques qui avaient succédé aux exigences féodales firent
souvent du lieutenant-colonel le chef réel du régiment.
C'est ce qui arrivait surtout lorsqu'un régiment avait
l'honneur d'être commandé par un colonel à la bavette.
Aussi le titre de lieutenant-colonel, auquel Louis XIV
n'avait pas voulu qu'on pût monter par le seul droit d'ancienneté, fut-il presque toujours donné à des officiers d'un
grand mérite et à qui il ne manquait que la naissance et
la fortune pour arriver à la tête de l'armée. Le Roi, pour
entretenir le goût du service parmi ces braves et utiles
officiers, leur ouvrit cette porte vers les hautes charges :
comme la plupart d'entre eux étaient dans l'impossibilité d'acheter des régiments et de devenir colonels, il
voulut qu'ils pussent arriver au grade nouveau de briga-
dier sans passer par celui de colonel. C'est en suivant
cette route que Catinat, Vauban et Chevert parvinrent,
les deux premiers à la dignité de maréchal de France,
le dernier au grade de lieutenant général des armées
du Roi [1]. »

1. Susane, *Histoire de l'ancienne Infanterie française*, t. I.

Une autre idée de même sorte fut la création de l'Ordre de Saint-Louis, — premier type de notre Légion d'honneur, — qui stimula les courages populaires et excita la jalousie des gens de qualité. Jusqu'alors, il n'y avait eu, après l'Ordre de Saint-Michel, institué par Louis XI, que celui du Saint-Esprit, établi par Henri III, qui le fondit avec le premier : l'un et l'autre, dans le principe, n'étaient accordés qu'à des hommes de très noble naissance, ce qui ne rendait cette distinction accessible qu'à un très petit nombre de personnes. Sur les conseils de Vauban et de D'Aguesseau, le Roi, par un édit enregistré au Parlement le 10 avril 1693, fonda cet Ordre de Saint-Louis, « qui, au lieu d'exiger la Noblesse, la conférait » : pour en devenir chevalier, il fallait être officier, avoir vingt-huit ans de service, ou s'être signalé par une action d'éclat [1].

Par ces divers moyens, on excitait l'émulation, soit des soldats, soit des officiers. Ce dernier point n'était pas moins utile que l'autre : car il était arrivé trop souvent que des officiers gentilshommes, ignorants et étourdis, n'avaient su tirer parti des plus braves troupes. Dans la

---

1. A. Charpentier. — La décoration de Saint-Louis, suspendue à un ruban couleur de feu, consistait en une croix d'or à huit pointes, avec cette devise : *Bellicæ virtutis præmium.* Pour être chevalier de Saint-Louis, il fallait, il est vrai, jurer de vivre et de mourir dans la religion catholique. Mais, grâce au progrès des idées philosophiques et de la tolérance religieuse, le 10 mars 1759, Louis XV, créa pour les officiers protestants, l'Ordre du Mérite militaire. La décoration, composée comme la croix de Saint-Louis, d'une croix d'or à huit pointes, portait cette devise : *Pro virtute bellica*, et était suspendue à un ruban bleu foncé. C'était toute la différence.

guerre de la succession d'Espagne par exemple, les mauvais officiers furent la principale cause de nos désastres :
par leur vanité et leur indiscipline, ils rendirent inutiles
la bonne volonté et le courage des soldats. Il en fut de
même dans d'autres campagnes, à Turin, à Hochstedt,
à Ramillies ; la correspondance du maréchal de Villars
avec Chamillard ne le prouve que trop ! « Croiriez-vous
bien, monsieur, lui écrit-il le 25 avril 1703 à propos
d'une attaque manquée sur le camp du prince de Bade,
croiriez-vous bien que, hors M. le comte du Bourg, dont
je dois me louer, personne ne m'a parlé pour m'ouvrir
un moyen de réussir, mais tous ont voulu croire la chose
impossible, sans l'avoir même étudiée?... Je ne vous le
cèle point, si la guerre dure, et cette léthargie dans les
esprits, un général qui veut agir a trop de peine assurément. Je ne connais plus la Nation que dans le soldat :
sa valeur est infinie. » Il écrit encore à Chamillard, le
2 mai : « Vous me faites l'honneur de me dire que je dois
me conserver. Vous savez qu'il ne marcherait peut-être pas
quatre compagnies de grenadiers, si je ne me mettais à la
tête. Je l'ai encore éprouvé dans la journée d'hier. Je
veux espérer que, le trajet fait, je trouverai des hommes ;
mais jusqu'à présent je n'en ai connu que dans le soldat ;
tant l'horreur de se dépayser étonnait tout le monde !... Je
n'ai donc pas fait autre chose que de mettre pied à terre
au travers des bois et des rochers, à la tête des premiers
soldats, étant obligé de dire à quelques officiers géné-

raux : « Quoi! messieurs, il faut que moi, maréchal de
France, votre général, pour vous ébranler, je marche le
premier?... Marchons donc!... » Enfin, le 16 mai, Villars
écrit au Roi lui-même : « Il faut, Sire, que par une attention continuelle je discipline une armée dont le liberti-
nage fait fuir les peuples [1] et nous fait manquer de tout...
Grâces à Dieu, je regagne tous les jours quelque chose
sur le soldat, et je commence à les apprivoiser avec le
paysan ; mais l'officier n'est point accoutumé au service
régulier... »

La cause principale de l'insuffisance des officiers, c'était
la vénalité des grades, vénalité qui empêchait qu'un officier sans fortune pût acheter un grade supérieur. Les
régiments étaient en quelque sorte la propriété des seigneurs, non pas absolument dans le même sens et au
même titre que leur terre ou leur fief; mais la qualité de
colonel propriétaire d'un régiment, c'était le droit de posséder le brevet de colonel de ce régiment, ou de le céder,
ou de le vendre, avec celui de présenter pour l'avancement, au choix du roi, ou plutôt du ministre, les officiers
placés sous les ordres du colonel : ces présentations
étaient presque toujours acceptées. Par cette raison,
il était bien rare de voir avancer des officiers braves et
excellents, mais pauvres, à la place des mauvais officiers
riches. Les colonels propriétaires de régiments en reti-

---

1. Sur les pillages de l'armée, voir Eugène Bonnemère, *Louis XIV*,
t. II, p. 265, 268, 269.

raient des bénéfices considérables, se décidaient difficilement à les vendre, et dans ce cas en demandaient un
prix si exorbitant, si inaccessible aux fortunes ordinaires,
qu'on voyait des officiers généraux, même des maréchaux
de France, rester colonels de régiment, au grand préjudice du service, du bon ordre et de l'équité. Le Roi ne
remédia qu'à ce qu'il y avait de plus criant dans cet usage,
en exigeant que tous les officiers généraux, depuis le
grade de maréchal de camp, se défissent de leurs régiments. Cette mesure en fit momentanément baisser le
prix [1]. »

Mais il remonta bientôt. Le Roi, qui dans les revers
de la fin de son règne s'était vu mal servi par la haute
Noblesse, la frappa encore une fois avant de mourir. « Le
Roi, dit Saint-Simon, taxa les régiments, qui étaient re-
montés à un prix excessif. Cette vénalité de l'unique porte
par laquelle on puisse arriver aux grades supérieurs est
une grande plaie dans le militaire et arrête bien des gens
qui seraient d'excellents sujets. C'est une gangrène qui
ronge depuis longtemps tous les Ordres et toutes les parties de l'État, sous laquelle il est difficile qu'il ne suc-
combe. »

Avant que le siècle ne fût achevé, cette prophétie de
Saint-Simon se réalisait : tout l'ancien régime, fondé sur
le privilège, s'effondrait ; la Révolution inaugurait le règne
de l'égalité et de la justice. Jusque-là les mêmes vices

1. A. Charpentier, *Études sur l'Armée.*

organiques du régime ancien avaient continué à produire, sous le règne de Louis XV, leurs effets désas-
treux. Dans la campagne de Bohême, en 1742, lorsque les
rigueurs de l'hiver vinrent s'ajouter aux épreuves d'une
guerre déjà malheureuse, ce furent des officiers, les
gentilshommes, qui donnèrent aux soldats l'exemple de
la faiblesse et de la démoralisation. Voici ce qu'écrivait,
le 2 décembre, quelques jours avant le commencement de
la retraite qui fait son principal titre de gloire, le maréchal de Belle-Isle au marquis de Breteuil, alors ministre
de la guerre : « La désertion augmente, ainsi que les maladies, et le mauvais esprit de l'officier est au delà de
toute expression. Je n'oserais vous en mander les parti-
cularités, qui font honte à la Nation. »

La France ne fut consolée dans ses désastres que par
l'héroïsme de quelques enfants du peuple, ou de quelques
gentilshommes pauvres, issus de cette modeste Noblesse
qui restait rapprochée du peuple d'où elle était sortie
par son travail, ou bien par les talents et l'habileté de
quelques fils de la bourgeoisie enrichis suffisamment pour
acheter un brevet de colonel. C'est cette classe d'officiers qui continua de défendre la France en 1792 et 93,
et à laquelle appartenaient Davoust, Beurnonville, Ber-
thier, Kellermann, et bien d'autres. Sur mer, les petits
Nobles patriotes étaient très nombreux : les équipages
des flottes de la République en étaient remplis.

L'année suivante, 1743, les mêmes causes produisirent

de nouveaux malheurs. A Dettingen, se présentait une occasion unique pour la France de prendre sa revanche tardive de la défaite de Poitiers : le roi d'Angleterre, cerné dans un défilé avec son armée, ne pouvait s'échapper ; il n'avait plus qu'à rendre son épée. L'indiscipline des officiers, la désobéissance d'un lieutenant général, la faiblesse d'un maréchal de France, firent échouer les plus habiles dispositions, et, à la place d'une victoire qui s'offrait, amenèrent une défaite honteuse [1].

C'était madame de Pompadour qui, de son cabinet de toilette, dirigeait les armées, faisait et défaisait les généraux. Elle avait nommé au commandement de l'armée de Hanovre un de ses courtisans, le comte de Clermont. On sait dans quel état il trouva cette armée et quelle lettre il écrivit au Roi :

« Sire,

» J'ai trouvé l'armée de Votre Majesté divisée en trois corps différents. Le premier est sur terre : il est composé de voleurs, de maraudeurs, tous gens déguenillés depuis les pieds jusqu'à la tête ; le second est sous terre ; le troisième dans les hôpitaux... »

Puis il demandait, avec la même désinvolture, s'il devait ramener le premier corps, ou attendre qu'il fût allé rejoindre les deux autres. La situation désastreuse dont

1. Charpentier, l'*Armée.*

on parlait si plaisamment était due à l'impéritie de ces
généraux de cour et d'alcôve, aux rivalités qu'excitaient
entre eux les préférences et les caprices de la favorite.
En moins de dix ans, vingt-cinq ministres furent appelés
et renvoyés par elle, « dégringolant l'un après l'autre,
dit Voltaire, comme les personnages de la lanterne ma-
gique. » C'est un spectacle curieux et triste de voir ce malheureux comte de Clermont, tout désireux qu'il est d'obéir
à sa puissante protectrice, se débattre contre les fantaisies d'une imagination féminine qui lui désorganise, en se
jouant, les restes de cette misérable armée. A peine a-t-il
les forces nécessaires pour tenir contre l'ennemi, et on lui
ôte tout-à-coup des bataillons entiers, pour les envoyer
à l'impératrice, notre alliée, qui, au dire de madame de
Pompadour, se trouve en danger d'être détrônée. Il a
beau protester ; elle lui envoie, tout en se faisant coiffer et
mettant ses mouches, des ordres de marches et de contre-
marches ; si bien qu'à la fin, un peu agacé, il ose répondre : « Il faut me laisser faire, madame, et ne pas me
prévenir par des idées de trop loin, ou du moins me les
communiquer avant de donner les ordres ; sans cela, la
besogne ira mal. La façon de la Cour, de diriger les mouvements militaires, est ancienne et bien mauvaise. Cela
gêne un général qui est sur le lieu, qui sait son métier et
qui est instruit des vues politiques. »

Un autre jour, faisant allusion à l'habitude qu'avait
madame de Pompadour de marquer avec des mouches

sur la carte la situation et les mouvements des belligé-
rants : « Madame, soyez tranquille, écrit-il, une armée
en campagne ne se mène pas comme on promène son
doigt sur une carte. »

Toutes ces belles opérations aboutirent à la défaite de
Crevelt, en 1759. Et les Parisiens de rire, et de se con-
soler par des chansons :

> D'où venez-vous, monsieur l'abbé ?
> Vous avez l'air tout essoufflé !
> — Je reviens de la guerre...
>   — Eh bien?
> Et qu'alliez-vous y faire!...
> — Vous m'entendez bien.

> Je suis arrivé, j'ai juré,
> J'ai bu, je me suis enivré,
> J'ai fait le diable à quatre...
>   — Eh bien?
> — Je me suis laissé battre...
> Vous m'entendez bien.

On contait qu'après la défaite le comte de Clermont
s'était enfui à toute bride jusqu'à Nuys et là avait demandé
s'il était arrivé déjà beaucoup de fuyards. — « Non, mon-
seigneur, vous êtes le premier. » — Sur quoi il écrivit le
lendemain au maréchal de Belle-Isle que sa retraite s'était
opérée dans le meilleur ordre.

Voilà ce que furent les armées de France sous la monarchie absolue. « Après moi le déluge! » disait Louis XV.
Le déluge vint en effet. Et la face du monde fut renouvelée.

La Révolution, comme un grand orage qui purifie l'air, régénère la France et l'armée. En 1789, la formation des gardes nationales par toute la France amène le licenciement des troupes provinciales qu'elles étaient destinées à remplacer. Ces troupes furent supprimées, le 20 septembre, et fournirent des cadres tout faits aux premiers bataillons de volontaires nationaux. Plus de luxe, plus de mollesse, plus de vaines superfluités ; le nécessaire à peine, et pas toujours : l'énergie de la volonté et l'ardeur du patriotisme, avec la généreuse ambition, y suppléaient. Les généraux se contentaient de peu et partageaient les privations du soldat : la paye était de 8 francs par mois pour les hauts grades, avec le même pain que celui du troupier. Et encore pas toujours. On jeûnait de temps en temps. Un officier général en présence de l'ennemi ne réclamait pour ses troupes ni la solde qu'elles ne recevaient plus, ni le vêtement ou la chaussure qu'elles ne recevaient guère; rien que les vivres de campagne, pour ne pas mourir de faim ; la lettre, dans sa familiarité soldatesque et généreuse, a été conservée : « ... Mes lapins n'ont pas de pain. Pas de pain, pas de lapins ; pas de lapins, pas de victoires !... » Les chefs donnaient l'exemple du courage et marchaient les premiers, à la mort, à la gloire, selon qu'il plaisait à la destinée !

L'éducation de cette armée se fait rapidement sous le feu. Les victoires se multiplient. L'armée, alors, c'est la patrie elle-même combattant pour les lois et pour l'indépendance nationale. L'Assemblée, par un décret du 13 février 1790, édicte que la distribution des grades sera désormais indépendante de la naissance et de la fortune. Quatre mois après, 19 juin 1790, un autre décret abolit toutes les distinctions du régime féodal, les titres, les armoiries : la Noblesse cesse d'exister comme corps dans l'État, de même qu'elle a disparu comme tête de colonne dans l'armée.

Les soldats de la Révolution ont été dignement célébrés par un historien en qui revit l'âme de la Révolution elle-même. « J'étais enfant en 1810, dit Michelet, lorsqu'au jour de la fête de l'Empereur on laissa tomber les toiles qui cachaient le monument de la place Vendôme, et la colonne apparut. J'admirais avec tout le monde. Seulement j'aurais voulu savoir les noms des hommes d'airain figurés aux bas-reliefs : « Et tous ceux-là, disais-je, qui montent autour de la colonne, comment les appelle-t-on ? — Ils montent, aveugles, intrépides, ils montent combattant toujours, comme s'ils allaient pousser la bataille jusque dans le ciel. La spirale tout-à-coup s'arrête. Et tout ce peuple sans nom devient le marche-pied d'un seul. »

Le grand historien avait résolu de réparer, autant qu'il était en lui, cette injustice ; la mort interrompit son œuvre. Il n'a laissé que quelques pages de cette légende d'or ; mais quelles fières ébauches de héros ! animées de quel souffle ! l'âme même de la France, le cœur même de la patrie, qui, comme en eux, battait en lui ! quelles esquisses

simples et touchantes! Interrompues par la mort, elles
n'en sont que plus vraies, plus analogues au sujet même.
— Voyez celle de Championnet :

« Il y avait à Valence un jeune homme admirable —
d'aspect, de taille et de courage, d'un cœur héroïque. Plusieurs, lui reprochant une faute qui n'était pas la sienne,
avaient baptisé ce fils du hasard et de l'amour du nom qui
lui resta, *Champi*, Championnet. Ce fut lui qui, de ses
mains, près de Valence, bâtit l'autel de la Patrie, où l'une
des premières fédérations — la première peut-être de toutes
— se fit en février 1790. Cette fédération permanente, et
formée en bataillon par les soins de Championnet, reste
illustre dans l'histoire (*premier bataillon de la Drôme*).
Avec elle marcha, combattit, au Rhin, à Rome et à
Naples, son chef intrépide, fondateur des Républiques
d'Italie. »

Par l'acte du 23 mai 1789, Louis XVI avait déclaré
qu'*il ne changerait jamais l'institution de l'armée ;* c'est-
à-dire que la Noblesse continuerait d'avoir presque tous
les grades, et que le roturier ne pourrait monter que très
difficilement [1]. Ce fut alors que Kléber, Jourdan, Joubert,

1. Nous avons, toutefois, cité des Ordonnances de Richelieu et de
Louis XIV, qui permettaient par exception à un roturier de monter à un
grade supérieur; dans les brigadiers et les maréchaux de camp, il y
avait un certain nombre de roturiers; mais ces *officiers de fortune,*
comme on les nommait si expressivement, n'avançaient que par hasard,
quand ils avaient fait quelque action d'éclat. — Le soldat lui-même,
nous l'avons vu, pouvait devenir sous-officier, et même, officier, mais
encore plus difficilement, comme cela existait dans l'armée anglaise
avant la suppression de l'achat des grades sous le ministère Gladstone.
— Ce qui manquait à l'armée de l'ancien régime, c'était ce caractère

qui d'abord avaient servi, quittèrent l'armée, comme une
impasse, une carrière sans issue, sans espoir. Augereau,
Hoche, Marceau, Masséna, Soult, Ney, Murat, Oudinot,
Victor, Lefebvre, Bernadotte étaient sous-officiers ou soldats ; Moncey, Davoust, Macdonald, Kellermann, Mar-
mont, Clarke, Sérurier, Pérignon étaient sous-lieutenants ;
Latour d'Auvergne, de trop petite noblesse sans doute
pour monter plus haut, séchait d'ennui au bout de dix-
sept ans de lieutenance ; tous, cloués là, aux rangs inférieurs, par les privilèges féodaux, tandis que des colonels
au biberon tettaient, à la barbe de nos vieux soldats ! —
Aussi, quand les barrières s'abattent au souffle de la
Révolution, quel éveil, quel essor, quelle éruption de patriotisme et de génie ! Hoche, Marceau, Kléber, Desaix,
Latour d'Auvergne, si désintéressés ! Quelle éclosion de
héros ! Le caractère de ces hommes qui avaient si longtemps souffert de l'iniquité, c'est l'amour de la justice.
Ils sont affectueux pour le soldat. Hoche écrit, dans une
de ses lettres : « L'esprit du soldat est généralement bon.
Il aime à bien servir ; mais il veut être commandé et
encouragé. Loin de nous ces hommes qui le regardent
ou qui le traitent comme un vil mercenaire ! La classe des
simples fusiliers est la plus pure et la plus estimable de
l'armée. Nous devons l'aimer, la considérer, et propor-
tionner nos attentions à ses besoins. Qui ne sait qu'il est

d'armée nationale que lui a donné la Révolution. Les soldats étaient
racolés, et, il faut le dire, beaucoup de ces volontaires enjôlés étaient
des hommes de triste moralité, et souvent de véritables soudards.

tel grenadier doué d'un plus grand sens que son général ?
Dans les armées indisciplinées seulement, la multitude
peut devenir méprisable, par la licence à laquelle elle est
abandonnée. Sous de bons chefs, elle reprend ses vertus ;
elle sert l'État, qui naguère en était opprimé. »

Tous ces vrais héros de la République furent citoyens
avant tout, obéissants aux lois jusqu'à la mort ; avec cela,
amis des faibles, et guerriers par haine de la guerre,
dignes chevaliers du Droit nouveau. Pendant la campagne
de Vendée, Hoche écrit à un de ses lieutenants : « N'ou-
blie jamais que ce sont des Français que tu arrêtes, et
que tu ne dois les traiter en ennemis que lorsqu'ils t'y
contraignent par leur rébellion. J'attends que tu mettes
dans cette expédition toute l'humanité qui caractérise les
républicains. » Marceau, dans une lettre d'une sublime
tristesse, écrit à sa sœur : « Ne parle pas de mes lau-
riers, ils sont trempés de sang humain ! » Même à l'égard
des étrangers, des ennemis acharnés de la France, dès
que le combat est fini, nos héros se retrouvent doux
et fraternels. Après la bataille de Valmy, les Français,
voyant passer par charretées les Prussiens malades,
pâles de faim et de fièvre, exténués par la dyssenterie,
s'arrêtent court et les laissent s'en aller. Ceux qu'ils prirent, ce fut pour les soigner dans les hôpitaux français.

Le dévouement à la patrie, sans arrière-pensée personnelle, était la loi de ces républicains. Kléber refusa plusieurs fois le rang de général en chef. En Vendée, il le fit

donner au jeune Marceau, son ami, lui laissant tout le prestige, ne partageant que le péril et la responsabilité. — Desaix ne voulut jamais commander qu'en second. La bataille de Marengo, perdue à trois heures de l'après-midi, est regagnée, grâce à lui, le soir, et c'est Bonaparte qui en recueille l'honneur; au moment où Desaix ramène la victoire, il tombe frappé d'une balle dans la poitrine et prononce en mourant, non la phrase fastueuse que lui prête le Premier Consul, mais ce simple mot : « N'en dites rien. »

Hoche, né à Versailles, fils d'un soldat devenu palefrenier aux écuries du Roi [1], fut d'abord soutenu par sa tante, qui était fruitière; mais bientôt il trouva moyen de se suffire à lui-même, puis il se fit soldat, comme son père. A vingt ans, il accélérait son éducation avec une ardeur étrange, inquiète : il devait mourir à vingt-neuf; il dévorait tous les livres. Pour pouvoir en acheter, il tirait de l'eau, la nuit, chez les jardiniers, comme le stoïcien Cléanthe. N'était-il pas lui-même, sans le savoir, une âme stoïque, à l'ancienne marque? En même temps un cœur si humain et si doux, « le pacificateur de la Vendée, » et qui au génie militaire joignait le génie administratif. Si la destinée jalouse ne l'eût tranché dans sa fleur de gloire, comme Bonaparte l'avait coupé dans son triomphe d'Allemagne par les préliminaires soudains de la paix de Léoben, qui sait si avec sa jeune et haute renommée,

---

1. Kléber était fils d'un terrassier; Augereau, d'un maçon.

si pure, si imposante, il n'eût pas été un obstacle heureux à la trahison du 18 Brumaire? Et qui pourrait dire,
alors, à quel point le sort de la France eût été autre?
Plus d'Empire, plus de conquêtes effrénées, plus de
désastres, plus d'invasion, plus de démembrement! La
République inviolée eût suivi sans interruption son cours
glorieux, et la France n'aurait pas perdu dès cette époque,
et plus tard encore, tant de sang généreux et tant de provinces! Surtout elle n'eût jamais connu la gangrène des
dix-huit années du second Empire, ni la honte de Sedan!

C'est donc avec un sentiment très juste qu'en voyant
Hoche mourir à vingt-neuf ans, — tué par le chagrin ou
empoisonné? on ne sait, — quelques-uns de ses contemporains regardèrent sa mort comme celle de la République
elle-même (19 septembre 1797).

« Pour comprendre, dit Michelet, ce que furent les
armées de la République et la grande vie morale qui les
animait, il faut se rappeler leur origine. Elles sortaient
des fédérations fraternelles : elles étaient parties d'un
autel. Sur cet autel, en 90, la France armée (trois
millions d'hommes) avait juré deux choses : l'unité de la
patrie, et l'affranchissement du monde. A cette première
réunion, déjà armée mais pacifique encore, la France se
donna rendez-vous. Elle tint parole en 92; elle partit alors
tout entière aux croisades de la liberté. »

Les guerres de la République furent en effet des
guerres de délivrance. Les guerres de l'Empire, au con-

traire, furent des guerres d'asservissement. On vient de
voir quelle était la grande âme des armées françaises
républicaines ; un étranger, un Corse, va la changer : il
va substituer l'intérêt personnel, l'ambition, l'amour du
pillage et du lucre, au désintéressement et à la générosité.
Du haut des Alpes, il montre à ses soldats l'Italie, non
plus comme une nation à délivrer, mais comme une proie
à conquérir. Cependant, par un double jeu de proclamations calculées, tandis qu'il présente à ceux-ci ce riche
pays à dévorer, il affirme à ceux-là dans des phrases
sonores qu'il leur apporte la liberté.

Dès lors, l'esprit de l'armée se corrompt. Les jeunes,
les désintéressés, se sont fait tuer pour la patrie, pour la
République ; les autres, les généraux repus, seront tout
prêts avec leurs troupes, devenues prétoriennes et serviles,
à se faire les complices des coups d'État, des 18 Brumaire
et des 2 Décembre, le premier crime contenant le second.

FIN

TABLE DES MATIÈRES

FIN DE LA TABLE DES MATIÈRES

COULOMMIERS. — Typog. PAUL BRODARD.

CATALOGUE

DES

LIVRES DE FONDS

OUVRAGES HISTORIQUES

ET PHILOSOPHIQUES

PARIS

LIBRAIRIE GERMER BAILLIÈRE ET Cie

108, BOULEVARD SAINT-GERMAIN, 108

Au coin de la rue Hautefeuille

MARS 1881

COLLECTION HISTORIQUE DES GRANDS PHILOSOPHES

PHILOSOPHIE ANCIENNE

ARISTOTE (Œuvres d'), traduction de M. BARTHÉLEMY SAINT-HILAIRE.
— **Psychologie** (Opuscules), trad. en français et accompagnée de notes. 1 vol. in-8.............. 10 fr.
— **Rhétorique**, traduite en français et accompagnée de notes. 1870, 2 vol. in-8.. .... 16 fr.
— **Politique**, 1868, 1 v. in-8. 10 fr.
— **Traité du ciel**, 1866 ; traduit en français pour la première fois. 1 fort vol. grand in-8............. 10 fr.
— **Météorologie**, avec le petit traité apocryphe : *Du Monde*, 1863. 1 fort vol. grand in-8............. 10 fr.
— **La métaphysique d'Aristote**. 3 vol. in-8, 1879......... 30 fr.
— **Poétique**, 1858. 1 vol. in-8. 5 fr.
— **Traité de la production et de la destruction des choses**, trad. en français et accomp. de notes perpétuelles. 1866. 1 v. gr. in-8. 10 fr.
— **De la logique d'Aristote**, par M. BARTHÉLEMY SAINT-HILAIRE. 2 volumes in-8.............. 10 fr.
— **Psychologie**, Traité de l'âme, 1 vol. in-8 .... (*Épuisé.*)
— **Physique**, ou leçons sur les principes généraux de la nature. 2 forts vol. in-8.............. (*Épuisé.*)
— **Morale**, 1856. 3 vol. grand in-8. (*Épuisé.*)
— **La logique**, 4 vol. in-8. (*Épuisé.*)

SOCRATE. **La philosophie de Socrate**, par M. Alf. FOUILLÉE. 2 vol. in-8 .... 16 fr.
PLATON. **La philosophie de Platon**, par M. Alfred FOUILLÉE. 2 volumes in-8 .... 16 fr.
— **Études sur la Dialectique dans Platon et dans Hegel**, par M. Paul JANET. 1 vol. in 8... 6 fr.
PLATON et ARISTOTE. **Essai sur le commencement de la science politique**, par VAN DER REST. 1 vol. in-8................ 10 fr.
ÉPICURE. **La Morale d'Épicure** et ses rapports avec les doctrines contemporaines, par M. GUYAU. 1 vol. in-8.......... 6 fr. 50
ÉCOLE D'ALEXANDRIE. **Histoire critique de l'École d'Alexandrie**, par M. VACHEROT. 3 vol. in-8. 24 fr.
— **L'École d'Alexandrie**, par M. BARTHÉLEMY SAINT-HILAIRE. 1 v. in-8. 6 fr.
MARC-AURÈLE. **Pensées de Marc-Aurèle**, traduites et annotées par M. BARTHÉLEMY SAINT-HILAIRE. 1 vol. in-18............... 4 fr. 50
RITTER. **Histoire de la philosophie ancienne**, trad. par TISSOT. 4 vol. in-8................ 30 fr.
FABRE (Joseph). **Histoire de la philosophie, antiquité et moyen âge**. 1 vol. in-18........ 3 50

PHILOSOPHIE MODERNE

LEIBNIZ. **Œuvres philosophiques**, avec introduction et notes par M. Paul JANET. 2 vol. in-8. 16 fr.
— **La métaphysique de Leibniz et la critique de Kant**, par D. NOLEN. 1 vol. in-8..... 6 fr.
— **Leibniz et Pierre le Grand**, par FOUCHER DE CAREIL. In-8. 2 fr.
— **Lettres et opuscules de Leibniz**, par FOUCHER DE CAREIL. 1 vol. in-8............... 3 fr. 50
— **Leibniz, Descartes et Spinoza**, par FOUCHER DE CAREIL. 1 v. in-8. 4 fr.
— **Leibniz et les deux Sophie**, par FOUCHER DE CAREIL. 1 v. in-8 2 fr.
DESCARTES. **Descartes, la princesse Élisabeth et la reine Christine**, par FOUCHER DE CAREIL. 1 vol. in-8.......... 3 fr. 50

SPINOZA. **Dieu, l'homme et la béatitude**, trad. et précédé d'une introduction par M. P. JANET. 1 vol. in-18............... 2 fr. 50
LOCKE. **Sa vie et ses œuvres**, par M. MARION. 1 vol. in-18. 2 fr. 50
MALEBRANCHE. **La philosophie de Malebranche**, par M. OLLÉ-LAPRUNE. 2 vol. in-8...... 16 fr.
VOLTAIRE. **Les sciences au XVIIIe siècle**. Voltaire physicien, par M. Em. SAIGEY. 1 vol. in-8.. 5 fr.
BOSSUET. **Essai sur la philosophie de Bossuet**, par Nourrisson, 1 vol. in-8............ 4 fr.
RITTER. **Histoire de la philosophie moderne**, traduite par P. Challemel-Lacour. 3 vol. in-8. 20 fr.

FRANCK (Ad.). **La philosophie mystique en France** au XVIIIe siècle. 1 vol. in-18.... 2 fr. 50

DAMIRON, **Mémoires pour servir à l'histoire de la philosophie au XVIIIe siècle**. 3 vol. in-8. 15 fr.

MAINE DE BIRAN. **Essai sur sa philosophie**, suivi de fragments inédits, par JULES GÉRARD. 1 fort vol. in-8. 1876............ 10 fr.

BERKELEY. **Sa vie et ses œuvres**, par PENJON. 1 v. in-8 (1878). 7 fr. 50

PHILOSOPHIE ÉCOSSAISE

DUGALD STEWART. **Éléments de la philosophie de l'esprit humain**, traduits de l'anglais par L. PEISSE. 3 vol. in-12............ 9 fr.

W. HAMILTON. **Fragments de philosophie**, traduits de l'anglais par L. PEISSE. 1 vol. in-8.. 7 fr. 50

— **La philosophie de Hamilton**, par J. STUART MILL. 1 v. in-8. 10 fr.

PHILOSOPHIE ALLEMANDE

KANT. **Critique de la raison pure**, trad. par M. TISSOT. 2 v. in-8. 16 fr.

— Même ouvrage, traduction par M. Jules BARNI. 2 vol. in-8.. 16 fr.

— **Éclaircissements sur la critique de la raison pure**, trad. par J. TISSOT. 1 volume in-8... 6 fr.

— **Examen de la critique de la raison pratique**, traduit par M. J. BARNI. 1 vol. in-8.... (*Épuisé.*)

— **Principes métaphysiques du droit**, suivis du *projet de paix perpétuelle*, traduction par M. TISSOT. 1 vol. in-8........... 8 fr.

— Même ouvrage, traduction par M. Jules BARNI. 1 vol. in-8... 8 fr.

— **Principes métaphysiques de la morale**, augmentés des *fondements de la métaphysique des mœurs*, traduct. par M. TISSOT. 1 v. in-8. 8 fr.

— Même ouvrage, traduction par M. Jules BARNI. 1 vol. in-8... 8 fr.

— **La logique**, traduction par M. TISSOT. 1 vol. in-8..... 4 fr.

— **Mélanges de logique**, traduction par M. TISSOT. 1 vol. in-8.. 6 fr.

— **Prolégomènes à toute métaphysique future** qui se présentera comme science, traduction de M. TISSOT. 1 vol. in-8... 6 fr.

— **Anthropologie**, suivie de divers fragments relatifs aux rapports du physique et du moral de l'homme, et du commerce des esprits d'un monde à l'autre, traduction par M. TISSOT. 1 vol. in-8..... 6 fr.

KANT. **La critique de Kant et la métaphysique de Leibniz.** Histoire et théorie de leurs rapports, par D. NOLEN. 1 vol. in-8. 1875. 6 fr.

FICHTE. **Méthode pour arriver à la vie bienheureuse**, traduit par Francisque BOUILLIER. 1 vol. in-8................ 8 fr.

— **Destination du savant et de l'homme de lettres**, traduit par M. NICOLAS. 1 vol. in-8.... 3 fr.

— **Doctrines de la science.** Principes fondamentaux de la science de la connaissance, traduit par GRIMBLOT. 1 vol. in-8..... 9 fr.

SCHELLING. **Bruno** ou du principe divin, trad. par Cl. HUSSON. 1 vol. in-8................ 3 fr. 50

— **Écrits philosophiques** et morceaux propres à donner une idée de son système, trad. par Ch. BÉNARD. 1 vol. in-8........ 9 fr.

HEGEL. **Logique**, traduction par A. VÉRA. 2e édition. 2 volumes in-8 .... 14 fr.

HEGEL. **Philosophie de la nature**, traduction par A. VÉRA. 3 volumes in-8 .... 25 fr.

   Prix du tome II..... 8 fr. 50

   Prix du tome III..... 8 fr. 50

— **Philosophie de l'esprit**, traduction par A. VÉRA. 2 volumes in-8 .... 18 fr.

— **Philosophie de la religion**, traduction par A. VÉRA. 2 vol. 20 fr.

— **Introduction à la philosophie de Hegel**, par A. VÉRA. 1 volume in-8................ 6 fr. 50

HEGEL. **Essais de philosophie hegelienne**, par A. VÉRA. 1 vol. 2 fr. 50

— **L'Hégelianisme et la philosophie**, par M. VÉRA. 1 volume in-18................ 3 fr. 50

— **Antécédents de l'Hégelia-**

nisme dans la philosophie française, par BEAUSSIRE. 1 vol. in-18.............. 2 fr. 50

— La dialectique dans Hegel et dans Platon, par Paul JANET. 1 vol. in-8............ 6 fr.

— La Poétique, traduction par Ch. BÉNARD, précédée d'une préface et suivie d'un examen critique. Extraits de Schiller, Gœthe, Jean Paul, etc., et sur divers sujets relatifs à la poésie. 2 vol. in-8... 12 fr.

Esthétique. 2 vol. in-8, traduit par M. BÉNARD.......... 16 fr.

ICHTER (Jean-Paul). Poétique ou Introduction à l'esthétique, tra-

duit de l'allemand par Alex. BUCHNER et Léon DUMONT. 2 vol. in-8. 15 fr.

HUMBOLDT (G. de). Essai sur les limites de l'action de l'État, traduit de l'allemand, et précédé d'une Étude sur la vie et les travaux de l'auteur, par M. CHRÉTIEN. 1 vol. in-18,.......... 3 fr. 50

— La philosophie individualiste, étude sur G. de HUMBOLDT, par CHALLEMEL-LACOUR. 1 vol. 2 fr. 50

STAHL. Le Vitalisme et l'Animisme de Stahl, par Albert LEMOINE. 1 vol. in-18.... 2 fr. 50

LESSING. Le Christianisme moderne. Étude sur Lessing, par FONTANÈS. 1 vol. in-18.. 2 fr. 50

PHILOSOPHIE ALLEMANDE CONTEMPORAINE

L. BUCHNER. Science et nature, traduction de l'allemand, par Aug. DELONDRE. 2 vol. in-18.... 5 fr.

— Le Matérialisme contemporain, par M. P. JANET. 3e édit. 1 vol. in-18........ 2 fr. 50

HARTMANN (E. de). La Religion de l'avenir. 1 vol. in-18.. 2 fr. 50

— La philosophie de l'inconscient. 2 vol. in-8. 20 fr.

— Le Darwinisme, ce qu'il y a de vrai et de faux dans cette doctrine, traduit par M. G. GUÉROULT. 1 vol. in-18, 2e édit......... 2 fr. 50

HÆCKEL. Hæckel et la théorie de l'évolution en Allemagne, par Léon DUMONT. 1 vol. in-18. 2 fr. 50

— Les preuves du transformisme, trad. par M. SOURY. 1 vol. in-18.............. 2 fr. 50

— Essais de psychologie cellulaire, traduit par M. J. SOURY. 1 vol. in-12......... 2 fr. 50

O. SCHMIDT. Les sciences naturelles et la philosophie de l'inconscient. 1 v. in-18. 2 f. 50

LOTZE (H.). Principes généraux de psychologie physiologique, trad. par M. PENJON. 1 vol. in-18. 2 fr. 50

STRAUSS. L'ancienne et la nouvelle foi de Strauss, étude critique par VÉRA. 1 vol. in-8. 6 fr.

MOLESCHOTT. La Circulation de la vie, Lettres sur la physiologie, en réponse aux Lettres sur la chimie de Liebig, traduction de l'allemand par M. CAZELLES. 2 volumes in-18. Pap. vélin............ 10 fr.

SCHOPENHAUER. Essai sur le libre arbitre. 1 vol. in-18.... 2 fr. 50

— Le fondement de la morale, traduit par M. BURDEAU. 1 vol. in-18............. 2 fr. 50

— Essais et fragments, traduit et précédé d'une vie de Schop., par M. BOURDEAU. 1 vol. in-18. 2 fr. 50

— Aphorisme sur la sagesse dans la vie, traduit par M. CANTACUZÈNE. In-8................. 5 fr.

— Philosophie de Schopenhauer, par Th. RIBOT. 1 vol. in-18. 2 fr. 50

RIBOT (Th.). La psychologie allemande contemporaine (HERBART, BENEKE, LOTZE, FECHNER, WUNDT, etc.). 1 vol. in-8. 7 fr. 50

PHILOSOPHIE ANGLAISE CONTEMPORAINE

STUART MILL. La philosophie de Hamilton. 1 fort vol. in-8. 10 fr.

— Mes Mémoires. Histoire de ma vie et de mes idées. 1 v. in-8. 5 fr.

— Système de logique déductive et inductive. 2 v. in-8. 20 fr.

STUART MILL. Essais sur la Religion. 1 vol. in-8....... 5 fr.

— Le positivisme anglais, étude sur Stuart Mill, par H. TAINE. 1 volume in-18............ 2 fr. 50

HERBERT SPENCER. **Les premiers Principes.** 1 fort vol. in-8. 10 fr.
— **Principes de psychologie.** 2 vol. in-8............ 20 fr.
— **Principes de biologie.** 2 forts volumes in-8.......... 20 fr.
— **Introduction à la Science sociale.** 1 v. in-8 cart. 5e éd. 6 fr.
— **Principes de sociologie.** 2 vol. in-8............... 17 fr. 50
— **Classification des Sciences.** 1 vol. in-18.......... 2 fr. 50
— **De l'éducation intellectuelle, morale et physique.** 1 vol. in-8 .... 5 fr.
— **Essais sur le progrès.** 1 vol. in-8................. 7 fr. 50
— **Essais de politique.** 1 vol. 7 fr. 50
— **Essais scientifiques.** 1 vol. 7 fr. 50
— **Les bases de la morale.** In-8. 6 f.
BAIN. **Des Sens et de l'Intelligence.** 1 vol. in-8. 10 fr.
— **La logique inductive et déductive.** 2 vol. in-8.. 20 fr.
— **L'esprit et le corps.** 1 vol. in-8, cartonné, 2e édition.. 6 fr.
— **La science de l'éducation.** In-8..................... 6 fr.
DARWIN. **Ch. Darwin et ses précurseurs français,** par M. de QUATREFAGES. 1 vol. in-8.. 5 fr.
— **Descendance et Darwinisme,** par Oscar SCHMIDT. In-8, cart. 6 fr.
DARWIN. **Le Darwinisme,** ce qu'il y a de vrai et de faux dans cette doctrine, par E. DE HARTMANN. 1 vol. in-18............... 2 fr. 50

DARWIN. **Le Darwinisme,** par ÉM. FERRIÈRE. 1 vol. in-18.. 4 fr. 50
— **Les récifs de corail,** structure et distribution. 1 vol. in-8. 8 fr.
CARLYLE. **L'idéalisme anglais,** étude sur Carlyle, par H. TAINE. 1 vol. in-18............ 2 fr. 50
BAGEHOT. **Lois scientifiques du développement des nations** dans leurs rapports avec les principes de la sélection naturelle et de l'hérédité. 1 vol. in-8, 3e édit. 6 fr.
RUSKIN (JOHN). **L'esthétique anglaise,** étude sur J. Ruskin, par MILSAND. 1 vol. in-18 ... 2 fr. 50
MATTHEW ARNOLD. **La crise religieuse.** 1 vol. in-8.... 7 fr. 50
FLINT. **La philosophie de l'histoire en France et en Allemagne,** traduit de l'anglais par M. L. CARRAU. 2 vol. in-8. 15 fr.
RIBOT (Th.). **La psychologie anglaise contemporaine** (James Mill, Stuart Mill, Herbert Spencer, A. Bain, G. Lewes, S. Bailey, J.-D. Morell, J. Murphy), 1875. 1 vol. in-8, 2e édition...... 7 fr. 50
LIARD. **Les logiciens anglais contemporains** (Herschell, Whewell, Stuart Mill, G. Bentham, Hamilton, de Morgan, Beele, Stanley Jevons). 1 vol. in-18.......... 2 fr. 50
GUYAU. **La morale anglaise contemporaine.** Morale de l'utilité et de l'évolution. 1 vol. in-8. 7 fr. 50
HUXLEY. **Hume, sa vie, sa philosophie.** 1 vol. in-8...... 5 fr. d'une préface par M. G. COMPAYRÉ.
JAMES SULLY. **Le pessimisme,** traduit par M. A. BERTRAND. 1 vol. in-8. (*Sous presse.*)

PHILOSOPHIE ITALIENNE CONTEMPORAINE

SICILIANI. **Prolégomènes à la psychogénie moderne,** traduit de l'italien par M. A. HERZEN. 1 vol. in-18........ 2 fr. 50
ESPINAS. **La philosophie expérimentale en Italie,** origines, état actuel. 1 vol. in-18. 2 fr. 50
MARIANO. **La philosophie con-**

temporaine en Italie, essais de philos. hegelienne. In-18. 2 fr. 50
TAINE. **La philosophie de l'art en Italie.** 1 vol. in-18. 2 fr. 50
FERRI (Louis). **Essai sur l'histoire de la philosophie en Italie au XIXe siècle.** 2 vol. in-8. 12 fr.

BIBLIOTHÈQUE

DE

PHILOSOPHIE CONTEMPORAINE

Volumes in-18 à 2 fr. 50 c.

Cartonnés : 3 fr. ; reliés : 4 fr.

H. Taine.

LE POSITIVISME ANGLAIS, étude sur Stuart Mill. 2ᵉ édit.
L'IDÉALISME ANGLAIS, étude sur Carlyle.
PHILOSOPHIE DE L'ART. 3ᵉ édit.
PHILOSOPHIE DE L'ART EN ITALIE. 3ᵉ édition.
DE L'IDÉAL DANS L'ART. 2ᵉ édit.
PHILOSOPHIE DE L'ART DANS LES PAYS-BAS.
PHILOSOPHIE DE L'ART EN GRÈCE.

Paul Janet.

LE MATÉRIALISME CONTEMPORAIN, 2ᵉ édit.
LA CRISE PHILOSOPHIQUE. Taine, Renan, Vacherot, Littré.
LE CERVEAU ET LA PENSÉE.
PHILOSOPHIE DE LA RÉVOLUTION FRANÇAISE.
SAINT-SIMON ET LE SAINT-SIMONISME.
DIEU, L'HOMME ET LA BÉATITUDE. (Œuvre inédite de Spinoza.)

Odysse Barot.

PHILOSOPHIE DE L'HISTOIRE.

Alaux.

PHILOSOPHIE DE M. COUSIN.

Ad. Franck.

PHILOSOPHIE DU DROIT PÉNAL. 2ᵉ édit.
PHILOS. DU DROIT ECCLÉSIASTIQUE.
LA PHILOSOPHIE MYSTIQUE EN FRANCE AU XVIIIᵉ SIÈCLE.

Charles de Rémusat.

PHILOSOPHIE RELIGIEUSE.

Charles Lévêque.

LE SPIRITUALISME DANS L'ART.
LA SCIENCE DE L'INVISIBLE.

Émile Saisset.

L'AME ET LA VIE, suivi d'une étude sur l'Esthétique française.
CRITIQUE ET HISTOIRE DE LA PHILOSOPHIE (frag. et disc.).

Auguste Laugel.

LES PROBLÈMES DE LA NATURE.
LES PROBLÈMES DE LA VIE.
LES PROBLÈMES DE L'AME.
LA VOIX, L'OREILLE ET LA MUSIQUE.
L'OPTIQUE ET LES ARTS.

Challemel-Lacour.

LA PHILOSOPHIE INDIVIDUALISTE.

L. Büchner.

SCIENCE ET NATURE. 2 vol.

Albert Lemoine.

LE VITALISME ET L'ANIMISME DE STAHL.
DE LA PHYSION. ET DE LA PAROLE.
L'HABITUDE ET L'INSTINCT.

Milsand.

L'ESTHÉTIQUE ANGLAISE, étude sur John Ruskin.

A. Véra.

ESSAIS DE PHILOSOPHIE HEGÉLIENNE.

Beaussire.

ANTÉCÉDENTS DE L'HEGÉLIANISME DANS LA PHILOS. FRANÇAISE.

Bost.

LE PROTESTANTISME LIBÉRAL.

Francisque Bouillier.

DE LA CONSCIENCE.

Ed. Auber.

PHILOSOPHIE DE LA MÉDECINE.

Leblais.

MATÉRIALISME ET SPIRITUALISME.

Ad. Garnier.

DE LA MORALE DANS L'ANTIQUITÉ.

Schœbel.

PHILOSOPHIE DE LA RAISON PURE.

Tissandier.

DES SCIENCES OCCULTES ET DU SPIRITISME.

Ath. Coquerel fils.

PREMIÈRES TRANSFORMATIONS HISTORIQUES DU CHRISTIANISME. 2ᵉ édit.
LA CONSCIENCE ET LA FOI.
HISTOIRE DU CREDO.

Jules Levallois.
DÉISME ET CHRISTIANISME.

Camille Selden.
LA MUSIQUE EN ALLEMAGNE. Étude sur Mendelssohn.

Fontanès.
LE CHRISTIANISME MODERNE. Étude sur Lessing.

Stuart Mill.
AUGUSTE COMTE ET LA PHILOSOPHIE POSITIVE. 2e édition.

Mariano.
LA PHILOSOPHIE CONTEMPORAINE EN ITALIE.

Saigey.
LA PHYSIQUE MODERNE, 2e tirage.

E. Faivre.
DE LA VARIABILITÉ DES ESPÈCES.

Ernest Bersot.
LIBRE PHILOSOPHIE.

A. Réville.
HISTOIRE DU DOGME DE LA DIVINITÉ DE JÉSUS-CHRIST. 2e édition.

W. de Fonvielle.
L'ASTRONOMIE MODERNE.

C. Coignet.
LA MORALE INDÉPENDANTE.

E. Boutmy.
PHILOSOPHIE DE L'ARCHITECTURE EN GRÈCE.

Et. Vacherot.
LA SCIENCE ET LA CONSCIENCE.

Em. de Laveleye.
DES FORMES DE GOUVERNEMENT.

Herbert Spencer.
CLASSIFICATION DES SCIENCES. 2e édit.

Gauckler.
LE BEAU ET SON HISTOIRE.

Max Müller.
LA SCIENCE DE LA RELIGION.

Léon Dumont.
HAECKEL ET LA THÉORIE DE L'ÉVOLUTION EN ALLEMAGNE.

Bertauld.
L'ORDRE SOCIAL ET L'ORDRE MORAL.
DE LA PHILOSOPHIE SOCIALE.

Th. Ribot.
PHILOSOPHIE DE SCHOPENHAUER.
LES MALADIES DE LA MÉMOIRE.

Al. Herzen.
PHYSIOLOGIE DE LA VOLONTÉ.

Bentham et Grote.
LA RELIGION NATURELLE.

Hartmann.
LA RELIGION DE L'AVENIR. 2e édit.
LE DARWINISME. 3e édition.

H. Lotze.
PSYCHOLOGIE PHYSIOLOGIQUE.

Schopenhauer.
LE LIBRE ARBITRE. 2e édit.
LE FONDEMENT DE LA MORALE.
PENSÉES ET FRAGMENTS. 3e édit.

Liard.
LES LOGICIENS ANGLAIS CONTEMP.

Marion.
J. LOCKE. Sa vie, son œuvre.

O. Schmidt.
LES SCIENCES NATURELLES ET LA PHILOSOPHIE DE L'INCONSCIENT.

Haeckel.
LES PREUVES DU TRANSFORMISME.
ESSAIS DE PSYCHOLOGIE CELLULAIRE.

Pi Y. Margall.
LES NATIONALITÉS.

Barthélemy Saint-Hilaire.
DE LA MÉTAPHYSIQUE.

A. Espinas.
PHILOSOPHIE EXPÉR. EN ITALIE.

P. Siciliani.
PSYCHOGÉNIE MODERNE.

Léopardi.
OPUSCULES ET PENSÉES.

Roisel.
LA SUBSTANCE.

Minghetti.
L'ÉGLISE ET L'ÉTAT.

Les volumes suivants de la collection in-18 sont épuisés; il en reste quelques exemplaires sur papier vélin, cartonnés, tranche supérieure dorée :

LETOURNEAU. **Physiologie des passions.** 1 vol. 5 fr.
MOLESCHOTT. **La Circulation de la vie.** 2 vol. 10 fr.
BEAUQUIER. **Philosophie de la musique.** 1 vol. 5 fr.

BIBLIOTHÈQUE DE PHILOSOPHIE CONTEMPORAINE

FORMAT IN-8

Volumes à 5 fr., 7 fr. 50 et 10 fr.; cart., 1 fr. en plus par vol.; reliure, 2 fr.

JULES BARNI.

La morale dans la démocratie. 1 vol.   5 fr.

AGASSIZ.

De l'espèce et des classifications, traduit de l'anglais par M. Vogeli. 1 vol.   5 fr.

STUART MILL.

La philosophie de Hamilton, trad. par M. Cazelles. 1 fort vol.   10 fr.

Mes mémoires. Histoire de ma vie et de mes idées, traduit de l'anglais par M. E. Cazelles. 1 vol.   5 fr.

Système de logique déductive et inductive. Exposé des principes de la preuve et des méthodes de recherche scientifique, traduit de l'anglais par M. Louis Peisse. 2 vol.   20 fr.

Essais sur la Religion, traduit par M. E. Cazelles. 1 vol.   5 fr.

DE QUATREFAGES.

Ch. Darwin et ses précurseurs français. 1 vol.   5 fr.

HERBERT SPENCER.

Les premiers principes. 1 fort vol., traduit par M. Cazelles.   10 fr.

Principes de psychologie, traduit de l'anglais par MM. Th. Ribot et Espinas. 2 vol.   20 fr.

Principes de biologie, traduit par M. Cazelles. 2 vol. in-8. 1877-1878.   20 fr.

Principes de sociologie :

Tome Ier, traduit par M. Cazelles. 1 vol. in-8. 1878.   10 fr.

Tome II, traduit par MM. Cazelles et Gerschel. 1 vol. in-8. 1879.   7 fr. 50

Tome III, traduit par M. Cazelles. 1 vol. in-8. (*Sous presse.*)

Essais sur le progrès, traduit par M. Burdeau. 1 vol. in-8. 7 fr. 50

Essais de politique. 1 vol. in-8, traduit par M. Burdeau.   7 fr. 50

Essais scientifiques. 1 vol. in-8, traduit par M. Burdeau.   7 fr. 50

De l'éducation physique, intellectuelle et morale. 1 volume in-8, 2e édition. 1879.   5 fr.

Introduction à la science sociale. 1 vol. in-8, 5e édit.   6 fr.

Les bases de la morale évolutionniste. 1 vol. in-8.   6 fr.

Classification des sciences. 1 vol. in-18. 2e édit.   2 fr. 50

AUGUSTE LAUGEL.

Les problèmes (Problèmes de la nature, problèmes de la vie, problèmes de l'âme). 1 fort vol.   7 fr. 50

ÉMILE SAIGEY.

Les sciences au XVIIIe siècle. La physique de Voltaire. 1 vol.   5 fr.

PAUL JANET.

Histoire de la science politique dans ses rapports avec la morale. 2e édition, 2 vol.   20 fr.

Les causes finales. 1 vol. in-8. 1876.   10 fr.

TH. RIBOT.

De l'hérédité. 1 vol. in-8.   10 fr.

La psychologie anglaise contemporaine (école expérimentale). 1 vol. in-8, 2e édition. 1875.   7 fr. 50

La psychologie allemande contemporaine (école expérimentale). 1 vol. in-8. 1879.   7 fr. 50

HENRI RITTER.
Histoire de la philosophie moderne, traduction française, précédée d'une introduction par M. P. Challemel-Lacour. 3 vol. in-8.   20 fr.

ALF. FOUILLÉE.
La liberté et le déterminisme. 1 vol. in-8.   7 fr. 50

DE LAVELEYE.
De la propriété et de ses formes primitives. 1 vol. in-8. 2ᵉ édit. 1877.   7 fr. 50

BAIN (ALEX.).
La logique inductive et déductive, traduit de l'anglais par M. Compayré. 2 vol.   20 fr.
Les sens et l'intelligence. 1 vol., traduit par M. Cazelles. 10 fr.
L'esprit et le corps. 1 vol. in-8, 4ᵉ édit.   6 fr.
La science de l'éducation. 1 vol. in-8, 2ᵉ édit.   6 fr.
Les émotions et la volonté. 1 fort vol. (*Sous presse.*)

MATTHEW ARNOLD.
La crise religieuse. 1 vol. in-8. 1876.   7 fr. 50

BARDOUX.
Les légistes et leur influence sur la société française. 1 vol. in-8. 1877.   5 fr.

HARTMANN (E. DE).
La philosophie de l'inconscient, traduit de l'allemand par M. D. Nolen, avec une préface de l'auteur écrite pour l'édition française. 2 vol. in-8. 1877.   20 fr.
La philosophie allemande du XIXᵉ siècle, dans ses principaux représentants, traduit par M. D. Nolen. 1 vol. in-8. (*Sous presse.*)

ESPINAS (ALF.).
Des sociétés animales. 1 vol. in-8, 2ᵉ édit., précédée d'une introduction sur l'*Histoire de la sociologie*. 1878.   7 fr. 50

FLINT.
La philosophie de l'histoire en France, traduit de l'anglais par M. Ludovic Carrau. 1 vol. in-8. 1878.   7 fr. 50
La philosophie de l'histoire en Allemagne, traduit de l'anglais par M. Ludovic Carrau. 1 vol. in-8 1878.   7 fr. 50

LIARD.
La science positive et la métaphysique. 1 v. in-8. 1879. 7 fr. 50

GUYAU.
La morale anglaise contemporaine. 1 vol. in-8. 1879. 7 fr. 50

HUXLEY
Hume, sa vie, sa philosophie, traduit de l'anglais et précédé d'une introduction par M. G. Compayré. 1 vol. in-8.   5 fr.

E. NAVILLE.
La logique de l'hypothèse. 1 vol. in-8.   5 fr.

VACHEROT (ET.).
Essais de philosophie critique. 1 vol. in-8.   7 fr. 50
La religion. 1 vol. in-8.   7 fr. 50

MARION (H.).
De la solidarité morale. 1 vol. in-8.   5 fr.

COLSENET (ED.).
La vie inconsciente de l'esprit. 1 vol. in-8.   5 fr.

SCHOPENHAUER.
Aphorismes sur la sagesse dans la vie, traduit par M. Cantacuzène. 1 vol. in-8.   5 fr.

EGGER (V.).
La parole intérieure. 1 vol. in-8.   5 fr.

— 10 —

BIBLIOTHÈQUE
D'HISTOIRE CONTEMPORAINE

Vol. in-18 à 3 fr. 50.

Vol. in-8 à 5 et 7 fr.; cart., 1 fr. en plus par vol.; reliure, 2 fr.

EUROPE

HISTOIRE DE L'EUROPE PENDANT LA RÉVOLUTION FRANÇAISE, par *H. de Sybel*. Traduit de l'allemand par Mlle Dosquet. 3 vol. in-8 . . . 21 »
   Chaque volume séparément. . . . . 7 »
HISTOIRE DIPLOMATIQUE DE L'EUROPE DEPUIS 1815 JUSQU'A NOS JOURS, par *Debidour*. 1 vol. in-8. *(Sous presse.)*

FRANCE

HISTOIRE DE LA RÉVOLUTION FRANÇAISE, par *Carlyle*. Traduit de l'anglais. 3 vol. in-18; chaque volume. 3 50
NAPOLÉON Ier ET SON HISTORIEN M. THIERS, par *Barni*. 1 vol. in-18. 3 50
HISTOIRE DE LA RESTAURATION, par *de Rochau*. 1 vol. in-18, traduit de l'allemand. 3 50
HISTOIRE DE DIX ANS, par *Louis Blanc*. 5 vol. in-8. . . . . . . 25 »
   Chaque volume séparément . . . . 5 »
— 25 planches en taille-douce. Illustrations pour l'*Histoire de dix ans*. 6 »
HISTOIRE DE HUIT ANS (1840-1848), par *Elias Regnault*. 3 vol. in-8.. 15 »
   Chaque volume séparément . . . . 5 »
— 14 planches en taille-douce. Illustrations pour l'*Histoire de huit ans*. 4 fr.
HISTOIRE DU SECOND EMPIRE (1848-1870), par *Taxile Delord*. 6 volumes in-8. . . . . 42 fr.
   Chaque volume séparément . . . . 7 »
LA GUERRE DE 1870-1871, par *Boent*, d'après le colonel fédéral suisse Rustow. 1 vol. in-18. . . . . 3 50
LA FRANCE POLITIQUE ET SOCIALE, par *Aug. Laugel*. 1 volume in-8. 5 fr.
HISTOIRE DES COLONIES FRANÇAISES, par *P. Gaffarel*. 1 vol. in-8. . . 5 fr.
L'ALGÉRIE, par *Maurice Wahl*. 1 vol. in-18. *(Sous presse.)* 3 fr. 50

ANGLETERRE

HISTOIRE GOUVERNEMENTALE DE L'ANGLETERRE, DEPUIS 1770 JUSQU'A 1830, par sir *G. Cornewal Lewis*. 1 vol. in-8, traduit de l'anglais . . . . 7 fr.
HISTOIRE DE L'ANGLETERRE, depuis la reine Anne jusqu'à nos jours, par *H. Reynald*. 1 vol. in-18. . . . . 3 50
LES QUATRE GEORGES, par *Thackeray*, trad. de l'anglais par Lefoyer. 1 vol. in-18. . . . . 3 50
LA CONSTITUTION ANGLAISE, par *W. Bagehot*, traduit de l'anglais. 1 vol. in-18. . . . . 3 50
LOMBART-STREET, le marché financier en Angleterre, par *W. Bagehot*. 1 vol. in-18. . . . . 3 50
LORD PALMERSTON ET LORD RUSSEL, par *Aug. Laugel*. 1 volume in-18 (1876). 3 50
QUESTIONS CONSTITUTIONNELLES (1873-1878). — Le Prince-Époux. — Le Droit électoral, par *E. W. Gladstone*. Traduit de l'anglais, et précédé d'une introduction, par *Albert Gigot*. 1 vol. in-8 . . . . . . 5 fr.
LE GOUVERNEMENT ANGLAIS, SA CONSTITUTION, par *Albany de Fonblanque*, traduit de l'anglais sur la 14e édition par F. Dreyfus, avec introduction par *P. Brisson*. 1 vol. in-8. . . . . 5 fr.

ALLEMAGNE

LA PRUSSE CONTEMPORAINE ET SES INSTITUTIONS, par *K. Hillebrand*. 1 vol. in-18. . . . . 3 50
HISTOIRE DE LA PRUSSE, depuis la mort de Frédéric II jusqu'à la bataille de Sadowa, par *Eug. Véron*. 1 vol. in-18 . . . . 3 50
HISTOIRE DE L'ALLEMAGNE, depuis la bataille de Sadowa jusqu'à nos jours, par *Eug. Véron*. 1 vol. in-18. . . . . 3 50
L'ALLEMAGNE CONTEMPORAINE, par *Ed. Bourloton*. 1 vol. in-18. . . . 3 50

AUTRICHE-HONGRIE

HISTOIRE DE L'AUTRICHE, depuis la mort de Marie-Thérèse jusqu'à nos jours, par *L. Asseline*. 1 volume in-18 . . . . 3 50
HISTOIRE DES HONGROIS et de leur littérature politique, de 1790 à 1815, par *Ed. Sayous*. 1 vol. in-18 . . . . 3 50

ESPAGNE

L'ESPAGNE CONTEMPORAINE, journal d'un voyageur, par *Louis Teste*. 1 vol. in-18 . . . . 3 50
HISTOIRE DE L'ESPAGNE, depuis la mort de Charles III jusqu'à nos jours, par *H. Reynald*. 1 vol. in-18 . . . . 3 50

RUSSIE

LA RUSSIE CONTEMPORAINE, par *Herbert Barry*, traduit de l'anglais. 1 vol. in-18 . . . . 3 50
HISTOIRE CONTEMPORAINE DE LA RUSSIE, par *M. Créhange*. 1 volume in-18 . . . . (*Sous presse.*) 3 50

SUISSE

LA SUISSE CONTEMPORAINE, par *H. Dixon*. 1 vol. in-18, traduit de l'anglais 3 50
HISTOIRE DU PEUPLE SUISSE, par *Daendliker*, traduit de l'allemand par madame *Jules Favre*, et précédé d'une Introduction de M. *Jules Favre*. 1 vol. in-8 . . . . 5 fr.

AMÉRIQUE

HISTOIRE DE L'AMÉRIQUE DU SUD, depuis sa conquête jusqu'à nos jours, par *Alf. Deberle*. 1 vol. in-18 . . . . 3 50
HISTOIRE DE L'AMÉRIQUE DU NORD (États-Unis, Canada, Mexique), par *Ad. Cohn*. 1 vol. in-18 . . . . (*Sous presse.*)
LES ÉTATS-UNIS PENDANT LA GUERRE, 1861-1864. Souvenirs personnels, par *Aug. Laugel*. 1 vol. in-18 . . . . 3 50

Eug. Despois. LE VANDALISME RÉVOLUTIONNAIRE. Fondations littéraires, scientifiques et artistiques de la Convention. 1 vol. in-18 . . . . 3 50
Victor Meunier. SCIENCE ET DÉMOCRATIE. 2 vol. in-18, chacun séparément 3 50
Jules Barni. HISTOIRE DES IDÉES MORALES ET POLITIQUES EN FRANCE AU XVIII⁰ SIÈCLE. 2 vol. in-18, chaque volume 3 50
— NAPOLÉON Iᵉʳ ET SON HISTORIEN M. THIERS. 1 vol. in-18 . . . 3 50
— LES MORALISTES FRANÇAIS AU XVIIIᵉ SIÈCLE. 1 vol. in 18 . . . 3 50
Émile Montégut. LES PAYS-BAS. Impressions de voyage et d'art. 1 vol. in-18 . . . . 3 50
Émile Beaussire. LA GUERRE ÉTRANGÈRE ET LA GUERRE CIVILE. 1 vol. in-18 . . . . 3 50
J. Clamageran. LA FRANCE RÉPUBLICAINE. 1 volume in-18 . . . 3 50
E. Duvergier de Hauranne. LA RÉPUBLIQUE CONSERVATRICE. 1 vol. in-18 . . . . 3 5

ÉDITIONS ÉTRANGÈRES

Éditions anglaises.

AUGUSTE LAUGEL. The United States during the war. In-8. 7 shill. 6 p.
ALBERT RÉVILLE. History of the doctrine of the deity of Jesus-Christ. 3 sh. 6 p.
H. TAINE. Italy (Naples et Rome). 7 sh. 6 p.
H. TAINE. The Philosophy of art. 3 sh.

PAUL JANET. The Materialism of present day. 1 vol. in-18, rel. 3 shill.

Éditions allemandes.

JULES BARNI. Napoléon I. In-18. 3 m.
PAUL JANET. Der Materialismus unsere Zeit. 1 vol. in-18. 3 m.
H. TAINE. Philosophie der Kunst. 1 vol. in-18. 3 m.

PUBLICATIONS HISTORIQUES PAR LIVRAISONS

HISTOIRE ILLUSTRÉE du **SECOND EMPIRE** PAR TAXILE DELORD	HISTOIRE POPULAIRE de **LA FRANCE** *Nouvelle édition*
Paraissant par livraisons à 10 cent. deux fois par semaine, depuis le 10 janvier 1880.	Paraissant par livraisons à 10 cent. deux fois par semaine, depuis le 16 février 1880.
Tome I, 1 vol............ 8 fr.	Tome I, 1 vol............ 5 fr.

CONDITIONS DE SOUSCRIPTION.

L'*Histoire du second empire* et l'*Histoire de France* paraissent deux fois par semaine par livraisons de 8 pages, imprimées sur beau papier et avec de nombreuses gravures sur bois.

Prix de la livraison...................... 10 c.
Prix de la série de 5 livraisons, paraissant tous
les 20 jours, avec couverture............. 50 c.

ABONNEMENTS :

Pour recevoir *franco*, par la poste, l'*Histoire du second empire* ou l'*Histoire de France* par livraisons, deux fois par semaine, ou par séries tous les 20 jours :

Un an..... **16** francs. | Six mois... **8** francs.

BIBLIOTHÈQUE SCIENTIFIQUE
INTERNATIONALE

VOLUMES IN-8, CARTONNÉS A L'ANGLAISE, A 6 FRANCS

Les mêmes, en demi-reliure, veau. — **10** francs.

1. J. TYNDALL. **Les glaciers et les transformations de l'eau,** avec figures. 1 vol. in-8. 3e édition. 6 fr.
2. MAREY. **La machine animale,** locomotion terrestre et aérienne, avec de nombreuses fig. 1 vol. in-8. 2e édition. 6 fr.
3. BAGEHOT. **Lois scientifiques du développement des nations** dans leurs rapports avec les principes de la sélection naturelle et de l'hérédité. 1 vol. in-8. 3e édition. 6 fr.
4. BAIN. **L'esprit et le corps.** 1 vol. in-8. 4e édition. 6 fr.
5. PETTIGREW. **La locomotion chez les animaux,** marche, natation. 1 vol. in-8, avec figures. 6 fr.
6. HERBERT SPENCER. **La science sociale.** 1 v. in-8. 5e éd. 6 fr.
7. SCHMIDT (O.). **La descendance de l'homme et le darwinisme.** 1 vol. in-8, avec fig. 3e édition, 1878. 6 fr.
8. MAUDSLEY. **Le crime et la folie.** 1 vol. in-8. 4e édit. 6 fr.
9. VAN BENEDEN. **Les commensaux et les parasites dans le règne animal.** 1 vol. in-8, avec figures. 2e édit. 6 fr.
10. BALFOUR STEWART. **La conservation de l'énergie,** suivi d'une étude sur la nature de la force, par *M. P. de Saint-Robert,* avec figures. 1 vol. in-8. 3e édition. 6 fr.
11. DRAPER. **Les conflits de la science et de la religion.** 1 vol. in-8. 6e édition. 6 fr.

12. SCHUTZENBERGER. **Les fermentations**. 1 vol. in-8, avec fig. 3e édition.   6 fr.
13. L. DUMONT. **Théorie scientifique de la sensibilité**. 1 vol. in-8. 2° édition.   6 fr.
14. WHITNEY. **La vie du langage**. 1 vol. in-8. 3e édit.   6 fr.
15. COOKE et BERKELEY. **Les champignons** 1 vol. in-8, avec figures. 3e édition.   6 fr.
16. BERNSTEIN. **Les sens**. 1 vol. in-8, avec 91 fig. 3e édit. 6 fr.
17. BERTHELOT. **La synthèse chimique**. 1 vol. in-8. 4e éd. 6 fr.
18. VOGEL. **La photographie et la chimie de la lumière**, avec 95 figures. 1 vol. in-8. 2e édition.   6 fr.
19. LUYS. **Le cerveau et ses fonctions**, avec figures. 1 vol. in-8. 4e édition.   6 fr.
20. STANLEY JEVONS. **La monnaie et le mécanisme de l'échange**. 1 vol. in-8. 2e édition.   6 fr.
21. FUCHS. **Les volcans**. 1 vol. in-8, avec figures dans le texte et une carte en couleur. 2e édition.   6 fr.
22. GÉNÉRAL BRIALMONT. **Les camps retranchés et leur rôle dans la défense des États**, avec fig. dans le texte et 2 planches hors texte. 2e édit.   6 fr.
23. DE QUATREFAGES. **L'espèce humaine**. 1 vol. in-8. 6e édition, 1879.   6 fr.
24. BLASERNA et HELMHOLTZ. **Le son et la musique**, et *les Causes physiologiques de l'harmonie musicale*. 1 vol. in-8, avec figures. 2e édit.   6 fr.
25. ROSENTHAL. **Les nerfs et les muscles**. 1 vol. in-8, avec 75 figures. 2e édition.   6 fr.
26. BRUCKE et HELMHOLTZ. **Principes scientifiques des beaux-arts**, suivi de l'**Optique et la Peinture**, avec 39 figures dans le texte.   6 fr.
27. WURTZ. **La théorie atomique**. 1 vol. in-8. 3e édition. 6 fr.
28-29. SECCHI (le Père). **Les étoiles**. 2 vol. in-8, avec 63 fig. dans le texte et 17 pl. en noir et en coul. hors texte. 2e édit. 12 fr.
30. JOLY. **L'homme avant les métaux**. 1 vol. in-8, avec fig. 2e édit.   6 fr.
31. A. BAIN. **La science de l'éducation**. 1 vol. in-8. 2e édit. 6 fr.
32-33. THURSTON (R.). **Histoire des machines à vapeur**, précédé d'une introduction par M. HIRSCH. 2 vol. in-8, avec 140 fig. dans le texte et 16 pl. hors texte.   12 fr.
34. HARTMANN (R.). **Les peuples de l'Afrique** (avec figures). 1 vol. in-8.   6 fr.
35. HERBERT SPENCER. **Les bases de la morale évolutionniste**. 1 vol. in-8.   6 fr.
36. HUXLEY. **L'écrevisse**, introduction à l'étude de la zoologie. 1 vol. in-8, avec figures.   6 fr.
37. DE ROBERTY. **De la sociologie**. 1 vol. in-8.   6 fr.
38. ROOD. **Théorie scientifique des couleurs**. 1 vol. in- (avec figures).   6 fr
39. DE SAPORTA et MARION. **L'évolution du règne végéta** (les cryptogames). 1 vol. in-8 avec figures.   6 fr.

OUVRAGES SUR LE POINT DE PARAITRE

CHARLTON BASTIAN. **Le cerveau organe de la pensée**. 2 vol. in-8, avec figures.

E. CARTAILHAC. **La France préhistorique d'après les sépultures**.

RÉCENTES PUBLICATIONS

HISTORIQUES, PHILOSOPHIQUES ET SCIENTIFIQUES

Qui ne se trouvent pas dans les Bibliothèques.

ALAUX. **La religion progressive.** 1869. 1 vol. in-18. 3 fr. 50

ARRÉAT. **Une éducation intellectuelle.** 1 vol. in-18. 2 fr. 50

AUDIFFRET-PASQUIER. **Discours devant les commissions de réorganisation de l'armée et des marchés.** 2 fr. 50

BARNI. Voy. KANT, pages 3, 10, 11 et 25.

BARNI. **Les martyrs de la libre pensée.** 2e édit. 1 vol. in-18. 3 fr. 50

BARTHÉLEMY SAINT-HILAIRE. Voy. ARISTOTE, pages 2 et 7.

BAUTAIN. **La philosophie morale.** 2 vol. in-8. 12 fr.

BÉNARD (Ch.). **De la philosophie dans l'éducation classique.** 1862. 1 fort vol. in-8. 6 fr.

BERTAULD (P.-A.). **Introduction à la recherche des causes premières. — De la méthode.** Tome Ier. 1 vol. in-18. 3 fr. 50

BLANCHARD. **Les métamorphoses, les mœurs et les instincts des insectes,** par M. Émile BLANCHARD, de l'Institut, professeur au Muséum d'histoire naturelle. 1 magnifique volume in-8 jésus, avec 160 figures intercalées dans le texte et 40 grandes planches hors texte. 2e édition. 1877. Prix, broché. 25 fr. — Relié en demi-maroquin. 30 fr.

BLANQUI. **L'éternité par les astres.** 1872. In-8. 2 fr.

BORÉLY (J.). **Nouveau système électoral, représentation proportionnelle de la majorité et des minorités.** 1870. 1 vol. in-18 de XVIII-194 pages. 2 fr. 50

BOUCHARDAT. **Le travail,** son influence sur la santé (conférences faites aux ouvriers). 1863. 1 vol. in-18. 2 fr. 50

BOURDON DEL MONTE (François). **L'homme et les animaux,** essai de psychologie positive. 1 vol. in-8, avec 3 pl. hors texte. 5 fr

BOURDET (Eug.). **Principe d'éducation positive,** précédé d'une préface de M. Ch. ROBIN. 1 vol. in-18. 3 fr. 50

BOURDET (Eug.). **Vocabulaire des principaux termes de la philosophie positive.** 1 vol. in-18 (1875). 2 fr. 50

BOUTROUX. **De la contingence des lois de la nature.** In-8. 1874. 4 fr.

BROCHARD (V.). **De l'Erreur.** 1 vol. in-8. 1879. 3 fr. 50

CADET. **Hygiène, inhumation, crémation** ou incinération des corps. 1 vol in-18, avec figures dans le texte. 2 fr.

CARETTE (le colonel). **Études sur les temps antéhistoriques.** Première étude : *Le Langage.* 1 vol. in-8. 1878. 8 fr.

CHASLES (Philarète). **Questions du temps et problèmes d'autrefois.** 1 vol. in-18, édition de luxe. 3 fr.

CLAVEL. **La morale positive.** 1873. 1 vol. in-18. 3 fr.

CLAVEL. **Les principes au XIXe siècle.** 1 v. in-18. 1877. 1 fr.

CONTA. **Théorie du fatalisme.** 1 vol. in-18. 1877. 4 fr.

CONTA. **Introduction à la métaphysique.** 1 vol. in-18. 3 fr.

COQUEREL (Charles). **Lettres d'un marin à sa famille.** 1870. 1 vol. in-18. 3 fr. 50

COQUEREL fils (Athanase). **Libres études** (religion, critique, histoire, beaux-arts). 1867. 1 vol. in-8. 5 fr.

COQUEREL fils (Athanase). **Pourquoi la France n'est-elle pas protestante ?** 2° édition. In-8. 1 fr.

COQUEREL fils (Athanase). **La charité sans peur.** In-8. 75 c.

COQUEREL fils (Athanase). **Évangile et liberté.** In-8. 50 c.

COQUEREL fils (Athanase). **De l'éducation des filles,** réponse à Mgr l'évêque d'Orléans. In-8. 1 fr.

CORBON. **Le secret du peuple de Paris.** 1 vol. in-8. 5 fr.

CORMENIN (DE)- TIMON. **Pamphlets anciens et nouveaux.** Gouvernement de Louis-Philippe, République, Second Empire. 1 beau vol. in-8 cavalier. 7 fr. 50

Conférences de la Porte-Saint-Martin pendant le siège de Paris. Discours de MM. *Desmarets* et *de Pressensé*. — M. *Coquerel* : sur les moyens de faire durer la République. — M. *Le Berquier* : sur la Commune. — M. *E. Bersier* : sur la Commune. — M. *H. Cernuschi* : sur la Légion d'honneur. In-8. 1 fr. 25

Sir G. CORNEWALL LEWIS. **Quelle est la meilleure forme de gouvernement?** traduit de l'anglais, précédé d'une Étude sur la vie et les travaux de l'auteur, par M. MERVOYER, 1 vol. in-8. 3 fr. 50

CORTAMBERT (Louis). **La religion du progrès.** In-18. 3 fr. 50

DANICOURT (Léon). **La patrie et la république.** 1 vol. in-18 (1880). 2 fr. 50

DAURIAC (Lionel). **Des notions de force et de matière dans les sciences de la nature.** 1 vol. in-8, 1878. 5 fr.

DAVY. **Les conventionnels de l'Eure :** Buzot, Duroy, Lindet, à travers l'histoire. 2 forts vol. in-8 (1876). 18 fr.

DELBŒUF. **La psychologie comme science naturelle.** 1 vol. in-8, 1876. 2 fr. 50

DELEUZE. **Instruction pratique sur le magnétisme animal.** 1853. 1 vol. in-12. 3 fr. 50

DESTREM (J.). **Les déportations du Consulat.** 1 br. in-8. 1 fr. 50

DOLLFUS (Ch.). **De la nature humaine.** 1868, 1 v. in-8. 5 fr.

DOLLFUS (Ch.). **Lettres philosophiques.** 3° édition. 1869, 1 vol. in-18. 3 fr. 50

DOLLFUS (Ch.). **Considérations sur l'histoire.** Le monde antique. 1872, 1 vol. in-8. 7 fr. 50

DOLLFUS (Ch.). **L'âme dans les phénomènes de conscience.** 1 vol. in-18 (1876). 3 fr.

DUBOST (Antonin). **Des conditions de gouvernement en France.** 1 vol. in-8 (1875). 7 fr. 50

DUFAY. **Études sur la Destinée.** 1 vol. in-18, 1876. 3 fr.

DUMONT (Léon). **Le sentiment du gracieux.** 1 vol. in-8. 3 fr.

DUMONT (Léon). **Des causes du rire.** 1 vol. in-8. 2 fr.

DU POTET. **Manuel de l'étudiant magnétiseur.** Nouvelle édition. 1868, 1 vol. in-18. 3 fr. 50

DU POTET. **Traité complet de magnétisme,** cours en douze leçons. 1879, 4° édition. 1 vol. in-8 de 634 pages. 8 fr.

DUPUY (Paul). **Études politiques,** 1874. 1 v. in-8. 3 fr. 50

DUVAL-JOUVE. **Traité de Logique,** 1855. 1 vol. in-8. 6 fr.

Éléments de science sociale. Religion physique, sexuelle et naturelle. 1 vol. in-18. 3° édit., 1877. 3 fr. 50

ÉLIPHAS LÉVI. **Dogme et rituel de la haute magie.** 1861, 2° édit., 2 vol. in-8, avec 24 fig. 18 fr.

ÉLIPHAS LÉVI. **Histoire de la magie.** In-8, avec fig. 12 fr.

ÉLIPHAS LÉVI. **La science des esprits**, révélation du dogme secret des Kabbalistes, esprit occulte de l'Évangile, appréciation des doctrines et des phénomènes spirites. 1865, 1 v. in 8.   7 fr.

ÉLIPHAS LÉVI. **Clef des grands mystères**, suivant Hénoch Abraham, Hermès Trismégiste et Salomon. 1861, 1 vol. in-8 avec 20 planches.   12 fr.

EVANS (John). **Les âges de la pierre**. 1 beau volume grand in-8, avec 467 fig. dans le texte, trad. par M. Ed. BARBIER. 1878. 15 fr. — En demi-reliure.   18 fr.

EVELLIN. **Infini et quantité**. Étude sur le concept de l'infini dans la philosophie et dans les sciences. 1 vol. in-8.   5 fr.

FABRE (Joseph). **Histoire de la philosophie**. Première partie : Antiquité et moyen âge. 1 vol. in-12, 1877.   3 fr. 50

FAU. **Anatomie des formes du corps humain**, à l'usage des peintres et des sculpteurs. 1866, 1 vol. in-8 et atlas de 25 planches. 2e édition. Prix, fig. noires. 20 fr. ; fig. coloriées.   35 fr.

FAUCONNIER. **La question sociale**. In-18, 1878.   3 fr. 50

FAUCONNIER. **Protection et libre échange**, brochure in-8. 3e édition (1879).   2 fr.

FAUCONNIER. **La morale et la religion dans l'enseignement**. 1 vol. in-8 (1881).   75 c.

FERBUS N.). **La science positive du bonheur**. 1 v. in-18. 3 fr.

FERRI (Louis). **Essai sur l'histoire de la philosophie en Italie au XIXe siècle**. 2 vol. in-8.   12 fr.

FERRIÈRE (Em.). **Le darwinisme**. 1872, 1 v. in-18.   4 fr. 50

FERRIÈRE (Em.). **Les apôtres**, essai d'histoire religieuse, d'après la méthode des sciences naturelles. 1 vol. in-12.   4 fr. 50

FERRON (De). **Théorie du progrès**. 2 vol. in-18.   7 fr.

FONCIN. **Essai sur le ministère de Turgot**. 1 vol. gr. in-8 (1876).   8 fr.

FOUCHER DE CAREIL. Voyez LEIBNIZ, p. 2.

FOUILLÉE. Voyez pages 2 et 10.

FOX (W.-J.). **Des idées religieuses**. In-8, 1876.   3 fr.

FRÉDÉRIQ. **Hygiène populaire**. 1 vol. in-12, 1875.   4 fr.

GASTINEAU. **Voltaire en exil**. 1 vol. in-18.   3 fr.

GAUCKLER. **Les poissons d'eau douce et la pisciculture**. 1 vol. in-8 avec figures.   8 fr.

GÉRARD (Jules). **Maine de Biran, essai sur sa philosophie**. 1 fort vol. in-8, 1876.   10 fr.

GOUET (Amédée). **Histoire nationale de France**, d'après des documents nouveaux :

Tome I. Gaulois et Francks. — Tome II. Temps féodaux. — Tome III. Tiers état. — Tome IV. Guerre des princes. — Tome V. Renaissance. — Tome VI. Réforme. — Tome VII. Guerres de religion. (*Sous presse.*) Prix de chaque vol. in-8.   8 fr.

GRAD (Charles). **Études statistiques sur l'industrie de l'Alsace**. 2 vol. gr. in-8.   20 fr.

GUICHARD (V.). **La liberté de penser**. In-18.   3 fr. 50

GUILLAUME (de Moissey). **Nouveau traité des sensations**. 2 vol. in-8 (1876).   15 fr.

HERZEN. **Œuvres complètes**. Tome Ier. *Récits et nouvelles*. 1874. 1 vol. in-18.   3 fr. 50

HERZEN. **De l'autre rive**. 1 vol. in-18.   3 fr. 50

HERZEN. **Lettres de France et d'Italie**. 1871, in-18. 3 fr. 50

ISSAURAT. **Monuments perdus de Pierre-Jean**, observations, pensées. 1868, 1 vol. in-18.   3 fr.

ISSAURAT. **Les alarmes d'un père de famille,** suscitées, expliquées, justifiées et confirmées par lesdits faits et gestes de Mgr Dupanloup et autres. 1868, in-8. 1 fr.

JANET (Paul). Voyez pages 2, 4, 6, 8.

JOZON (Paul). **Des principes de l'écriture phonétique** et des moyens d'arriver à une orthographe rationnelle et à une écriture universelle. 1 vol. in-18. 1877. 3 fr. 50

JOYAU. **De l'invention dans les arts et dans les sciences.** 1 vol. in-8. 5 fr.

LABORDE. **Les hommes et les actes de l'insurrection de Paris** devant la psychologie morbide. 1 vol. in-18. 2 fr. 50

LACHELIER. **Le fondement de l'induction.** 1 vol. in-8. 3 fr. 50

LACOMBE. **Mes droits.** 1869, 1 vol. in-12. 2 fr. 50

LANGLOIS. **L'homme et la Révolution.** Huit études dédiées à P.-J. Proudhon. 1867, 2 vol. in-18. 7 fr.

LAUSSEDAT. **La Suisse.** Études médicales et sociales. 2e édit., 1875. 1 vol. in-18. 3 fr. 50

LAVELEYE (Em. de). **De l'avenir des peuples catholiques.** 1 brochure in-8. 21e édit. 1876. 25 c.

LAVELEYE (Em. de). **Lettres sur l'Italie** (1878-1879). 1 vol. in-18. 3 fr. 50

LAVELEYE (Em. de). **L'Afrique centrale.** 1 vol. in-12. 3 fr.

LAVERGNE (Bernard). **L'ultramontanisme et l'État.** 1 vol. in-8 (1875). 1 fr. 50

LE BERQUIER. **Le barreau moderne.** 1871, in-18. 3 fr. 50

LEDRU (Alphonse). **Organisation, attributions et responsabilité des conseils de surveillance des sociétés en commandite par actions.** Grand in-8 (1876). 3 fr. 50

LEDRU (Alphonse). **Des publicains et des Sociétés vectigaliennes.** 1 vol. grand in-8 (1876). 3 fr.

LEDRU-ROLLIN. **Discours politiques et écrits divers.** 2 vol. in-8 cavalier (1879). 12 fr.

LEMER (Julien). **Dossier des Jésuites et des libertés de l'Église gallicane.** 1 vol. in-18 (1877). 3 fr. 50

LIARD. **Des définitions géométriques et des définitions empiriques.** 1 vol. in-8. 3 fr. 50

LITTRÉ. **Conservation, révolution et positivisme.** 1 vol. in-12. 2e édition (1879). 5 fr.

LITTRÉ. **De l'établissement de la troisième république.** 1 vol. gr. in-8 (1881). 9 fr.

LUBBOCK (sir John). **L'homme préhistorique,** étudié d'après les monuments et les costumes retrouvés dans les différents pays de l'Europe, suivi d'une Description comparée des mœurs des sauvages modernes, traduit de l'anglais par M. Ed. Barbier. 526 figures intercalées dans le texte. 1876. 2e édition, considérablement augmentée, suivie d'une conférence de M. P. Brroca sur *les Troglodytes de la Vezère.* 1 beau vol. in-, br. 15 fr.
Cart. riche, doré sur tranche. 15 fr.

LUBBOCK (sir John). **Les origines de la civilisation.** État primitif de l'homme et mœurs des sauvages modernes. 1877, 1 vol. grand in-8 avec figures et planches hors texte. Traduit de l'anglais par M. Ed. Barbier. 2e édition. 1877. 15 fr.
Relié en demi-maroquin avec nerfs. 18 fr.

MAGY. **De la science et de la nature.** In-8. 6 fr.

MENIÈRE. **Cicéron médecin.** 1 vol. in-18. 4 fr. 50

MENIÈRE. **Les consultations de madame de Sévigné, étude** médico-littéraire. 1864, 1 vol. in-8. 3 fr.

MESMER. **Mémoires et aphorismes,** suivi des procédés de d'Eslon. Nouvelle édition, avec des notes, par J.-J.-A. RICARD. 1846, in-18. 2 fr. 50

MICHAUT (N.). **De l'imagination.** 1 vol. in-8. 5 fr.

MILSAND. **Les études classiques** et l'enseignement public. 1873, 1 vol. in-18. 3 fr. 50

MILSAND. **Le code et la liberté.** 1865, in-8. 2 fr.

MIRON. **De la séparation du temporel et du spirituel.** 1866, in-8. 3 fr. 50

MORIN. **Du magnétisme et des sciences occultes.** 1860, 1 vol. in-8. 6 fr.

MORIN (Frédéric). **Politique et philosophie,** précédé d'une introduction de M. JULES SIMON. 1 vol. in-18, 1876. 3 fr. 50

MUNARET. **Le médecin des villes et des campagnes.** 4ᵉ édition, 1862, 1 vol. grand in-18. 4 fr. 50

NOLEN (D.). **La critique de Kant et la métaphysique de Leibniz.** 1 vol. in-8 (1875). 6 fr.

NOURRISSON. **Essai sur la philosophie de Bossuet.** 1 vol. in-8. 4 fr.

OGER. **Les Bonaparte** et les frontières de la France. In-18. 50 c.

OGER. **La République.** 1871, brochure in-8. 50 c.

OLLÉ-LAPRUNE. **La philosophie de Malebranche.** 2 vol. in-8. 16 fr.

PARIS (comte de). **Les associations ouvrières en Angleterre** (trades-unions). 1869, 1 vol. gr. in-8. 2 fr. 50
 Édition sur pap. de Chine : Broché, 12 fr. ; rel. de luxe. 20 fr.

PELLETAN (Eugène). **La naissance d'une ville** (Royan). 1 vol. in-18. 2 fr.

PENJON. **Berkeley,** sa vie et ses œuvres. In-8, 1878. 7 fr. 50

PEREZ (Bernard). **L'éducation dès le berceau,** essai de pédagogie expérimentale. 1 vol. in-8, 1880. 5 fr.

PETROZ (P.). **L'art et la critique en France** depuis 1822. 1 vol. in-18, 1875. 3 fr. 50

POEY (André). **Le positivisme.** 1 fort vol. in-12 (1876). 4 fr. 50

POEY. **M. Littré et Auguste Comte.** 1 vol. in-18. 3 fr. 50

POULLET. **La campagne de l'Est** (1870-1871). 1 vol. in-8 avec 2 cartes, et pièces justificatives, 1879. 7 fr.

RAMBERT (E.) et P. ROBERT. **Les oiseaux dans la nature,** description pittoresque des oiseaux utiles. 3 vol. in-folio contenant chacun 20 chromolithographies, 10 gravures sur bois hors texte, et de nombreuses gravures dans le texte. Chaque volume, dans un carton, 40 fr. ; relié, avec son spécimen. 50 fr.
 Les tomes I et II sont en vente.

RÉGAMEY (Guillaume). **Anatomie des formes du cheval,** à l'usage des peintres et des sculpteurs. 6 planches en chromolithographie, publiées sous la direction de FÉLIX RÉGAMEY, avec texte par le Dʳ KUHFF. 8 fr.

REYMOND (William). **Histoire de l'art.** 1874, 1 vol. in-8. 5 fr.

RIBOT (Paul). **Matérialisme et spiritualisme.** 1873, in-8. 6 fr.

SALETTA. **Principes de logique positive.** In-8. 3 fr. 50

SECRÉTAN. **Philosophie de la liberté,** l'histoire, l'idée. 3ᵉ édition, 1879, 2 vol. in-8. 10 fr.

SIEGFRIED (Jules). **La misère, son histoire, ses causes, ses remèdes.** 1 vol. grand in-18. 3ᵉ édition (1879). 2 fr. 50

SIÈREBOIS. **Autopsie de l'âme.** Identité du matérialisme et du vrai spiritualisme. 2ᵉ édit. 1873, 1 vol. in-18. 2 fr. 50

SIÈREBOIS. **La morale** fouillée dans ses fondements. Essai d'anthropodicée. 1867, 1 vol. in-8. 6 fr.

SMEE (A.). **Mon jardin,** géologie, botanique, histoire naturelle, 1876, 1 magnifique vol. gr. in-8, orné de 1300 fig. et 52 pl. hors texte. Broché, 15 fr. Cartonn. riche, tranches dorées. 20 fr.

SOREL (ALBERT). **Le traité de Paris du 20 novembre 1815.** 1873, 1 vol. in-8. 4 fr. 50

TÉNOT (Eugène). **Paris et ses fortifications,** 1870-1880. 1 vol. in-8. 5 fr.

THULIÉ. **La folie et la loi.** 1867, 2ᵉ édit., 1 vol. in-8. 3 fr. 50

THULIÉ. **La manie raisonnante du docteur Campagne,** 1870, broch. in-8 de 132 pages. 2 fr.

TIBERGHIEN. **Les commandements de l'humanité.** 1872. 1 vol. in-18. 3 fr.

TIBERGHIEN. **Enseignement et philosophie.** In-18. 4 fr.

TIBERGHIEN. **La science de l'âme.** 1 v. in-12, 3ᵉ édit. 1879. 6 fr.

TIBERGHIEN. **Éléments de morale univ.** 1 v. in-12, 1879. 2 fr.

TISSANDIER. **Études de Théodicée.** 1869, in-8 de 270 p. 4 fr.

TISSOT. **Principes de morale.** In-8. 6 fr.

TISSOT. Voy. KANT, page 3.

VACHEROT. **La science et la métaphysique.** 3 vol. in-18. 40 fr. 50

VACHEROT. Voyez pages 2 et 7.

VAN DER REST. **Platon et Aristote.** In-8, 1876. 10 fr.

VÉRA. **Strauss et l'ancienne et la nouvelle foi.** In-8. 6 fr.

VÉRA. **Cavour et l'Église libre dans l'État libre.** 1874, in-8. 3 fr. 50

VÉRA. **L'Hégélianisme et la philosophie.** In-18. 3 fr. 50

VÉRA. **Mélanges philosophiques.** 1 vol. in-8. 1862. 5 fr.

VÉRA. **Platonis, Aristotelis et Hegelii de medio termino doctrina.** 1 vol. in-8. 1845. 1 fr. 50

VÉRA. **Introduction à la philosophie de Hegel.** 1 vol. in-8, 2ᵉ édition. 6 fr. 50

VILLIAUMÉ. **La politique moderne,** 1873, in-8. 6 fr.

VOITURON (P.). **Le libéralisme et les idées religieuses.** 1 vol. in-12. 4 fr.

WEBER. **Histoire de la philos. europ.** In-8, 2ᵉ édit. 10 fr.

YUNG (EUGÈNE). **Henri IV, écrivain.** 1 vol. in-8. 1855. 5 fr.

ZEVORT (Edg.). **Le Marquis d'Argenson,** et le Ministère des affaires étrangères de 1744 à 1747. 1 vol. in-8. 6 fr.

ENQUÊTE PARLEMENTAIRE SUR LES ACTES DU GOUVERNEMENT

DE LA DÉFENSE NATIONALE

DÉPOSITIONS DES TÉMOINS :

TOME PREMIER. Dépositions de MM. Thiers, maréchal Mac-Mahon, maréchal Le Bœuf, Benedetti, duc de Gramont, de Talhouët, amiral Rigault de Genouilly, baron Jérôme David, général de Palikao, Jules Brame, Dréolle, etc.

TOME II. Dépositions de MM. de Chaudordy, Laurier, Cresson, Bréo, Ranc, Rampont, Steenackers, Fernique, Robert, Schneider, Buffet, Lebreton et Hébert, Bellangé, colonel Alavoine, Gervais, Bécherelle, Robin, Muller, Boutefoy, Meyer, Clément et Simonneau, Fontaine, Jacob, Lemaire, Petetin, Gnyot-Montpayroux, général Soumain, de Legge, colonel Vabre, de Crisenoy, colonel Ibos, etc.

TOME III. Dépositions militaires de MM. de Freycinet, de Serres, le général Lefort, le général Ducrot, le général Vinoy, le lieutenant de vaisseau Farcy, le commandant Amet, l'amiral Pothuau, Jean Brunet, le général de Beaufort-d'Hautpoul, le général de Valdan, le général d'Aurelle de Paladines, le général Chanzy, le général Martin des Pallières, le général de Sonis, etc.

TOME IV. Dépositions de MM. le général Bordone, Mathieu, de Laborie, Luce-Villiard, Castillon, Debusschère, Darcy, Chenet, de La Taille, Baillehache, de Grancey, L'Hermite, Pradier, Middleton, Frédéric Morin, Thoyot, le maréchal Bazaine, le général Boyer, le maréchal Canrobert, etc. Annexe à la déposition de M. Testelin, note de M. le colonel Denfert, note de la Commission, etc.

TOME V. Dépositions complémentaires et réclamations. — Rapports de la préfecture de police en 1870-1871. — Circulaires, proclamations et bulletins du Gouvernement de la Défense nationale.— Suspension du tribunal de la Rochelle; rapport de M. de La Borderie; dépositions.

ANNEXE AU TOME V. Deuxième déposition de M. Cresson. Événements de Nimes, affaire d'Aïn Yagout. — Réclamations de MM. le général Bellot et Engelhart. — Note de la Commission d'enquête (1 fr.).

RAPPORTS :

TOME PREMIER. M. *Chaper*, les procès-verbaux des séances du Gouvernement de la Défense nationale. — M. *de Sugny*, les événements de Lyon sous le Gouv. de la Défense nat. — M. *de Rességuier*, les actes du Gouv. de la Défense nat. dans le sud-ouest de la France.

TOME II. M. *Saint-Marc Girardin*, la chute du second Empire. — M. *de Sugny*, les événements de Marseille sous le Gouv. de la Défense nat.

TOME III. M. *le comte Daru*, la politique du Gouvernement de la Défense nationale à Paris.

TOME IV. M. *Chaper*, de la Défense nat. au point de vue militaire à Paris.

TOME V. *Boreau-Lajanadie*, l'emprunt Morgan. — M. *de la Borderie*, le camp de Conlie et l'armée de Bretagne. — M. *de la Sicotière*, l'affaire de Dreux.

TOME VI. M. *de Rainneville*, les actes diplomatiques du Gouv. de la Défense nat. — M. *A. Lallié*, les postes et les télégraphes pendant la guerre. — M. *Delsol*, la ligne du Sud-Ouest. — M. *Perrot*, la défense en province (1re *partie*).

TOME VII. M. *Perrot*, les actes militaires du Gouv. de la Défense nat. en province (2e *partie* : Expédition de l'Est).

TOME VIII. M. *de la Sicotière*, sur l'Algérie.

TOME IX. Algérie, dépositions des témoins. Table générale et analytique des dépositions des témoins avec renvoi aux rapports (10 fr.).

TOME X. M. *Boreau-Lajanadie*, le Gouvernement de la Défense nationale à Tours et à Bordeaux (5 fr.).

PIÈCES JUSTIFICATIVES :

TOME PREMIER. Dépêches télégraphiques officielles, première partie.
TOME DEUXIÈME. Dépêches télégraphiques officielles, deuxième partie. — Pièces justificatives du rapport de M. Saint-Marc Girardin.

PRIX DE CHAQUE VOLUME. . . . . **15 fr.**

PRIX DE L'ENQUÊTE COMPLÈTE EN 18 VOLUMES. . . . **241 fr.**

Rapports sur les actes du Gouvernement de la Défense nationale, se vendant séparément :

LES ACTES DU GOUVERNEMENT

DE LA

DÉFENSE NATIONALE

(DU 4 SEPTEMBRE 1870 AU 8 FÉVRIER 1871)

ENQUÊTE PARLEMENTAIRE FAITE PAR L'ASSEMBLÉE NATIONALE
RAPPORTS DE LA COMMISSION ET DES SOUS-COMMISSIONS

TÉLÉGRAMMES

PIÈCES DIVERSES — DÉPOSITIONS DES TÉMOINS — PIÈCES JUSTIFICATIVES
TABLES ANALYTIQUE, GÉNÉRALE ET NOMINATIVE

7 forts volumes in-4. — Chaque volume séparément 16 fr.

L'ouvrage complet en 7 volumes : 112 fr.

*Cette édition populaire réunit, en sept volumes avec une Table analytique
par volume, tous les documents distribués à l'Assemblée nationale. —
Une Table générale et nominative termine le 7ᵉ volume.*

ENQUÊTE PARLEMENTAIRE

SUR

L'INSURRECTION DU 18 MARS

1° RAPPORTS. — 2° DÉPOSITIONS de MM. Thiers, maréchal Mac-Mahon, général Trochu, J. Favre, Ernest Picard, J. Ferry, général Le Flô, général Vinoy, colonel Lambert, colonel Gaillard, général Appert, Floquet, général Cremer, amiral Saisset, Schœlcher, amiral Pothuau, colonel Langlois, etc. — 3° PIÈCES JUSTIFICATIVES.

1 vol. grand in-4°. — Prix : 16 fr.

COLLECTION ELZÉVIRIENNE

MAZZINI. **Lettres de Joseph Mazzini** à Daniel Stern. (1864 1872), avec une lettre autographiée. 3 fr. 50

MAX MULLER. **Amour allemand**, traduit de l'allemand. 1 vol. in-18. 3 fr. 50

CORLIEU (le D*). **La mort des rois de France**, depuis François I** jusqu'à la Révolution française, études médicales et historiques. 1 vol. in-18. 3 fr. 50

CLAMAGERAN. **L'Algérie**, impressions de voyage. 1 vol. in-18. 3 fr. 50

STUART MILL (J.). **La République de 1848**, traduit de l'anglais, avec préface par M. SADI CARNOT. 1 vol. in-18 (1875). 3 fr. 50

RIBERT (Léonce). **Esprit de la Constitution** du 25 février 1875. 1 vol. in-18. 3 fr. 50

NOEL (E.). **Mémoires d'un imbécile**, précédé d'une préface de M. Littré. 1 vol. in-18, 3e édition (1879). 3 fr. 50

PELLETAN (Eug.). **Jarousseau, le Pasteur du désert.** 1 vol. in-18 (1877). Couronné par l'Académie française. 6e édit. 3 fr. 50

PELLETAN (Eug.). **Élisée, voyage d'un homme à la recherche de lui-même.** 1 vol. in-18 (1877). 3 fr. 5

PELLETAN (Eug.). **Un roi philosophe, Frédéric le Grand.** 1 vol. in-18 (1878). 3 fr. 50

E. DUVERGIER DE HAURANNE (Mme). **Histoire populaire de la Révolution française.** 1 v. in-18, 2e édit., 1879. 3 fr. 50

ÉTUDES CONTEMPORAINES

BOUILLET (Ad.). **Les bourgeois gentilshommes. — L'armée d'Henri V.** 1 vol. in-18. 3 fr. 50

— **Types nouveaux et inédits.** 1 vol. in-18. 2 fr. 50

— **L'arrière-ban de l'ordre moral.** 1 vol. in-18. 3 fr. 50

VALMONT (V.). **L'espion prussien**, roman anglais, traduit par M. J. DUBRISAY. 1 vol. in-18. 3 fr. 50

BOURLOTON (Edg.) et ROBERT (Edmond). **La Commune et ses idées à travers l'histoire.** 1 vol. in-18. 3 fr. 50

CHASSERIAU (Jean). **Du principe autoritaire et du principe rationnel.** 1873. 1 vol. in-18. 3 fr. 50

NAQUET (Alfred). **La République radicale.** In-18. 3 fr. 50

ROBERT (Edmond). **Les domestiques.** In-18 (1875). 3 fr. 50

LOURDAU. **Le sénat et la magistrature dans la démocratie française.** 1 vol. in-18 (1879). 3 fr. 50

FIAUX. **La femme, le mariage et le divorce**, étude de sociologie et de physiologie. 1 vol. in-18. 3 fr. 50

PARIS (le colonel). **Le feu à Paris et en Amérique.** 1 vol. in-18. 3 fr. 50

OEUVRES COMPLETES

DE

EDGAR QUINET

Chaque ouvrage se vend séparément :

Édition in-8, le vol...   6 fr. | Édition in-18, le vol. 3 fr. 50

I. — Génie des Religions. — De l'origine des dieux. (Nouvelle édition.)

II. — Les Jésuites. — L'Ultramontanisme. — Introduction à la Philosophie de l'histoire de l'Humanité. (Nouvelle édition, avec préface inédite.)

III. — Le Christianisme et la Révolution française. Examen de la Vie de Jésus-Christ, par STRAUSS. — Philosophie de l'histoire de France. (Nouvelle édition.)

IV. — Les Révolutions d'Italie. (Nouvelle édition.)

V. — Marnix de Sainte-Aldegonde. — La Grèce moderne et ses rapports avec l'Antiquité.

VI. — Les Romains. — Allemagne et Italie. — Mélanges.

VII. — Ashavérus. — Les Tablettes du Juif errant.

VIII. — Prométhée. — Les Esclaves.

IX. — Mes Vacances en Espagne. — De l'Histoire de la Poésie. — Des Epopées françaises inédites du XIIe siècle.

X. — Histoire de mes idées.

XI. — L'Enseignement du peuple. — La Révolution religieuse au XIXe siècle. — La Croisade romaine. — Le Panthéon. — Plébiscite et Concile. — Aux Paysans.

Viennent de paraître :

Correspondance. Lettres à sa mère. 2 vol. in-18....   7 »

Les mêmes, 2 vol. in-8 ....   12 »

La révolution. 3 vol. in-18..................   10 50

La campagne de 1815. 1 vol. in-18 ....   3 50

Merlin l'enchanteur, avec une préface nouvelle, notes et commentaires, 2 vol. in-18. ....   7 fr.

Le même, 2 vol. in-8 ....   12 fr.

La création. 2 vol. in-18 ....   7 fr.

L'esprit nouveau. 1 vol. in-18...............   3 fr. 50

La république. 1 vol. in-18. ....   3 fr. 50

Le siège de Paris. 1 vol. in-18. ....   3 fr. 50

Le livre de l'exilé. 1 vol. in-18. ....   3 fr. 50

BIBLIOTHÈQUE POPULAIRE

BARNI (Jules). **Manuel républicain.** 1 vol. in-18.   **1 fr.**

MARAIS (Aug.). **Garibaldi et l'armée des Vosges.** 1 vol. in-18.   1 fr. 50

FRIBOURG (E.). **Le paupérisme parisien.**   1 fr. 25

BIBLIOTHÈQUE UTILE

LISTE DES OUVRAGES PAR ORDRE D'APPARITION

Le vol. de 190 p., br., 60 cent. — Cart. à l'angl., 1 fr.

Le titre de cette collection est justifié par les services qu'elle rend chaque jour et la part pour laquelle elle contribue à l'instruction populaire.

Les noms dont ses volumes sontsignés lui donnent d'ailleurs une autorité suffisante pour que personne ne dédaigne ses enseignements. Elle embrasse *l'histoire, la philosophie, le droit, les sciences, l'économie politique* et *les arts*, c'est-à-dire qu'elle traite toutes les questions qu'il est aujourd'hui indispensable de connaître. Son esprit est essentiellement démocratique; elle s'interdit les hypothèses et n'a d'autre but que celui de répandre les saines doctrines que le temps et l'expérience ont consacrées. Le langage qu'elle parle est simple et à la portée de tous, mais il est aussi à la hauteur du sujet traité.

XXXVI. — **L. Brothier**. Causeries sur la mécanique. 2ᵉ édition.

XXXVII. — **Alfred Doneaud**. Histoire de la marine française.

XXVIII. — **Fréd. Lock**. Jeanne d'Arc.

XXXIX. — **Carnot**. Révolution française. — Période de création (1789-1792).

XL. — **Carnot**. Révolution française. — Période de conservation (1792-1804).

XLI. — **Zurcher et Margollé**. Télescope et Microscope.

XLII. — **Blerzy**. Torrents, Fleuves et Canaux de la France.

XLIII. — **P. Secchi, Wolf, Briot et Delaunay**. Le Soleil, les Étoiles et les Comètes.

XLIV. — **Stanley Jevons**. L'Économie politique, trad. de l'anglais par H. Gravez.

XLV. — **Em. Ferrière**. Le Darwinisme. 2ᵉ édit.

XLVI. — **H. Leneveux**. Paris municipal.

XLVII. — **Boillot**. Les Entretiens de Fontenelle sur la pluralité des mondes, mis au courant de la science.

XLVIII. — **E. Zevort**. Histoire de Louis-Philippe.

XLIX. — **Geikie**. Géographie physique, trad. de l'anglais par H. Gravez.

L. — **Zaborowski**. L'origine du langage.

LI. — **H. Blerzy**. Les colonies anglaises.

LII. — **Albert Lévy**. Histoire de l'air.

LIII — **Geikie**. La Géologie (avec figures), traduit de l'anglais par H. Gravez.

LIV. — **Zaborowski**. Les Migrations des animaux et le Pigeon voyageur.

LV. — **F. Paulhan**. La Physiologie d'esprit (avec figures).

LVI. — **Zurcher et Margollé**. Les Phénomènes célestes.

LVII. — **Girard de Rialle**. Les peuples de l'Afrique et de l'Amérique.

LVIII. — **Jacques Bertillon**. La Statistique humaine de la France (naissance, mariage, mort).

LIX. — **Paul Gaffarel**. La Défense nationale en 1792.

LX. — **Herbert Spencer**. De l'éducation.

LXI. — **Jules Barni**. Napoléon Iᵉʳ.

LXII. — **Huxley**. Premières notions sur les sciences.

LXIII. — **P. Bondois**. L'Europe contemporaine (1789-1879).

LXIV. — **Grove**. Les continents et les mers (avec figures).

LXV. — **Jouan**. Les îles du Pacifique (avec 1 carte).

SOUS PRESSE :

Zaborowski. Les grands singes.

Robinet. La philosophie positive.

Renard. Le déterminisme.

Hatin. Histoire du journal.

Dufour. Petit dictionnaire des falsifications.

<table>
<tr><td>

REVUE
Politique et Littéraire
(Revue des cours littéraires, 3ᵉ série.)

Directeur :

M. Eug. YUNG.

</td><td>

REVUE
Scientifique
(Revue des cours scientifiques, 3ᵉ série.)

Directeurs :

MM. A. BREGUET, et Ch. RICHET.

</td></tr>
</table>

La septième année de la **Revue des Cours littéraires** et de la **Revue des Cours scientifiques**, terminée à la fin de juin 1871, clôt la première série de cette publication.

La deuxième série a commencé le 1ᵉʳ juillet 1871, et la troisième série le 1ᵉʳ janvier 1881.

REVUE POLITIQUE ET LITTÉRAIRE

En 1871, après la guerre, la *Revue des cours littéraires*, agrandissant son cadre, est devenue la *Revue polititique et littéraire*. Au lendemain de nos désastres, elle avait cru de son devoir de traiter avec indépendance et largeur toutes les questions d'intérêt public, sans diminuer cependant la part faite jusqu'alors e la littérature, à la philosophie, à l'histoire et à l'érudition. Le nombre de colonnes de chaque livraison fut alors élevé dr 32 à 48.

Depuis le 1ᵉʳ janvier 1881, des raisons analogues nous ont décidé à agrandir encore le format de la *Revue*, et chaque livraison contient maintenant 64 colonnes de texte. Ce supplément est consacré à la littérature d'imagination qui répondait à un besoin souvent exprimé par nos lecteurs, et c'est surtout avec la *nouvelle*, ce genre charmant et délicat, que nous chercherons à lutter contre les tendances de plus en plus vulgaires auxquelles se laisse aller, sans trop y prendre garde, le goût contemporain.

Chacun des numéros, paraissant le samedi, contient : Un *article politique*, où sont appréciés, à un point de vue plus général que ne peuvent le faire les journaux quotidiens, les faits qui se produisent dans la politique intérieure de la France, discussions parlementaires, etc.

Une *Causerie littéraire* où sont annoncés, analysés et jugés les ouvrages récemment parus : livres, brochures, pièces de théâtre importantes, etc., et une *Nouvelle*.

Tous les mois la *Revue politique* publie un *Bulletin géographique* qui expose les découvertes les plus récentes et apprécie les ouvrages géographiques nouveaux de la France et de l'étranger. Nous n'avons pas besoin d'insister sur l'importance extrême qu'a prise la géographie depuis que les Allemands en ont fait un instrument de conquête et de domination.

De temps en temps une *Revue diplomatique* explique, au point de vue français, les événements importants survenus dans les autres pays.

On accusait avec raison les Français de ne pas observer avec assez d'attention ce qui se passe à l'étranger. La *Revue* remédie à ce défaut. Elle analyse et traduit les livres, articles, discours ou conférences qui ont pour auteurs les hommes les plus éminents des divers pays.

Comme au temps où ce recueil s'appelait *la Revue des cours littéraires* (1864-1870), il continue à publier les principales leçons du Collège de France, de la Sorbonne et des Facultés des départements.

Les ouvrages importants sont analysés, avec citations et extraits, dès le lendemain de leur apparition. En outre, la *Revue politique* publie des articles spéciaux sur toute question que recommandent à l'attention des lecteurs, soit un intérêt public, soit des recherches nouvelles.

Parmi les collaborateurs nous citerons :

Articles politiques. — MM. de Pressensé, Ch. Bigot, Anat. Dunoyer, Anatole Leroy-Beaulieu, Clamageran, A. Astruc.

Diplomatie et pays étrangers. — MM. Van den Berg, C. de Varigny, Albert Sorel, Reynald, Léo Quesnel, Louis Leger, Jezierski, Joseph Reinach.

Philosophie. — MM. Janet, Caro, Ch. Lévêque, Véra, Th. Ribot, E. Boutroux, Nolen, Huxley.

Morale. — MM. Ad. Franck, Laboulaye, Legouvé, Bluntschli.

Philologie et archéologie. — MM. Max Müller, Eugène Benoist, L. Havet, E. Ritter, Maspéro, George Smith.

Littérature ancienne. — MM. Egger, Havet, George Perrot, Gaston Boissier, Geffroy.

Littérature française. — MM. Ch. Nisard, Lenient, Bersier, Gidel, Jules Claretie, Paul Albert, H. Lemaître.

Littérature étrangère. — MM. Mézières, Büchner, P. Stapfer, A. Barine.

Histoire. — MM. Alf. Maury, Littré, Alf. Rambaud, G. Monod.

Géographie, Economie politique. — MM. Levasseur, Himly, Vidal-Lablache, Gaïdoz, Debidour, Alglave.

Instruction publique. — Madame C. Coignet, MM. Buisson, Em. Beaussire.

Beaux-arts. — MM. Gebhart, Justi, Schnaase, Vischer, Ch. Bigot.

Critique littéraire. — MM. Maxime Gaucher, Paul Albert.

Notes et impressions. — MM. Louis Ulbach, Pierre et Jean.

Nouvelle et romans. — MM. Gustave Flaubert, Jules de Glouvet, Abraham Dreyfus, Ludovic Halévy, Francisque Sarcey, Tourgueneff, Arthur Baignières.

Ainsi la *Revue politique* embrasse tous les sujets. Elle consacre à chacun une place proportionnée à son importance. Elle est, pour ainsi dire, une image vivante, animée et fidèle de tout le mouvement contemporain.

REVUE SCIENTIFIQUE

Mettre la science à la portée de tous les gens éclairés sans l'abaisser ni la fausser, et, pour cela, exposer les grandes découvertes et les grandes théories scientifiques par leurs auteurs mêmes

Suivre le mouvement des idées philosophiques dans le monde savant de tous les pays ;

Tel est le double but que la *Revue scientifique* poursuit depuis plus de dix ans avec un succès qui l'a placée au premier rang des publications scientifiques d'Europe et d'Amérique.

Pour réaliser ce programme, elle devait s'adresser d'abord aux Facultés françaises et aux Universités étrangères qui comptent dans leur sein presque tous les hommes de science éminents. Mais, depuis deux années déjà, elle a élargi son cadre afin d'y faire entrer de nouvelles matières.

En laissant toujours la première place à l'enseignement supérieur proprement dit, la *Revue scientifique* ne se restreint plus désormais aux leçons et aux conférences. Elle poursuit tous les développements de la science sur le terrain économique, industriel, militaire et politique.

Elle publie les principales leçons faites au Collège de France, au Muséum d'histoire naturelle de Paris, à la Sorbonne, à l'Institution royale de Londres, dans les Facultés de France, les universités d'Allemagne, d'Angleterre, d'Italie, de Suisse, d'Amérique, et les institutions libres de tous les pays.

Elle analyse les travaux des Sociétés savantes d'Europe et d'Amérique, des Académies des sciences de Paris, Vienne, Berlin, Munich, etc., des Sociétés royales de Londres et d'Édimbourg, des Sociétés d'anthropologie, de géographie, de chimie, de botanique, de géologie, d'astronomie, de médecine, etc.

Elle expose les travaux des grands congrès scientifiques, les Associations *française*, *britannique* et *américaine*, le Congrès des naturalistes allemands, la Société helvétique des sciences naturelles, les congrès internationaux d'anthropologie préhistorique, etc.

Enfin, elle publie des articles sur les grandes questions de philosophie naturelle, les rapports de la science avec la politique, l'industrie et l'économie sociale, l'organisation scientifique des divers pays, les sciences économiques et militaires, etc.

Comme la *Revue politique et littéraire*, la *Revue scientifique* a élargi son cadre depuis le 1er janvier 1881, en présence de la nécessité de donner une plus large place à chacune des sciences en particulier.

Parmi les collaborateurs nous citerons :

Astronomie, météorologie. — MM. Faye, Balfour-Stewart, Janssen, Normann Lockyer, Vogel, Laussedat, Thomson, Rayet, Briot, A. Herschel, Callandreau, Trépied, etc.

Physique. — MM. Helmholtz, Tyndall, Desains, Mascart, Carpenter, Gladstone, Fernet, Bertin, Breguet, Lippmann.

Chimie. — MM. Wurtz, Berthelot, H. Sainte-Claire Deville, Pasteur, Grimaux, Jungfleisch, Odling, Dumas, Troost, Peligot, Cahours, Friedel, Frankland.

Géologie. — MM. Hébert, Bleicher, Fouqué, Gaudry, Ramsay, Sterry-Hunt, Contejean, Zittel, Wallace, Lory, Lyell, Daubrée, Vélain.

Zoologie. — MM. Agassiz, Darwin, Haeckel, Milne Edwards, Perrier, P. Bert, Van Beneden, Lacaze-Duthiers, Giard, A. Moreau, E. Blanchard.

Anthropologie. — MM. de Quatrefages, Darwin, de Mortillet, Virchow, Lubbock, K. Vogt, Joly.

Botanique. — MM. Baillon, Cornu, Faivre, Spring, Chatin, Van Tieghem, Duchartre, Gaston Bonnier.

Physiologie, anatomie. — MM. Chauveau, Charcot, Moleschott, Onimus, Ritter, Rosenthal, Wundt, Pouchet, Ch. Robin, Vulpian, Virchow, P. Bert, du Bois-Reymond, Helmholtz, Marey, Brücke, Ch. Richet.

Médecine. — MM. Chauveau, Cornil, Le Fort, Verneuil, Liebreich, Lasègue, G. Sée, Bouley, Giraud-Teulon, Bouchardat, Lépine, L. H. Petit.

Sciences militaires. — MM. Laussedat, Le Fort, Abel, Jervois, Morin, Noble, Reed, Usquin, X***.

Philosophie scientifique. — MM. Alglave, Bagehot, Carpenter, Hartmann, Herbert Spencer, Lubbock, Tyndall, Gavarret, Ludwig, Th. Ribot.

Prix d'abonnement :

Une seule Revue séparément	Six mois.	Un an.	Les deux Revues ensemble	Six mois.	Un an.
Paris	15f	25f	Paris	25f	45
Départements.	18	30	Départements.	30	50
Étranger	20	35	Étranger	35	55

L'abonnement part du 1er juillet, du 1er octobre, du 1er janvier et du 1er avril de chaque année.

Chaque volume de la première série se vend : broché...... 15 fr.
relié........ 20 fr.
Chaque année de la 2e série, formant 2 volumes, se vend :
broché...... 20 fr.
relié........ 25 fr.
Chaque année de la 3e série, formant 2 volumes, se vend :
broché...... 25 fr.
relié........ 30 fr.

Port des volumes à la charge du destinataire.

Prix de la collection de la première série :

Prix de la collection complète de la *Revue des cours littéraires* ou de la *Revue des cours scientifiques* (1864-1870), 7 vol. in-4. 105 fr.
Prix de la collection complète des deux *Revues* prises en même temps. 14 vol. in-4.................................... 182 fr.

Prix de la collection complète des deux séries :

Revue des cours littéraires et *Revue politique et littéraire*, ou *Revue des cours scientifiques* et *Revue scientifique* (décembre 1863 — janvier 1881), 26 vol. in-4...................... 295 fr.
La *Revue des cours littéraires* et la *Revue politique et littéraire*, avec la *Revue des cours scientifiques* et la *Revue scientifique*, 52 volumes in-4................................ 524 fr.

REVUE PHILOSOPHIQUE
DE LA FRANCE ET DE L'ÉTRANGER
Dirigée par TH. RIBOT
Agrégé de philosophie, Docteur ès lettres
(5ᵉ année, 1881.)

La REVUE PHILOSOPHIQUE paraît tous les mois, par livraisons de 6 à 7 feuilles grand in-8, et forme ainsi à la fin de chaque année deux forts volumes d'environ 680 pages chacun.

CHAQUE NUMÉRO DE LA *REVUE* CONTIENT :

1° Plusieurs articles de fond; 2° des analyses et comptes rendus des nouveaux ouvrages philosophiques français et étrangers; 3° un compte rendu aussi complet que possible des *publications périodiques* de l'étranger pour tout ce qui concerne la philosophie; 4° des notes, documents, observations, pouvant servir de matériaux ou donner lieu à des vues nouvelles.

Prix d'abonnement :

Un an, pour Paris, 30 fr. — Pour les départements et l'étranger, 33 fr.
La livraison..................... 3 fr.

REVUE HISTORIQUE
Dirigée par MM. Gabriel MONOD et Gustave FAGNIEZ
(5ᵉ année, 1881.)

La REVUE HISTORIQUE paraît tous les deux mois, par livraisons grand in-8 de 15 à 16 feuilles, de manière à former à la fin de l'année trois beaux volumes de 500 pages chacun.

CHAQUE LIVRAISON CONTIENT :

I. Plusieurs *articles de fond*, comprenant chacun, s'il est possible, un travail complet. — II. Des *Mélanges et Variétés*, composés de documents inédits d'une étendue restreinte et de courtes notices sur des points d'histoire curieux ou mal connus. — III. Un *Bulletin historique* de la France et de l'étranger, fournissant des renseignements aussi complets que possible sur tout ce qui touche aux études historiques. — IV. Une *analyse des publications périodiques* de la France et de l'étranger, au point de vue des études historiques. — V. Des *Comptes rendus critiques* des livres d'histoire nouveaux.

Prix d'abonnement :

Un an, pour Paris, 30 fr. — Pour les départements et l'étranger, 33 fr.
La livraison..................... 6 fr.

TABLE ALPHABÉTIQUE DES AUTEURS

www.ingramcontent.com/pod-product-compliance
Lightning Source LLC
Chambersburg PA
CBHW071622270326
41928CB00010B/1736